K-POP 뮤직비즈니스의 이해

K-POP 뮤직비즈니스의 이해

초판 1쇄 발행   2015년 4월 3일

지은이   유 동 길
펴낸이   유 동 길
펴낸곳   엑시무
출판등록   25100-2011-1
주소   서울특별시 송파구 문정동 292 가든파이브 TOOLS 5층 TS-005A
홈페이지   http://cafe.naver.com/kpopmusicbusiness
전화번호   070-8650-6296
팩스   02-911-6911

ISBN   978-89-965751-1-5 13680

이 도서의 국립중앙도서관 출판예정도서목록(CIP)은 서지정보유통지원시스템 홈페이지(http://seoji.nl.go.kr)와
국가자료공동목록시스템(http://www.nl.go.kr/kolisnet)에서 이용하실 수 있습니다.
(CIP제어번호 : CIP2015009238)

K-POP
뮤직비즈니스의 이해

유동길 지음

AXIMU

추천사

    K-POP 뮤직비즈니스를 더욱 발전시키기 위해서는 더 창의적인 인재들이 음악을 만들고 연주하며, 노래를 부르고 앨범을 제작하는데 뛰어들 수 있는 환경이 급선무이다. 또한 소중한 음악이 그 가치를 제대로 인정받고, 수익이 분배되는 사회 환경의 조성이 필요하다. 이 책을 통해 K-POP 뮤직비즈니스에 대한 바른 이해와 뮤직비즈니스 구성원들간 시너지 효과가 극대화 될 것이라 믿어 의심치 않는다. 또한, K-POP과 다른 산업과의 연계가 이루어져 더 큰 경제 발전이 이루어지길 기대한다.

- 한국음악저작권협회 회장 윤명선

    한국의 음악산업은 음악실연자들의 노고를 통해 큰 발전을 이루어왔다. 그럼에도 불구하고 많은 음악실연자들이 본인의 노고에 대한 보상을 제대로 평가받지 못하고 그 권리를 누리지 못한 것이 현실이다. 이 책은 뮤직비즈니스에 대해 실질적이면서 이해하기 쉽게 설명한 것으로서 향후 음악실연자들의 권리와 이익에 큰 도움이 될 것이다.

- 한국음악실연자연합회 회장 송순기

음반에서 디지털음원으로 넘어가는 시대의 변화에 맞게 이 책은 뮤직비즈니스에 대한 솔직담백한 설명과 함께 미래를 내다보게 하는 책이다. K-POP은 특히 창조경제의 주역이 될 매우 핵심적인 문화콘텐츠산업이다. 한국의 뮤직비즈니스에 대한 현 상황과 미래를 알고 싶은 모든 사람들, 그리고 창조경제의 주역이 되고자 하는 음반산업관계자들에게 본 책을 적극적으로 추천한다.

- 한국음반산업협회 회장 김경남

이 책은 뮤직비즈니스가 무엇인지 종합적으로 제대로 보여준 책으로 뮤직비즈니스에 종사하는 수 많은 사람들의 역할과 뮤직비즈니스의 생태계를 여과 없이 보여줌으로써 향후 한국의 대중음악산업에 매우 큰 기여를 할 것으로 기대된다. 이 책은 뮤직비즈니스관계 현종사자뿐만 아니라 향후 진출하고자 하는 미래 인재들에게도 매우 큰 도움이 되는 책이다.

- 한국연예제작자협회 회장 김영진

　한국의 뮤직비즈니스가 발전하기 위한 가장 기본적인 조건은 무엇보다도 대중들과 가장 가까이 있는 대한민국 가수의 권익을 보호하는 것이다. 대한민국 가수는 현재 전세계적으로 뻗어나가고 있으며 이들은 한국을 문화선진국으로 만드는 주역이기 때문이다. 이 책은 체계적으로 뮤직비즈니스를 정리한 책으로 매우 훌륭하며, 한국 가수들의 권익향상에 큰 도움이 되는 책으로써 가수와 가수지망생들이 반드시 읽어보아야 할 필독서이다.

- 대한가수협회 회장 태진아

목차

그림·표 목차

01
PROLOGUE

누구를 위해, 왜 썼나?

Interestingly enough, the majority
of arguments begin with a misunderstanding.
I'd say that close to 90% of our relationship problems
with people are the result of misunderstandings.
- Greg S. Baker

흥미롭게도 대부분의 분쟁은 오해에서 비롯된다.
사람들과의 관계에서 90% 이상은 오해의 결과이다.
- 그레그 베이커

"작곡가가 되면 삼대가 먹고 살 수 있을 만큼 돈을 벌 수 있나요?"
"가수·아티스트는 음악만 잘하면 되나요?"
"기획사가 가수·아티스트를 착취하는 것 아닌가요?"
"음악권리자들보다 음악회사만 배부른 시장환경 아닌가요?"

업무를 담당하면서 가까운 지인을 만나거나 강의를 하면서 위와 비슷한 질문을 많이 받게 되는데, 이에 대한 대답으로 이 책을 쓰게 되었다. 의외로 현재 뮤직비즈니스에 종사하고 있는 분들(작사가, 작곡가, 편곡가, 가수·아티스트, 매니저, 제작자, 투자·유통 담당자, 마케터 등)도 단편적인 지식만 알고 있지 뮤직비즈니스에 대한 종합적인 지식을 가지고 있는 사람이 많지 않다. 그래서 뮤직비즈니스에 대한 전체적인 설명과 함께 각 단계별로 꼭 알아야 하는 지식을 정리하고 공유한다면 K-POP 뮤직비즈니스가 더 발전하는데 도움이 될 것이라는 확신을 갖게 되었다. 왜냐하면 뮤직비즈니스의 각 단계별 과정과 종합적인 이해가 부족해서 생기는 오해와 편견으로 각종 소송이나 분쟁이 끊이지 않는데 이것을 줄일 수 있다면 K-POP 뮤직비즈니스가 더 긍정적인 방향으로 나아갈 수 있기 때문이다.

구체적으로 이 책은 다음의 독자들을 위해 쓰여졌다.

1. 가수·아티스트, 지망생과 부모님들
2. 뮤직비즈니스 담당자 및 지원자
3. 뮤직비즈니스에 대해 알고 싶은 모든 사람

첫 번째, 이 책은 현재 활동하고 있는 가수·아티스트와 그 지망생들을 위해 쓰여졌다. 실제로 가수·아티스트들을 만나 이야기해보면 음악산업과 뮤직비즈니스에 대해서는 단편적인 지식만을 가지고 있는 경우가 많았다. 심지어는 음악산업이 어떻게 돌아가고, 계약이 어떻게 진행되며, 분배와 정산은 어떤 식으로 이루어지는지에 대해 모르거나 잘못 알고 있는 경우도 많았다. 이것은 생각보다 심각한 문제인데 왜냐하면 그러한 무지와 사소한 오해들로 인해 결국 계약이 파기되고, 팀이 쪼개지며, 소송이 발생하기 때문이다. 연예계를 포함해서 뮤직비즈니스는 사람과 그 사람들이 만들어내는 콘텐츠가 핵심이고, 사람과 사람이 만나서 더 큰 시너지가 나는 분야이기 때문에, 작은 오해와 무지로 인해 문제가 생기게 되면 반드시 그 사업은 실패하게 되어있다. 그러한 오해를 막고 가수·아티스트와 기획사 그리고 음악회사에게 도움이 될 수 있는 내용을 전달하고 싶은 것이 이 책의 중요한 목표이다.

물론 가수·아티스트들이 뮤직비즈니스의 세부적인 내용을 속속들이 알면서 모든 프로세스에 대해 관여하라는 뜻은 아니다. 그들은 음악을 만들어내고 공연하는 것을 세일 잘하는 사람들이기 때문에 그 외 일들에 시간을 많이 투입할수록 팬들에게뿐만 아니라 자신에게 손해가 되는 일이다. 그럼에도 불구하고 뮤직비즈니스가 어떻게 돌아가고 있는지 기본적인 내용과 그 환경을 이해하는 것은 필요하다. 또한 가수나 아티스트가 되는 연령대가 점점 낮아지고 있어 이들에게는 뮤직비즈니스가 첫 사회경험일 확률이 높다. 그만큼 잘 모르고 당하는 일들이 많을 수 밖에 없는데, 그때마다 사람들을 붙잡고 물어보는 것도 현실적으로 쉽지 않다. 하지만 이 책에 나온 기본적인 뮤직비즈니스에 대한 지식을 갖고 있는다면 회사나 다른 관계자들과의 의사소통도 보다 쉬울 것이며 계약이나 문구를 조정할 때도 본인의 의지를 조금이나마 더 나타낼 수 있을 것이다.

예전에는 의사-환자 관계에서 질문이나 답변을 하는 것은 불경스럽게 느껴졌었다. 수십 년간 공부하고 경험을 가지고 있는 의사에게 감히 아무것도 모르는 환자가 이것 저것 묻고 의구심을 갖는 것은 과거에는 상상할 수도 없던 일이다. 하지만 지금은 의사가 환자에게 친절하게 현재 상태를 설명하고 질문에 대한 답을 하는 것이 당연한 것이 되었다. 그렇게 환자에게 설명해주고 이해시키는 것도 치료의 한 부분으로 받아들여지기 때문에 그렇게 설명해주지 않으면 환자는 불편함을 느끼면서 의사와 그 치료에 대한 의심을 갖고 다른 병원으로 옮기게 된다. 더 이상 '나만 믿고 따라오면 된다'는 일방통행은 생명을 다루는 '의사-환자' 관계에서도 성립하지 않게 되었다. 뮤직비즈니스에서도 마찬가지이다. 예전에는 매니저나 기획사 사장님이 '내가 하라는 대로만 해야 돼'라고 이야기했고 그것을 그대로 따르는 것이 불문율이었다면, 이제는 계약서에 의거하여 서로 간의 의견을 존중해주면서 함께 성공해나가는 동반자로서의 인식 전환이 필요하다.

또한 가수·아티스트나 그 지망생을 자녀로 둔 부모님들도 이 책을 읽는다면 자녀들이 어떤 시장과 산업에 속해 있는지 정확히 알 수 있고 자녀 지도에 있어서 기본이 될 수 있는 지식들을 알 수 있을 것이다.

두 번째, 현재 뮤직비즈니스 분야에서 종사하거나 앞으로 일하고 싶어하는 사람들을 위해 이 책을 쓰게 되었는데, 선배님들로부터 배운 많은 가르침과 깨달음을 후배들에게 전달해주고 싶은 마음도 있다. 현재 뮤직비즈니스에 몸을 담고 있는 분들께는 뮤직비즈니스를 전체적으로 바라보는 시각을 갖추는 것과 여기에 정리된 지식이 앞으로 더 효율적이고 멋있는 비즈니스모델을 만드는 데 활용되었으면 하는 바램이다.

필자가 신입사원으로 입사했을 때 처음 했던 일들 중 하나가 음악사이트 고객상담이었다. 고객상담은 사이트 이용방법, 결제오류, 음악 플레이어 사용방법들을 설명하는 것이었는데, 특히 결제에 대해서는 돈을 내고 온라인을 통해 음악을 듣는다는 것이 익숙하지 않은 시기였기 때문에 고객 상담이 많았다. 음악회사에 들어갔는데 하는 일이라곤 음악과 관련이 없는 듯한 일뿐이었다. 하지만, 그렇게 음악과 관련된 일들이 모여서 전체 뮤직비즈니스를 이루는 것을 알게 되었고, 음악서비스로 시작하여 음악 유통과 투자 업무를 담당하면서 음악 제작에 대한 꿈을 꾸게 되었다. 그래서, 독립하여 앨범을 제작해서 해외활동도 하고 K-POP의 열기를 직접 경험하면서 앞으로 더 큰 꿈을 꾸게 되었다. 운이 좋게도 뮤직비즈니스의 여러 분야를 경험한 것을 토대로 뮤직비즈니스 관련 강의를 하고 있는데, 앞으로 뮤직비즈니스에 종사하고 싶어하는 사람들에게 어느 정도 도움이 되었으면 하는 생각을 갖고 책을 준비하였다.

마지막으로 뮤직비즈니스에 대해 관심이 있는 사람들이 뮤직비즈니스에 대한 정보를 기반으로 앞으로 음악산업 발전을 위한 공감대를 형성하는 것에 약간이라도 기여했으면 하는 바램을 가지고 있다. 뮤직비즈니스에 대한 이해를 통해 음악산업이 발전할 수 있다는 것은 다소 과장 또는 비약적이라는 생각이 들 수도 있다. 하지만 현재 음악산업은 어려운 상황이다. 우리나라에서는 다른 예술분야도 비슷하지만 특히 음악의 경우 그 가치를 제대로 인정받지 못하고 있다. 아직까지 가수·아티스트가 음악만을 하면서 먹고 사는 것은 소수를 제외하고는 힘든 상황이다. 가수·아티스트임에도 불구하고 광고나 행사가 주 수입원이고 음악 판매는 부수입이 되어버렸다. 물론 미국이나 일본과 달리 음악산업 자체 시장규모가 작은 것도 이유이지만 음악의 가치가 제대로 인정받고 있지 못한 이유가 가장 크다. 음악산업이 발전한다는 것은 가수·아티스트와 뮤직비즈니스 종사자들만 배부른 것을 뜻하지 않는다. 결국 우리가 더 좋은 음악을 즐기고 그로 인해 우리 삶이 더 풍요로워 지는 것을 뜻한다. 인터넷에서 불법으로 다운로드 받거나 한 달에 5~6천원만 내면 무제한으로 음악을 들을 수 있는 현재의 환경은 분명히 개선되어야만 한다. 이 책을 읽고 뮤직비즈니스에 대한 이해를 갖게 되어 음악을 합법적으로 구매하고 좀더 그 가치를 인정해주는 공감대가 형성되었으면 좋겠다.

물론 이 책이 뮤직비즈니스의 모든 내용과 사례를 다 담을 수는 없다. 특히 사람과 그들의 예술 활동으로 인한 비즈니스이기 때문에 모든 사안들이 개별성을 가지고 있다. 예를 들어 기획사와 소속 가수간 분쟁도 일반적인 원인이나 분류는 가능할 수 있지만 개별적인 사안을 들춰보면 각기 다른 모습을 보이고 있다. 즉, 누가 잘못했고 잘했는지를 쉽게 말할 수 있는 상황이 드물고 그러한 세부 사례를 그대로 다른 사례에 적용하는 것도 힘들다. 그렇기 때문에 뮤직비즈니스의 원리를 잘 알고 이해하는 것이 중요하다. 하지만, 이 책이 '절대불변의 진리'는 아니다. 빠르게 변하는 기술과 환경에 맞추어 관련 법규가 개정되면 옛 지식이 되는 것도 있을 수 있다. 하지만, 그러한 변화에도 이 책에서 다루는 기본적인 뮤직비즈니스의 원리를 이해한다면 새롭게 업데이트 된 내용을 적용하는 것이 그리 어렵지는 않을 것이다.

또한 가수·아티스트들의 경우 '뭐, 이런 식으로 이야기하는 사람도 있던데 저는 그와는 달리 저렇게 일을 진행했으면 좋겠습니다'라는 방식으로 설명하거나, 매니저와 기획사에서는 '궁금해 하는 내용들은 그 책에 있는데 그 내용을 보고 다른 궁금한 사항은 나에게 물어봐'라는 식으로 이 책을 활용하면 좋을 것 같다. 읽어보면 알겠지만 이 책은 가수·아티스트, 지망생들을 편드는 책도 아니고 매니저나 기획사, 유통사와 서비스사를 편드는 책도 아니다. 뮤직비즈니스에 대한 설명과 그 이해를 토대로 K-POP 뮤직비즈니스가 "좋은 음악을 만들어 팬들에게 들려주고 거기에서 발생하는 더 큰 수익을 나누는 본연의 목표"를 달성하는 데 도움이 되었으면 한다.

02
음악시장

먼저 큰 그림부터 보자!

Don't kill the goose that lays the golden eggs.

황금알을 낳는 거위를 죽이지마라.

1. 뮤직비즈니스 용어 이해

뮤직비즈니스에 대해 살펴보기 전에 몇 가지 용어와 개념에 대한 정의가 먼저 필요하다. 해외에서 그냥 받아들인 용어도 있고 급격한 시장의 변화로 다소 맞지 않는 말인데도 예전부터 통용되던 말을 그대로 쓰는 경우도 있다. 따라서 미리 정리를 하지 않으면 나중에는 헷갈릴 뿐만 아니라 전혀 다른 의미로 잘못 전달될 수 있기 때문에 앞으로 이 책에서 사용할 통일된 용어에 대해 어떤 의미를 가졌으며 그 배경에 대해 설명하고자 한다.

뮤직비즈니스의 정의

뮤직비즈니스는 '가수·아티스트를 중심으로 대중음악[1]을 제작, 유통, 서비스, 판매하는 활동과 그 대가로 발생하는 이익을 분배하는 것'을 말한다. 다른 방식으로 표현하면 "가수·아티스트와 팬 사이를 음악으로

---

1 일반 대중을 대상으로 하고, 단순함과 통속성 및 오락성을 지니며 대중매체를 통해 전파되는, 이를 통해 이윤을 추구하는 상업적 목적을 지닌 음악을 총칭하는 말. 기존의 순수음악(서양음악, 동양음악, 민족음악)에 대응되는 개념임. 위키피디아

연결해주는 일"을 뜻하는데 반드시 그 대가(돈)가 존재한다. 즉, "음악으로 돈버는 것"이다.

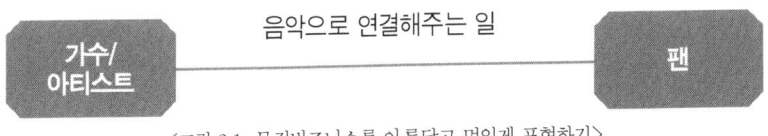

<그림 2-1. 뮤직비즈니스를 아름답고 멋있게 표현하기>

<그림 2-2. 뮤직비즈니스를 솔직하고 더 쉽게 표현하기>

음악과 돈을 결부시키는 것이 너무 안타까운가? 너무 차갑고 매몰차게 들릴지 몰라도 부정할 수 없는 사실이다. 예술의 순수함을 버렸다고 말하지 마라. 우리는 가수·아티스트와 우리 사이를 감동적인 음악으로 연결해준 사람들에게 돈을 지불할 뜻이 있는 자본주의 시민이니까. 물론 그 돈은 사랑하는 가수·아티스트에게도 전달되어 감동적인 음악을 계속 만들어주게 된다.

그렇다면 가수·아티스트와 팬을 직접 연결하면 어떨까? 생산자와 소비자를 중간 유통 없이 직거래할 수 있도록 해주면 양측 모두에게 더 큰 이득을 줄 수 있지 않을까? 하지만 가수·아티스트와 팬이 직접 연결되는 것은 거의 불가능에 가깝다. 중간에 아무도 없이 직접 연결하는 방법은 팬이 직접 가수·아티스트 집에 찾아가서 노래를 불러달라고 요청하고 직접 듣는 수밖에 없는데 그렇게 했다간 가수·아티스트는 몇 명 안 되는 팬에게 노래를 불러 줄 수 밖에 없고, 그 결과 팬은 가수·아티스트에게 비싼 비용을 지불해야 할 것이다(모두 알다시피 그들의 몸값은 비싸다!). 이 책을 읽으면 뮤직비즈니스가 존재함으로써 어떻게 전체적인 만족과 이윤이 극대화 하게 되는지 이해할 수 있을 것이다. 물론 예전에는 가수·아티스트보다는 중간에 있는 뮤직비즈니스 주체들(투자사, 유통사, 서비스사)이 더 큰 힘을 가졌지만, 이제는 인터넷과 첨단기술의 발전으로 가수·아티스트와 팬 사이의 간격이 줄어들고 있다. 뮤직비즈니스의 미래에는 더욱 더 그 차이가 좁혀질 것이며 이것도 후에 다루도록 하겠다.

그러면 왜 '음악사업'이라고 하지 않고 뮤직비즈니스라는 영어 표현을 쓸까? 그런 질문을 가끔 받는데, '같은 뜻이지만 보통 업계에서 뮤직비즈니스라고 많이 표현해요'라고 다소 궁색하게 대답하곤 했다. 왜 '음악사업'이라는 용어보다 '뮤직비즈니스'라는 단어를 더 많이 쓰는지 이유는 어디에도 나와있지 않았는데, 곰곰이 생각해보니 영어 자체의 단어가 이제는 너무 익숙해져서 한글로 번역하지 않고 영어 그대로 쓰는 경우로 해석하는 게 적절할 것 같다. 예를 들어 '매체'라는 표현보다는 '미디어', '연예·오락'이라는 대신 '엔터테인먼트'라고 말하는 것과 비슷한 방식으로 생각된다.

또한 음악사업이라는 단어가 음악산업과 헷갈리기 때문에 뮤직비즈니스라는 표현이 더 명확하게 이해될 수 있다. 사업事業은 '물건이나 서비스를 제작하여 고객에게 판매하는 활동'을 말하고 산업産業은 '여러 사업의 집합'을 말한다. 즉, 음악사업은 '음악을 제작하여 고객에게 판매하는 개별적인 활동'을 말하고, 음악산업은 그러한 '여러 음악사업들을 총칭'하는데, 음악산업 안에 여러 개의 다른 음악사업이 포함된다고 볼 수 있다.

그래서 한국콘텐츠진흥원에서 발간한 '2010 음악산업백서'에서는 다음과 같이 정의하였다.

"음악산업은 유형 혹은 무형 음원 매체(Configuration)의 판매 사업, 공연 및 이벤트(Concerts) 사업, 아티스트 매니지먼트(Artist management) 사업, 음악 출판(Music Publishing) 사업, OSMU(One Source Multi Use)에 따른 머천다이징(Merchandising)사업 등 아티스트와 그 악곡을 중심으로 한 사업들을 총칭한다."

이 책에서는 거시적인 측면에서 음악산업을 바라보는 것보다는 개별 뮤직비즈니스(음악사업)에 대한 설명과 그 이해를 더 중점적으로 보고자 하기 때문에 앞으로 뮤직비즈니스라는 말로 통일해서 사용하겠다.

또한, 이 책에서는 뮤직비즈니스의 범위를 음악의 기본적인 범위(음악을 만들고 듣는 것)로만 한정할 것이다. 예를 들어 가수·아티스트가 노래를 부르고 공연하는 것이나 음악이 광고 내에 삽입되어 사용되는 것은 뮤직비즈니스의 범위에 포함되지만, 가수·아티스트의 행사, 광고 출연료나 노래연습장의 매출은 뮤직비즈니스의 범위에서 제외한다는 뜻이다. 음악이 제대로 된 가치를 인정받지 못하고 있어, 실제 기획사와 가수·아티스트들은 음악으로 버는 돈보다 그 외 행사, 광고 출연료가 주 수입원이 되어 버렸다. 이러한 비정상적인 상황을 제대로 파악하기 위해서 음악과 직접적으로 관련된 범위로 한정지어 뮤직비즈니스를 정의하였다.

🎧 저작권자: 작곡가, 작사가, 편곡가

음악을 맨 처음 만드는 것이 작곡이며, 그런 일을 하는 사람을 작곡가라고 부른다. 이전에 없던 곡을 새롭게 창조하는 것이며, 보통 곡의 멜로디를 만드는데 기타나 피아노와 같이 화음을 넣을 수 있는 간단한 반주에 메인 멜로디를 만들어도 작곡이라고 한다. 심지어 휴대폰이나 녹음기에 대고 허밍으로 '나나나~'하고 멜로디만을 만드는 것도 작곡으로 인정된다. 반드시 악보에 그리거나 큐베이스(Cubase)나 로직 프로(Logic Pro)와 같은 음악 소프트웨어를 쓰지 않아도 신선하고 감동적인 멜로디를 만들 수 있으면 작곡가라고 할 수 있다.

작사가는 작곡가가 만든 곡에 가사말을 붙여 의미를 부여하는 사람인데, 우리가 다루고자 하는 대중음악에서는 클래식과는 달리 가사가 없는 연주곡의 비중은 그리 크지 않은 편이기 때문에 대부분의 곡들은 작곡가와 작사가가 존재한다.

편곡가는 작곡가가 만든 멜로디에 드럼, 기타, 베이스, 피아노 등과 같은 악기를 이용한 음악을 덧붙여 실제 반주로 들릴 수 있도록 곡을 만드는 사람을 말한다. 이렇게 작곡가, 작사가, 편곡가를 저작권자라고 부르며 저작권자들이 음악을 만들어 가수·아티스트가 부르거나 연주할 수 있게 한다.

🎧 가수·아티스트

이 책에서 '가수·아티스트'라는 용어는 '대중음악을 부르거나 연주하는 사람'이라는 뜻을 나타낸다. '가수'라고 만 부르면 의미를 가창으로 한정 지을 수 있고, '아티스트'라고 만 말하면 음악뿐만 아니라 다른 예술 분야에서도 많이 사용하는 단어이기 때문에 우리가 말하는 이미지와 용어가 잘 매칭되지 않는 경우가 있다. 따라서 가창, 댄스, 싱어송라이터, 밴드 등을 모두 포함하는 의미로 '가수·아티스트'가 적당한데, 실제로 대중에게 강의나 설명을 할 때, '가수·아티스트'라는 표현을 쓰면 쉽게 이해가 되고 쓸데없는 논쟁도 줄일 수 있다.

🎧 기획사: 제작사, 소속사, 레이블

미국 뮤직비즈니스의 역사를 기준으로 봤을 때는 약간씩 다른 의미를 가지고 있지만 K-POP 뮤직비즈니스에서는 같은 의미로 받아들여도 무방하다. 가수·아티스트 중심의 미국과 기획사 중심의 한국 매니지먼트 구조가 다른 것이 원인인데 뒤에 나올 '기획사' 부분에 자세한 설명이 나와 있다.

K-POP 뮤직비즈니스에서 기획사는 가수·아티스트와 계약하여 음악을 만들고 마스터앨범[2]을 제작하여 유통사에게 넘기는 음악 제작사의 기능을 한다.

또한 가수·아티스트의 일정을 관리하고 공연, 방송 및 광고 등의 관련 계약을 가수·아티스트를 대신하여 진행하는 소속사로서의 매니지먼트 업무도 수행한다.

---

2 CD를 대량생산할 때 원본이 되는 앨범을 뜻하며 녹음실 녹음 후 믹싱, 마스터링을 거친 최초의 원본 앨범을 뜻함

레이블은 원래 레코드 제작 브랜드명을 가리키는 용어였는데, 이제는 대형 기획사 산하 기획사나 규모가 작은 인디 기획사들을 뜻한다. 기획사가 대형화(자체적으로 성장하는 경우와 외부 기획사를 M&A하는 방법이 존재함)되면서 소속 가수·아티스트가 많아지고 음악적인 성향이 다양해지기 때문에 전체적인 관리가 쉽지 않게 되었다. 그래서 대형 기획사는 여러 개의 작은 레이블로 나뉘어 관리되는 것이 보통인데 자본은 한 뿌리로 같지만 음악적 성향과 추구하는 바는 다양하게 운영되고 있다. 예를 들어 울림엔터테인먼트(인피니트, 넬, 러블리즈)는 SM엔터테인먼트의 독립 레이블이며, 스타쉽엔터테인먼트(케이윌, 씨스타, 보이프렌드), 스타쉽엑스(매드크라운, 정기고), 로엔트리(아이유, 써니힐, 히스토리), 콜라보따리(지아, 피에스타)는 로엔엔터테인먼트의 레이블이며, 젤리피쉬(성시경, 박효신, 서인국, 빅스), MMO(다비치, 손호영, 홍대광, 박보람), 뮤직웍스(백지영, 유성은), 1877(하이니), CJ빅터(CJ Victor Entertainment)는 CJ E&M 산하 레이블이다.

앞으로 기획사로 통일해서 사용할 것이나 문맥상 필요하거나 업계에서 자주 쓰는 표현이 있을 경우는 예외적으로 그대로 사용하였으니 참고하여 이해하는 것이 좋겠다.

유통사: 대리중개업체, 음반사, 배급사

기획사로부터 음반, 음원을 받아 서비스사에 유통하고 배급하는 회사를 유통사 또는 배급사라고 한다. 기획사는 저작인접권의 일부[3]를 유통사에 넘겨서 자신을 대신하여 저작인접권료를 징수한다. 이렇게 기획사

---

3 4장 저작권 중 '마스터권의 저작인격권과 저작재산권' 내용을 참고할 것.

를 대신하는 중개업체라는 의미로 대리중개업체라는 표현을 쓰기도 한다. '음반시장'이라는 단어에서 '음반'은 좁은 의미의 CD, DVD 시장을 말하며, '음반사'와 같은 경우는 넓은 의미의 '음반', 즉 CD, DVD와 디지털 음원을 포함하여 유통, 배급하는 회사를 뜻한다. 예전에는 디지털 음원이 없었기 때문에 음반사로 표현해도 문제가 되지 않았지만, 이제는 음반보다는 음원이 음악시장의 중심이 되었기 때문에 계속해서 음반사로 표현하는 것은 시대에 뒤처지는 표현이다.

보통 직배사(직접배급하는 회사)로 불리는 해외 3대 메이저 배급사인 유니버셜뮤직, 소니뮤직, 워너뮤직의 경우 독자적인 유통, 배급망을 전세계적으로 구축하여서 음악을 유통, 배급한다. 또한 각 직배사는 산하에 수많은 레이블을 두고 있어 기획사로서의 기능도 가지고 있다. 크게 보면 기획사와 유통사가 한 몸으로 이루어진 것인데 이와 같은 사업 모델을 국내 기업들이 뒤따르는 추세이다. 마찬가지 방식으로 유통사 중에 서비스사를 함께 운영하고 있는 경우도 있다. 이 책에서는 대리중개업체, 음반사, 배급사라는 용어를 가급적 유통사로 통일하여 사용할 텐데, 법률이나 규정에서 해당 용어를 사용하는 경우는 통일하지 않고 그대로 쓰겠다.

🎧 서비스사: 음악사이트, P.O.C.(Point Of Contact), 음원사

유통사로부터 음원을 받아 소비자인 팬들에게 서비스 해주는 회사를 말한다. 웹서비스를 주로 하던 시절에는 melon.com, genie.co.kr, mnet.com, bugs.co.kr, soribada.com 등 음악사이트로 불렸으나 스마트폰이 대중화되면서 웹과 모바일, 어플리케이션 등 다양한 소비자 접점(Point Of Contact)을 뜻하는 P.O.C.로 불리우기도 한다. 또한 음원을 서비스하기 때문에 음원사라고 말하기도 하는데 여기에서는 서비스사로 통합하여 부르도록 하겠다.

🎧 앨범(음반+음원)

좁은 의미의 음반은 CD, DVD와 같은 아날로그 포맷만을 말한다. 넓은 의미의 음반은 디지털 포맷의 음원(mp3, 스트리밍)과 아날로그 포맷의 CD, DVD를 모두 포함하고 있다. 예를 들어 한국음반산업협회는 아날로그 CD, DVD만을 다루는 곳이 아니며, 국제음반산업협회(IFPI: International Federation of the Phonographic Industry)도 디지털, 아날로그 모두를 다룬다. 이 책에서는 혼동을 줄이기 위해 '음반'은 좁은 의미로 한정지어 CD, DVD만을 말하며, 가급적 음반사라는 표현을 쓰지 않겠다. 음반과 음원을 전체 포함하는 뜻으로 '앨범'이라는 용어로 통일하여 사용하겠다.

🎧 K-POP

K-POP은 Korea(n)과 팝 음악을 뜻하는 popular music의 합성어이다. 즉, 한국의 팝 음악을 말하는데, 초기에는 '아이돌 그룹의 댄스곡'만을 의미하기도 했지만, 이제는 '가요'와 거의 같은 뜻으로 쓰이고 있다. 한국 내에서는 '대중음악' 또는 '가요'로 불리던 것이 해외에서는 '한국의 대중음악'이라는 의미로 K-POP이라 불린다고 볼 수 있다. 음악의 역사나 장르 구분의 기준으로 보자면 K-POP과 한국 대중음악을 동일하게 바라보는 것에는 다소 무리가 있을 수 있다. 하지만, 이 책에서는 한국의 뮤직비즈니스를 보다 산업적인 측면과 글로벌 환경에 맞게 설명하고 이해하는 것이 목표이기 때문에 K-POP의 의미를 폭넓게 적용하여 '한국 대중음악'의 의미로 사용하겠다.

즉, 이 책에서 K-POP은 아이돌 그룹의 노래뿐만 아니라 홍대를 중심으로 한 인디음악과 트로트까지 모두 포함한 한국의 대중음악 전체를 의미한다.

우리가 생각하는 것 이상으로 K-POP의 범위는 넓다. 페이스북(facebook) 탄생 실화로 유명한 영화 소셜네트워크의 주인공 제시 아이젠버그가 출연한 다른 영화 '더블-달콤한 악몽'의 마지막 엔딩 크레딧에는 신중현의 '햇님(노래:김정미)'이 나온다. '햇님'은 1973년 발표된 곡인데, 오래된 가요를 해외영화에서 한글 원곡 그대로 사용되는 것을 보면 K-POP이라는 말을 '아이돌 그룹의 음악'만으로 좁게 해석할 필요는 없어보인다. 특히, 싸이의 '강남스타일'이 전세계적으로 히트를 쳤던 것이 K-POP의 의미를 보다 확대해서 해석할 수 있는 토대를 마련했다. 따라서, 이 책의 제목이자 주제인 'K-POP 뮤직비즈니스의 이해'는 예술적인 기준보다는 글로벌 환경에서 산업적인 기준으로 바라본 '한국 대중음악에 대한 이해'라고 볼 수 있다.

위의 정리된 용어들로 뮤직비즈니스의 정의를 보다 상세하게 표현하면 아래[4]와 같으며, 다음 장에서는 정의된 뮤직비즈니스 시장 규모가 얼마만큼인지 살펴볼 것이다.

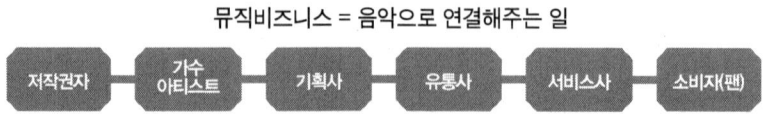

뮤직비즈니스 = 음악으로 연결해주는 일

저작권자 → 가수 아티스트 → 기획사 → 유통사 → 서비스사 → 소비자(팬)

〈그림 2-3. 뮤직비즈니스의 가치사슬(Value Chain)〉

---

4 뮤직비즈니스의 각 주체들을 연결한 것을 다른 말로 뮤직비즈니스의 가치사슬(Value Chain)이라고 함. 여기에서 가치사슬이란 고객에게 음악을 제공함에 있어 새로운 가치를 만들어내는 각 단계들이 서로 연결되어 있는 것을 뜻함.

2. 음악시장 규모

 정부 제공 음악산업 규모

정부(문화체육관광부, 한국콘텐츠진흥원)에서는 일정 기준을 가지고 음악산업을 각 업종별로 나누고 정의하였다. (출처: 2012 음악산업백서)

음악산업 분류 체계

중분류	소분류	분류체계 정의
음악제작업	음악 기획 음반 및 음원	음반 및 음원을 기획하고 제작하는 업체
	녹음시설 운영	음악을 녹음할 수 있는 시설을 운영하는 업체
음악 및 오디오물 출판업	음악 오디오물 출판	음악관련 악보를 출판하는 업체
	기타 오디오물 제작	기타 오디오물을 제작하는 출판관련 업체
음반 복제 및 배급업	음반 복제업	음반을 복제하는 업체
	음반 배급업	음반을 도소매업 사업체에게 배급하는 업체
	음반 도매업	음반을 도매하는 업체
음반 도소매업	음반 소매업	음반을 소매하는 업체
	인터넷 음반 소매업	오프라인 음반 매장이 아닌 인터넷상에서 음반을 판매하는 업체

온라인 음악 유통업	모바일 음악서비스	음원 대리 중개업체로부터 음원을 양도받아 모바일로 서비스하는 업체(SKT, KT, LGU+)
	인터넷 음악서비스	음원 대리 중개업체로부터 음원을 양도받아 인터넷으로 서비스하는 업체
	음원 대리 중개	음원권리자로부터 음원의 권리를 양도받아 온라인상으로 중개하는 업체
	콘텐츠 제작 및 제공(CP)	음원을 제작하여 모바일 음악서비스 업체
음악 공연업	음악 공연 기획 및 제작	뮤지컬, 대중음악, 클래식, 오페라, 전통공연등을 기획하고 제작하는 업체
	기타 음악 공연 서비스	음악공연과 관련된 서비스를 제공하는 업체 (티켓발매 등)
노래연습장 운영업	노래연습장 운영	연주자를 두지 아니하고 반주에 맞추어 노래를 부를 수 있도록 하는 시설을 갖춘 업체

〈표 2-1. 음악산업 분류 체계〉

정부는 각종 규제와 법규에 따라 각 산업을 분류하고 하위 업종들을 '중분류', '소분류'와 같은 방식으로 그룹화하여 관리한다. 따라서 해당 산업이나 시장에서 실무에 종사하는 사람들과는 분류 기준에서 차이가 날 수 밖에 없는 데 이것은 맞고 틀림의 문제가 아니라 기준이 다르기 때문에 어쩔 수 없이 발생하는 현상이다. 국가 차원에서는 해당 산업과 하위 업종 분류를 통해 공정한 경쟁이 일어날 수 있도록 규제와 진흥책을 적용하는 기준으로 삼고, 기업 차원에서는 가지고 있는 자원을 통해 최대한 이윤을 만들기 위해 다른 업체들과 경쟁하고 자기들만의 장점을 통해 소비자들에게 어필하는 데 노력해야 하는 것이기 때문이다. 다시 말해 정부에서 분류한 음악산업 또는 음악시장의 규모와 이 책에서 다루고 있는 뮤직비즈니스 중심 음악시장의 규모는 다를 수 밖에 없다. 정부는 음악산업을 7개의 중분류와 16개의 소분류로 나누고 있지만, 회사마다 다양한 사업을 동시에 진행하는 경우가 많기 때문이다.

예를 들어 어느 기획사의 경우 "음악제작업"과 함께 "음반 복제업"을 동시에 하는 경우도 있고, 일부 유통사의 경우 "음반 도매업"과 함께 "인터넷 음악서비스"를 함께 하고 있다. 각 업종마다 관련 법규와 규정이 다르기 때문에 정부로부터 매년 보고를 해야 하는 경우도 있고 허가를 받아야 하는 경우도 있다. 간혹 제대로 신고를 하지 않아서 벌금이나 영업정지를 당하는 경우도 있으므로 기존 회사에서 새로운 업종으로 진출할 때 세무사와 법무사의 도움을 받아 관련 규정대로 허가·등록 신청해야 하니 담당자들은 유의해야 한다.

그렇다면 각 업종별로 얼마나 많은 사람들이 일하고 얼마나 많은 돈을 벌었는지를 살펴보면 다음과 같다.

중분류	소분류	종사자수 (명)	2011년 매출액 (백만원)	매출 비중	연평균 매출 증감률
음악제작업	음악 기획 음반 및 음원	692	123,925	3.2%	29.8%
	음악 기획 음반 및 음원 외	1,581	455,116	11.9%	33.7%
	녹음시설 운영	497	40,565	1.1%	12.0%
	소계	2,770	619,606	16.2%	31.1%
음악 및 오디오물 출판업	음악 오디오물 출판	64	12,667	0.3%	15.9%
	기타 오디오물 제작	16	960	0.0%	19.2%
	소계	80	13,627	0.4%	16.2%
음반 복제 및 배급업	음반 복제업	149	45,233	1.2%	8.6%
	음반 배급업	138	56,246	1.5%	12.2%
	소계	287	101,479	2.7%	10.6%
음반 도소매업	음반 도매업	151	49,449	1.3%	16.1%
	음반 소매업	377	72,806	1.9%	7.4%
	인터넷 음반 소매업	169	27,968	0.7%	17.5%
	소계	697	150,223	3.9%	11.9%
온라인 음악 유통업	모바일 음악서비스	26	122,396	3.2%	26.5%
	인터넷 음악서비스	1,679	592,449	15.5%	28.3%
	음원 대리 중개	181	86,662	2.3%	19.9%
	콘텐츠 제작 및 제공(CP)	469	78,027	2.0%	3.5%
	소계	2,355	879,534	23.0%	24.3%
음악 공연업	음악 공연 기획 및 제작	2,852	488,352	12.8%	47.5%
	기타 음악 공연 서비스	223	43,905	1.2%	14.8%
	소계	3,075	532,257	13.9%	43.7%

노래연습장	노래연습장 운영	68,917	1,520,734	39.8%	6.5%
운영업	소계	68,917	1,520,734	39.8%	6.5%
음악산업 합계		78,181	3,817,460	100%	18.0%

<표 2-2. 음악산업 업종별 매출액 현황>

🎧 정부 제공 자료에 대해 수정이 필요한 이유

〈표 2-2〉에서 보면 2011년 기준 음악산업 총 매출액은 3조 8천억원으로 나온다[5]. 하지만 우리나라 음악 시장을 3조 8천억원으로 보기에는 약간 무리가 있다. 그래서 다음 세 가지 기준을 추가적으로 적용해 이 책에서 다루고자 하는 K-POP 뮤직비즈니스의 시장규모를 추정하고자 한다.

첫째, 소비자 매출의 합을 시장 규모의 기준으로 삼겠다. 〈표 2-2〉는 전체 매출액의 합을 통해 시장 규모를 측정하였다. 예를 들어 A라는 가수·아티스트의 앨범을 기획사가 5,000원에 유통사에 넘기고, 유통사는 그것을 1,000원의 이윤을 포함하여 6,000원으로 소매상에게 넘기고 소매상은 1,500원의 이윤을 붙여 소비자에게 7,500원에 판매했다고 가정하자. 간단하게 정리하면 다음과 같다.

---

5 정부에서는 각 음악업체들로부터 설문조사를 통해 업종별 매출을 집계하였는데 모든 업체들이 다 참여한 것도 아니고 각 업체별로 기준이 다르기 때문에 정확하게 집계하는 것 자체가 불가능하다. 그래서 전수조사와 표본조사를 통해 추정할 수 밖에 없는 한계가 존재하는 것은 분명하다.

기획사 매출 5,000원

유통사 매출 6,000원

소매상 매출 7,500원

매출의 총 합계 18,500원

　위와 같은 방식의 총 매출 합계 방식으로 음악 산업의 규모를 측정하였을 경우 3조 8천억원이 된다는 말인데, 이 책에서는 매출을 중복하지 않고 개별적으로 분리하는 방식을 택할 것이다. 다시 말해 모든 경제주체의 매출액을 더하지 않고 최종 판매된 매출액을 모두 합친다는 뜻이다. 즉, A 가수·아티스트의 앨범만이 시장에 존재하고 오직 1장이 1년 동안 팔렸다면 해당 연도의 음악시장 규모는 7,500원이 되는 것이다. 소매상 매출로 발생한 7,500원에서 소매상이 이윤 1,500원을 챙기고, 6,000원을 유통사로 분배해준다. 유통사는 1,000원 이윤을 받고 5,000원을 기획사에 분배하고, 기획사는 5,000원으로 앨범 제작비와 가수·아티스트 분배, 직원 월급, 사무실 비용 등을 지불한다. 이와 같이 이 책에서는 최종 소비자로부터 얻는 매출의 합계를 시장 규모의 기준으로 삼겠다.

　둘째, 정부 음악산업 규모에서 40%를 차지하고 있는 노래연습장 매출을 포함시킬지 여부이다. 노래연습장 매출은 총 매출액 3조 8천억원중 1조 5천억으로 가장 큰 비중을 차지하고 있다. 노래연습장 매출이란 노래방에 가서 소비자가 해당 업주에게 지불하는 돈의 합계를 뜻한다. 하지만 이 돈의 대부분은 우리가 이 책에서 다루는 뮤직비즈니스 주체들에게 분배되는 것이 아니다. 해당 곡을 작곡·작사한 저작권자들에게 지불되는 저작권료를 제외하면 해당 매출액은 노래방 임대료, 운영비 등으로 소요되기 때문에 노래연습장 매출 모두를 음악시장 규모에 포함시키는 것보다는 제외하는 것이 낫다고 여겨진다. 노래연습장에서 발생하는 저작권료만을 음악시장 규모에 포함시키는 방법을 택하는 것이다.

마지막으로, 가수·아티스트의 광고, 행사 등 매니지먼트 매출을 뮤직비즈니스에서 포함시킬지 여부이다. 기술의 발달로 인해 CD가 팔리던 시절보다 음악의 가격이 많이 떨어진 상태이다. 그래서 대부분의 기획사는 음악을 판매하는 것만으로는 회사 유지가 불가능하고 주 수입원이 광고와 행사로 바뀐 지 오래되었다. 그럼에도 이 책에서는 뮤직비즈니스를 '가수·아티스트와 팬을 음악으로 연결해주는 일'로 한정 짓기로 했기 때문에 광고, 행사 등 매니지먼트 매출이 기획사에서 많은 부분을 차지함에도 불구하고 제외하기로 하겠다. 다시 한번 말하지만 이 책에서 분류하는 기준이 무조건 맞다는 뜻이 아니라, 일정한 기준을 정하여 "음악"만으로 K-POP 뮤직비즈니스 시장규모를 추정하는데 목적이 있음을 유념해주기 바란다.

🎧 협회 및 기업 자료 기준 K-POP 뮤직비즈니스 시장 규모

정부에서 제공한 자료인 2011년 기준 〈표 2-2〉를 참고자료로 삼고, 뮤직비즈니스의 각 분야별 자료와 함께 협회, 기업에서 발표한 자료로 2014년 K-POP 뮤직비즈니스 시장 규모를 추정[6]하면 다음과 같다.

1) 음반시장

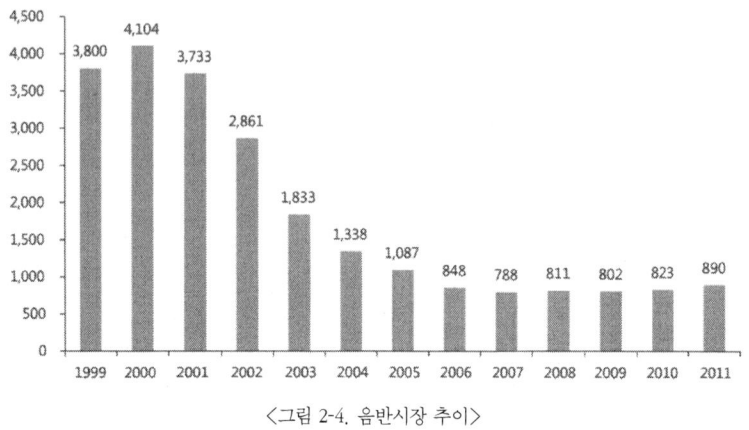

〈그림 2-4. 음반시장 추이〉

위의 〈그림 2-4〉자료는 (사)한국음악콘텐츠산업협회에서 발표한 것을 기준으로 작성되었다. 〈그림 2-4〉에서 보듯이 2000년도에 음반시장은 최대 4,104억원 시장규모를 기록하다가 mp3 보급과 인터넷의 발달과 함께 시장규모가 급격하게 줄어들었다. 2007년도에 788억원을 기록하였지만 그 뒤로는 더 이상 하락하지 않고 어느 정도를 유지하고 있는 모습을

---

6 음반시장은 2011년 자료, 음원시장 중 모바일 시장은 2011년 자료, 음악서비스는 2014년 자료, 공연시장은 2011~2012년 자료, 노래방 저작권 시장은 2014년 자료를 기준으로 전체 뮤직비즈니스 2014년 시장규모를 추정함

보이고 있다. 〈표 2-2〉에서 음반시장은 음반 소매업 728억원과 인터넷 음반 소매업 279억원을 더하면 약 1,007억원을 기록하고 있는데, 한국콘텐츠진흥원의 〈표 2-2〉자료와 한국음악콘텐츠산업협회의 〈그림 2-4〉 자료의 평균값인 약 950억원을 2011년 이후 음반시장의 규모로 보아도 무리가 없다. 2011년 이후 K-POP의 인기로 국내에서 CD, DVD의 구매는 소폭하락하고 있지만, 해외로 판매되는 양이 늘어나고 있어 시장이 유지되고 있기 때문이다. 앞으로도 CD가 음악 감상용이 아닌 Merchandise와 같은 소장 상품으로서의 기능을 담당할 것으로 예측되어 음반시장은 큰 변화 없이 1,000억원 내외를 기록할 것으로 예측되며, 이와 같은 상황을 종합할 때, 2014년 음반시장의 규모는 약 950억원으로 추정된다.

2) 음원시장

음원시장은 모바일 음악서비스와 인터넷 음악서비스로 나눌 수 있는데, 스마트 폰을 통한 음원 스트리밍 서비스는 인터넷 음악서비스에 포함된다. 여기에서 모바일 음악서비스란 컬러링(상대방에게 전화를 했을 때 통화연결음으로 들리는 음악), 벨소리(전화를 수신할 때 울리는 음악)의 경우 스마트 폰의 등장과 함께 시장규모가 많이 줄어들었다. 특히 벨소리의 경우 스마트폰을 사용하면 공짜로 벨소리를 변경할 수 있기 때문에 그 수요가 현저하게 줄어들었고, 컬러링은 통신사를 통해야 하기 때문에 어느 정도 수요가 있지만 예전만큼 많이 판매되지 않는다. 따라서 〈표 2-2〉 기준 한국콘텐츠진흥원에서 2011년 집계한 '모바일 음악서비스' 매출 1,224억원이 2014년 기준으로는 그 절반 수준인 620

억원으로 추정된다.[7]

인터넷 음악서비스는 각 서비스사별로 매출이 명확하게 공개되지 않았기 때문에 현재 1등 서비스사인 멜론(www.melon.com)의 매출을 토대로 추정하겠다.

멜론 유료회원수(명)	1인당 ARPU(원)	월 매출(원)	연 매출(원)
2,650,000	6,354	16,838,100,000	202,057,200,000

(출처: NH농협증권 보고서 2014.05.21)

<표 2-3. 멜론 연 매출 추정>

ARPU란 Average Revenue Per User의 줄임말로 가입자당 평균 매출을 말한다. 즉, 멜론에 유료 회원 수가 265만명이고, 1인당 한 달에 6,354원을 지불한다면 한 달 매출과 1년 매출을 예측할 수 있다. 현재 시장에서 멜론 시장 점유율은 60%로 추정되고 있는데 이를 통해 유료 인터넷 음악서비스 시장은 약 3,367억원으로 계산된다. 여기에 무료 인터넷 음악서비스 시장과 매장음악서비스 시장을 합하면 음원시장의 규모를 좀 더 정확하게 추정할 수 있다. 무료 인터넷 음악서비스란 소비자들에게는 무료로 서비스하되 권리자들에게는 유료로 정산하는 서비스로, 현재 삼성전자에서 진행하고 있는 밀크뮤직이 대표적인 예이며, 무료 인터넷 음악서비스는 정확한 자료를 공개하고 있지 않지만 업계에서는 약 100억원의 규모로 추정하고 있다. 매장음악서비스 시장은 약

---

7 유선일(2014.06.25). 8년만에 벨소리·컬러링 가격 인상 물꼬 터지나. 전자신문, http://www.etnews.com/20140625000293?obj=Tzo4Oi

120억원으로 추정된다.[8]

따라서 모바일 음악서비스 620억원, 인터넷 음악서비스 3,367억원, 무료 인터넷 음악서비스 100억원, 매장음악서비스 120억원으로 2014년 음원시장 규모는 약 4,207억원으로 추정된다.

3) 공연시장

(단위: 백만원)

	뮤지컬	대중음악 콘서트	클래식	오페라	기타	합계
2009년	142,331	43,965	41,132	14,115	16,389	257,662
2010년	165,778	76,093	43,255	19,692	18,431	323,249
2011년	255,448	182,587	49,632	23,253	21,237	532,257
비중(%)	48.0	34.3	9.3	4.4	4.0	100.0
전년대비 증감률(%)	54.1	140.0	14.7	18.1	15.8	64.7
연평균 증감률(%)	34.0	104.4	9.8	28.4	14.1	43.7

〈표 2-4. 음악공연산업 장르별 규모(2009~2011년)〉

정부에서 집계한 자료에는 뮤지컬, 대중음악콘서트, 클래식, 오페라 등의 공연전체를 포함하여 시장규모를 예측하였지만, 우리는 대중음악콘서트에만 한정하여 추정하고자 한다. 〈표 2-4〉에서 보듯이 한국콘텐츠진흥원에서 집계한 자료에 따르면 2011년 기준 공연시장은 약 5,323억원의 규모를 보이고 있고, 예술경영지원센터의 '2013 공연예술실태조사'에 따르면 2012년 기준 국내공연시장의 규모는 7,130억원으로 발표되었다.[9] 물론 두 기관은 매출 집계 방식에서 약간 차이를 보이고 기준도 다

8 전지연(2014.02.16). '볼륨' 키우는 매장음악 산업. 전자신문. http://www.etnews.com/201402140410?obj=Tzo4OiJz

9 예술경영지원센터(2013.12.20). 2013 공연예술실태조사(2012년 기준) 결과 공표. http://www.gokams.or.kr/01_news/report_view.aspx?Idx=416

르기 때문에 어느 정도 차이를 보이는 것이 당연하고 2010년 이후 한류 열풍에 이은 뮤지컬 관객 증가와 대형 공연장(블루스퀘어, 디큐브아트센터)의 운영으로 매출이 증대된 것을 고려하면 공연 매출의 증가를 어느 정도 이해할 수 있다. 2014년 기준으로는 뮤지컬 부분이 어느 정도 정체를 보이고 있으며 7080 콘서트와 여러 가수의 콜라보레이션 콘서트가 다채롭게 시장에 선을 보여 2011년 기준 전체 공연 중 대중음악 콘서트의 비중이 34.3%였는데 현재는 35% 정도로 추정된다. 즉, 전체 공연 시장을 2014년 기준 약 7,000억원 규모로 추정했을 때, 대중음악 콘서트로 한정하였을 경우 약 2,450억원 규모로 추정된다.

앞으로 공연시장 미래는 더 밝을 것으로 예상된다. 왜냐하면 미디어를 통한 음악은 언제 어디서나 이용할 수 있지만 가수·아티스트와 직접 만날 수 있고 그 현장에 가야만 느낄 수 있는 감동은 어느 곳에서도 느낄 수 없는 것이기 때문에 그러한 회소성으로 앞으로도 그 가치가 줄어들지 않을 것이기 때문이다. 또한 우리나라 공연시장의 경쟁력이 세계적으로 뛰어나기 때문에 한국을 찾는 많은 외국인들에게 잊지 못할 경험을 제공해주는 원천이 되기 때문이다. 마치 뉴욕에 가면 브로드웨이에 꼭 들러서 공연을 관람하는 것이 당연한 것처럼 한류의 영향은 공연시장에 크게 미치고 있으며 앞으로도 더욱 그러하리라 생각된다.

4) 노래연습장 저작권 시장

노래연습장(유흥주점과 단란주점 포함) 저작권 수입의 경우 한국음악저작권협회 2014년 수입실적표에 나와 있다.[10]

---

10 KOMCA(2015.02.03). 1,200억 회계오픈자료. http://www.komca.or.kr/CTLJSP

복제사용료 중 노래 반주기 사용료 약 33억원과 공연사용료 중 유흥주점사용료(약 154억원), 단란주점사용료(약 48억원), 노래연습장 사용료(약 113억원)를 더하면 약 348억원으로 집계된다. 음반과 음원, 공연에 대한 다른 음악저작권료는 각각의 매출에서 저작권료가 포함되어 있기 때문에 제외하여 노래연습장 매출에서 음악저작권료만을 따로 추출하는 방법을 적용하였다.

🎧 뮤직비즈니스 시장 규모

위에서 살펴본 바와 같이 뮤직비즈니스의 세부단위 별로 데이터들을 조합할 때 2014년 기준 K-POP 뮤직비즈니스 시장을 추정하면 다음과 같다.

음반시장 950억원
음원시장 4,207억원
공연시장 2,450억원
노래연습장 저작권 시장 348억원
합계: 뮤직비즈니스 시장 규모 7,955억원 (약 8,000억원)

이와 같이 매년 뮤직비즈니스에 연간 8,000억원의 시장이 존재하는데, 3장부터는 누가 얼마만큼 어떻게 나누어 갖는지를 자세하게 살펴볼 것이다. 이렇게 뮤직비즈니스 시장 규모를 조사한 이유는 다름아니라 우리의 현재 위치와 앞으로의 방향에 대해 이야기하고 싶어서이다.

Kusek and Leonhard (The Future of Music, 2005)가 말한대로 음악은 우리에게 공기와도 같은 것이 되어 버렸다. 누구도 공기 없이는 살 수 없지만 너무 당연한 것이 되어버려 그 가치를 잊어버리는 면에서 적절한 비유라는 생각이 든다. 하지만 우리가 공기에 대해 돈을 지불하지 않는 반면에 음악에 대해서는 그 대가를 지불해야 한다. 공기는 그냥 존재하는 천연 자원인 반면 음악은 그렇지 않기 때문이다.

국내 뮤직비즈니스 시장과 다른 시장을 한번 비교해보면 좀 더 느낌이 다를 것이다. 공기는 현재 돈을 주고 사지 않지만 물은 어떠한가?

국내 생수시장의 규모가 2014년 기준 6,000억원[11]으로 추정되는데, K-POP 뮤직비즈니스 시장이 8,000억원이니 단편적으로 보면 음악이 물보다 비싸다고 할 수 있다. 하지만, 속내를 들여다보면 그렇지 않다. 생수병에 들어있는 물만 비교하면 K-POP 뮤직비즈니스 시장이 더 크지만, 2조원의 정수기 시장을 더하면 먹는 물이 음악보다 더 비싸다. 그래도 물은 생존에 꼭 필요하니 음악보다 비싼 것을 인정하자.

하지만 없어도 생존에 문제가 없는 커피는 어떨까? 커피 1잔에 4~5천원하는 것과 음악을 한 달 동안 무제한으로 들을 수 있는 금액이 6,000원인 것을 단순 비교해봐도 시장규모가 크게 차이 나는 것을 상상해볼 수 있다. 실제 2013년 기준 국내 커피 시장은 6조1560억원에 달했다.[12] '나는 카페에서 파는 비싼 커피는 먹지 않고 싼 커피믹스만 먹어요'라고 항변해봐야 소용없다. 커피믹스 시장도 1조 3,000억원의 시장규모를 보

---

11 김범석, 김성모(2014.10.15). 생수만세… 주스 누르고 첫 음료1위. 동아일보, http://news.donga.com/3/01/20141014/67165109/1, 닐슨컴퍼니코리아 재인용

12 염유섭(2014.06.30). 헤럴드경제, 韓, 커피 연 242억잔 '홀짝'…시장 4조6000억원 '홀짝'. http://hooc.heraldcorp.com/datalab/view.php?ud=20140630000469&sec=01-71-03

이니까. 음악을 만들고, 부르고, 즐기는 시장 전체의 크기가 커피를 즐기는 시장보다 작은 것에 대해 여러 가지 의견이 있을 수 있다.

미국의 경우도 커피시장이 음악시장보다 더 크다. 하지만, 커피시장과 음악시장의 차이는 한국보다 덜하다. 2014년 기준 미국 커피시장은 480억달러[13]로 우리나라 돈 52조 6천억원인데, 미국 음악시장은 150억달러[14]로 우리나라 돈 16조 4천억원에 달한다(환율 $1=1,095원 기준). 즉, 미국의 경우 커피시장은 음악시장의 3배 크기를 나타내고 있는 반면에 우리나라의 경우 커피시장이 음악시장보다 7배 이상의 차이를 보이고 있다.

(단위: 억원)

	음악시장	커피시장	음악시장:커피시장 비율
한국	8,000	61,560	1:7.7
미국	164,000	526,000	1:3.2

〈표 2-5. 커피시장 비교〉

그렇다고 한국의 커피소비율이 미국보다 더 크지도 않은 상황이다. 조선비즈(2013년 9월)에 따르면 "우리나라가 전세계 GDP순위 15위인 것과 비교할 때 커피 소비는 35위로 아직까지 커피 소비량이 많지 않다"고 밝히고 있기 때문이다.

---

13 Elaine WATSON(2014.05.06). Packaged Facts: Younger adults might be immersed in the coffee house culture, but they don't drink as much coffee as we think. Foodnavigator,http://www.foodnavigator-usa.com/Markets/Packaged-Facts-2014-US-retail-foodservice-coffee-market-report

14 Statista(2015). http://www.statista.com/statistics/259980/music-industry-revenue-in-the-us

다시 말하지만 뮤직비즈니스 시장이 커피시장보다 커야 한다고 주장하고 싶은 것이 아니다. 하지만, 생수시장과 커피시장을 비교해놓고 보면 음악이 아직도 시장에서 제대로 가치를 인정받고 있지 못한 것만큼은 분명해 보인다. 눈에 보이지 않지만 좋은 품질의 생수를 그만큼 비싼 돈을 주고 사먹는 것이 당연한 것처럼 음악도 돈을 좀 더 많이 지불하고 듣는 시장 질서가 필요한 상황이다. 물론 음악을 제작하고 공급하는 유통, 서비스사의 경우도 소비자가 좀 더 쉽고 편리하게 음악을 즐길 수 있는 방법에 대해 계속 고민해야 할 것이다.

🎧 세계 음악시장 규모

2014년 6월에 PwC가 예측한 각 국가별 음악 시장 전망치이다. 2014년 전망치는 우리가 예상한 8,000억원과 유사한 결과를 보이고 있으며, 미국, 일본, 독일, 영국이 시장규모가 큰 순서이고 이들 4개국의 시장이 전세계의 60%를 차지하고 있다. 전세계 1위 시장인 미국은 약 150억 달러로 한국의 약 8억 달러에 비해 약 19배 시장을 가지고 있다. 2위인 일본은 약 48억 달러로 한국의 약 6배 시장을 가지고 있는 것으로 추정된다. 그리고 중국은 연평균 8.6% 성장률을 보이면서 급성장하고 있고, 2015년부터 한국 음악시장을 추월할 것으로 예상된다.

	국가	2009	2010	2011	2012	2013p	2014	2015	2016	2017	2018	2013-18 CAGR
1	미국	16,099	14,938	15,083	15,080	15,077	15,190	15,398	15,709	16,027	16,534	1.9
2	일본	5,732	5,438	5,341	5,435	5,041	4,857	4,774	4,735	4,711	4,692	-1.4
3	독일	4,577	4,270	4,323	4,267	4,316	4,330	4,326	4,323	4,318	4,335	0.1
4	영국	4,675	4,365	4,325	4,070	4,110	4,121	4,131	4,137	4,140	4,139	0.1
5	프랑스	1,530	1,544	1,648	1,783	1,817	1,837	1,861	1,874	1,875	1,865	0.5
6	호주	1,279	1,228	1,298	1,369	1,427	1,495	1,545	1,580	1,599	1,605	2.4
7	캐나다	1,358	1,253	1,272	1,303	1,338	1,359	1,385	1,415	1,449	1,488	2.2
8	러시아	1,293	1,212	1,194	1,259	1,327	1,412	1,507	1,611	1,722	1,841	6.8
9	이탈리아	1,135	1,108	1,094	1,062	1,019	990	967	949	933	919	-2
10	스웨덴	802	768	753	786	825	858	893	931	972	1,016	4.3
11	한국	631	664	712	759	780	801	819	835	856	888	2.6
12	스페인	890	827	792	779	750	722	705	691	680	676	-2.1
13	중국	601	611	637	673	715	766	824	892	974	1,078	8.6
14	브라질	475	478	497	515	533	551	571	594	621	652	4.1
15	멕시코	430	415	458	445	452	464	479	497	517	539	3.6
16	인도	266	294	320	332	347	362	380	398	418	438	4.8
17	태국	326	323	324	321	308	300	295	293	294	297	-0.7
18	터키	248	237	256	254	250	248	249	250	254	258	0.6
19	남아프리카공화국	250	245	234	226	220	212	210	212	216	221	0.1
20	인도네시아	214	203	195	188	181	177	176	179	184	192	1.2
21	아르헨티나	122	126	133	133	132	132	133	135	138	142	1.5
22	대만	128	128	126	121	114	110	110	113	119	130	2.7
23	칠레	58	61	66	72	75	78	81	84	85	86	2.7
24	베트남	46	45	44	45	45	45	46	47	48	50	2.2
25	이집트	6	6	5	5	5	5	5	5	5	5	0.8
26	사우디아라비아	4	4	3	3	3	3	3	3	3	3	1.4
27	아랍에미리트	3	3	3	3	2	2	2	2	2	2	-7.4

* 참고자료 : PwC(2014), Global entertainment and media outlook 2014-2018

〈표 2-6. 세계 음악시장[15]〉

15 한국콘텐츠진흥원(2013), '세계 음악시장 규모 및 전망 (2009~2018)' 재인용

3. 음악시장의 변화

🎧 음반에서 음원으로

예전에는 음악시장이라는 말보다 음반시장이라는 표현을 더 많이 썼다. 아직까지 그러한 이유로 음악회사라는 표현보다는 음반회사라는 표현을 더 많이 쓴다. 하지만 이제는 더 이상 음반과 음원시장을 나누는 것이 무의미해질 것으로 보인다. 음악이라 하면 당연히 먼저 음원을 떠올리게 되었고, 음반은 다른 Merchandise상품 중 한가지로 여겨지기 때문이다. 기획사에서도 '앨범'을 만드는데 있어 더 이상 10개의 트랙이 실린 음반(CD) 위주로 제작하지 않는다. '디지털싱글'이라는 형태로 1~2곡을 지속적으로 발매하다가 그것들을 모아 기념할만한 음반을 발매하는 것이 일반적이다.

이것은 기획사의 비용 측면뿐만 아니라 팬들의 소비행태와도 밀접하게 연관되어 있다. CD를 통해 1번 트랙부터 10번 트랙까지 연결해서 듣는 방식이 아니라 내가 좋아하는 음악들만 저장해놓고 듣는 것으로 음악을 듣는 행태가 바뀌었기 때문에 팬들은 곡 단위로 소비를 하기 시작했다. 또한 기획사도 가수·아티스트의 활동 시 여러 곡을 동시에 홍보하는 것이 불가능하기 때문에 타이틀곡 위주의 활동을 하게 되었다. 타이틀

곡에서 제외된 곡들은 거의 빛을 보지 못하고 구색을 갖추는 형태로 존재하기 때문에 매출은 거의 안 나지만 비용은 많이 들어가는 현상이 발생하였다. 그렇게 팬들의 니즈(needs)와 기획사의 니즈가 결합하여 앞으로도 음원시장에서 '싱글곡'의 활동도 더 증가할 수 밖에 없을 것으로 보인다.

음원시장에서 1곡당 600원으로 다운로드 가격이 어느 정도 자리 잡게 된 이유는 여러 가지가 있지만 그 중에 하나가 CD로 판매되는 가격이 기준이 되었다. CD 1개 당 가격이 평균 10,000원이었는데, 보통 10트랙이 들어있었다. 그렇다면 1곡당 1,000원이라는 공식이 성립하는 데, 실제 CD를 만들고 유통하는 데는 비용이 많이 들어가고 재고도 신경써야한다. 하지만, 음원은 디지털의 특성상 유통하는 비용이 훨씬 적게 들어가고 재고도 없기 때문에 그보다는 적은 가격으로 판매해도 CD를 판매할 때만큼의 수익을 거둘 수 있다는 가정이 들어가있다. 그래서 초기에는 1,000원으로 판매되다가 300원, 500원을 거쳐 2014년 현재에는 600원으로 자리잡게 되었다(반면에 미국 아이튠즈에서는 1곡당 $1.29, 약 1,400원에 판매되고 있음).

🎧 다운로드에서 스트리밍으로

통신 기술의 발달로 이제는 800MB 크기의 영화를 무선으로 다운로드 받는데 22초면 충분하다. 음악파일인 mp3는 기껏해야 20MB를 넘지 않는데, 0.5초면 다운로드가 완료된다. 즉, 내 스마트폰에 음악파일을 저장하지 않고서도 온라인 음악사이트에서 스트리밍 방식으로 전송받아도 음악 감상에 문제가 없는 것이다. 이제는 통신망이 연결되어 있는 상태에서 언제, 어디서나 한 달에 6,000원이면 무제한으로 음악을 들을 수 있는 시대가 되었다.

물론 매달 6,000원을 내야 한다는 전제가 있지만 원하는 음악을 무제한으로 들을 수 있다는 것은 예전에는 불가능한 개념이었다. 예를 들어 평생 음악을 듣는 기간을 60년으로 가정한다면 6,000원 × 12개월 × 60년 = 4,320,000원을 지불하면 평생 수백~수천만 곡을 언제 어디서나 들을 수 있다.

그렇다면 432만원으로 CD를 구입한다고 가정하면 몇 곡이나 들을 수 있을까? 1곡당 1,000원으로 가정하면 4,320곡을 들을 수 있다. 4,320곡이면 꽤 많은 곡이라 생각될 수도 있고 CD를 소유한다고 해도 432개의 CD가 내 방안에 있다고 상상하면 꽤 다양한 취향의 음악 감상 레퍼토리를 보유한 음악 애호가로 보일 수도 있다. 하지만 그 외 곡들은 들을 수 없는 엄청난 제약이 있다. 길거리를 걷다가, TV를 보다가, 라디오를 듣다가 우연히 내 마음을 감동시키고 위로해주는 음악을 듣게 되어도 그것을 계속 들을 수가 없다. 이미 내 432만원 예산의 사용이 끝났다면 말이다.

물론 이런 반론이 있을 수는 있다. "저는 음악을 많이 듣지 않아서 평생 듣는 곡이 4,320곡 안에 들어갈 거에요." 하지만 또 하나의 큰 제약이 있는데 그것은 '언제, 어디서나'의 조건이다. CD를 구매하면 항상 CD를 가지고 다녀야 하고 설령 CD에서 mp3를 추출한다고 해도 매번 그러기에는 시간이 많이 소요된다.

스트리밍은 다운로드에 비해 싼 가격으로 더 많은 곡을 감상할 수 있다는 장점으로 점점 다운로드를 제치고 시장의 주류가 되고 있다. 소비자 입장에서는 더 편리하면서 값싸게 음악을 감상할 수 있다는 점에서 다운로드에서 스트리밍으로 변화하는 것은 막을 수 없는 패러다임의 변화이다. 다만, 권리자의 입장에서는 불법 다운로드 시장이 줄어들고 합법적인 다운로드 시장이 정착하기도 전에 너무 값이 싸게 스트리밍이 주력으로 자리를 잡아 음악시장의 축소를 우려하고 있는 상황이다. 합리적인 스트리밍의 가격체계와 분배율에 대한 고민이 필요한 상황이다.

다음 IFPI에서 발표한 자료[16]를 보면 다운로드에서 스트리밍의 변화는 전세계적인 추세라는 것을 알 수 있다.

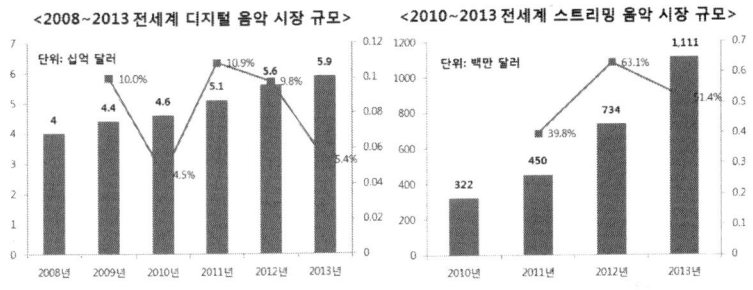

<그림 2-5. 전세계 스트리밍 음악시장 규모 및 성장률>

2013년 기준, 전 세계 디지털 음악 시장 규모는 전년 대비 5.4% 증가한 59억 달러에 이르렀다. 하지만, 대표적인 다운로드 서비스인 아이튠즈는 2014년 13%~14% 가량 하락하며 부진을 면치 못했다[17]. 반면에 유

---

16 IFPI (2014). http://www.ifpi.org/content/library/dmr2011.pdf, CT이슈분석 한국콘텐츠진흥원 2014년 7월호에서 재인용

17 Caitlin McGarry(2014.10.24). Apple's slipping iTunes sales prove streaming is the future. Macworld, http://www.macworld.com/article/2838913/apple-s-slipping-itunes-sales-prove-streaming-is-the-future.html, "음악 스트리밍 서비스, 아이튠즈까지 위협", Itworld 재인용

료 음악 스트리밍 서비스의 시장 규모는 2013년 전년 대비 51% 성장한 11억 1,100만 달러를 기록하고 있다. 이러한 음악시장 변화를 감지한 애플이 2014년 5월 스트리밍 전문 서비스인 비츠뮤직(http://www.beatsmusic.com)을 인수한 사실은 스트리밍 중심으로 시장 패러다임이 바뀌고 있다는 것을 반증하고 있다.

4. 음악시장의 특징

첫째, 음악시장은 흥행산업이다. 10개의 앨범을 발표하면 모든 앨범이 성공을 거두는 것이 아닌 2~3개의 앨범만 성공을 거둔다. 여기에서 성공이란 손익분기점을 넘어서 최소한 투자한 돈만큼의 수익을 거둬들인 본전 이상을 기록했다는 뜻이다. 이것은 기본적인 특성이면서도 상당히 중요하다. 그 이유는 이러한 특징을 무시하고서는 뮤직비즈니스에서 성공할 수 없기 때문이다. 모든 투자자들과 사업가들은 항상 100% 성공을 위해 노력한다. 하지만, 컴퓨터나 자동차처럼 뛰어난 기술력과 디자인으로 싸고 좋게 만들면 성공을 거두는 제품들과는 달리 감성을 건드리고 우열을 확실하게 가늠할 수 없는 콘텐츠의 흥행은 확실하게 보장할 수 없다. 대중이 싫다고 하면 그만인 것이다. 대중의 취향은 금새 바뀌고 우리가 할 수 있는 것이라고는 최선을 다하고 대중의 심판을 기다리는 수밖에 없다. 물론 그 확률을 높이기 위한 방법들은 여러 가지가 있지만 100% 흥행을 장담할 수 있는 사람은 아무도 없다. 그래서 음악시장에 대규모의 자본이 투자되어야 하는 것이고 여러 개의 프로젝트 중 몇 개의 성공이 나머지 프로젝트의 손실을 메우는 방식으로 진행되게 된다. 그런데, 음악시장에 뛰어드는 여러 가수·아티스트나 기업과 사업가들 중 100% 성공을 바라보고 오는 분들이 있다. 실패 자체를 용납하지 못하는 자세는 적어도 뮤직비즈니스에서는 바람직하지 않다. 실패를 다른 큰 성공으로 보충하기 위한 포트폴리오 구축이 기본적으로 필요한 것이다.

둘째, 선진국형 산업이다. 국민 소득 증가에 따라 소비가 높아지는 산업으로 삶에 여유 있을수록 음악도 많이 사고 공연도 많이 보러 다니는 등 음악관련 소비가 증가한다. 즉, 우리 나라의 소득이 늘어날수록 더 발전 가능성이 높다는 의미이기도 하고, 이미 잘 사는 나라의 사람들에게 우리 음악을 더 많이 팔 수 있다는 이야기이기도 하다. 물론 기존 선진국들에는 경쟁력 있는 그들만의 음악시장이 존재하지만 국경을 넘어 전파될 수 있는 것이 문화의 특성인 것을 감안하면 앞으로의 우리 K-POP 시장도 전망이 밝다고 볼 수 있는 것이다.

셋째, 지식기반형 산업으로 부가가치가 높다. 천연자원이 부족한 우리 나라의 경우 앞으로 더욱 지식 기반 산업에 집중해야 한다. 또한 음악의 특성상 다른 콘텐츠보다 먼저 해외로 진출할 수 있으면서 부담 없이 접근이 가능하다. 또한 성격이 다른 자동차, 생활용품들과 결합하기 쉬우면서 그 파급효과가 크다.

5. 요약 정리

〈뮤직비즈니스 용어 이해〉

1) 뮤직비즈니스: 가수·아티스트를 중심으로 대중음악을 제작, 유통, 서비스, 판매하는 활동과 그 대가로 발생하는 이익을 분배하는 것

2) 저작권자: 작곡가, 작사가, 편곡가를 말하며 음악이라는 저작물을 만들어 그 권리를 가지고 있는 사람

3) 가수·아티스트: 대중음악을 부르거나 연주하는 사람, 가창, 댄스, 싱어송라이터, 밴드 등을 모두 포함하는 의미

4) 기획사(제작사, 소속사, 레이블): 가수·아티스트와 계약하여 음악을 만들고 마스터앨범을 제작하여 유통사에게 넘기는 회사이며, 가수·아티스트의 일정을 관리하고 공연, 방송 및 광고 등의 관련 계약을 가수·아티스트를 대신하여 진행하는 소속사로서의 매니지먼트 업무 수행

5) 유통사(음반사, 배급사): 음반, 음원을 서비스사에 유통하고 배급하는 회사

6) 서비스사(음악사이트, P.O.C.(Point Of Contact), 음원사): 유통사로부터 음원을 받아 소비자인 팬들에게 서비스 해주는 회사

7) 앨범(음반+음원): 음반과 음원을 전체 포함하는 의미

8) K-POP: Korean과 팝 음악 popular music의 합성어. 한국의 대중음
   악을 뜻함.

〈한국 음악시장 규모〉

2014년 기준 K-POP 뮤직비즈니스 시장 추정 규모 (음반, 음원, 공연의 경
우 소비자 매출의 합계, 노래연습장 저작권의 경우 음악저작권협회 징수 금액 기준)

음반시장 950억원
음원시장 4,207억원
공연시장 2,450억원
노래연습장 저작권 시장 348억원
합계: 뮤직비즈니스 시장 규모 7,955억원 (약 8,000억원)

〈세계 음악시장 규모〉

전세계 1위 시장인 미국은 약 150억 달러로 한국의 약 8억 달러에 비
해 약 19배 시장을 가지고 있음. 2위인 일본은 약 48억 달러로 한국의
약 6배 시장을 가지고 있음. 중국은 연평균 8.6% 성장률을 보이면서 급
성장하고 있고, 2015년부터 한국 음악시장을 추월할 것으로 예상됨.

〈음악시장의 변화〉

1) 음반에서 음원으로

앨범 제작 시 더 이상 10개의 트랙이 실린 음반(CD) 위주로 제작하지
않고, '디지털싱글'이라는 형태로 1~2곡을 지속적으로 발매하다가 그것
들을 모아 기념할만한 음반을 발매하는 것이 일반적임.

2) 다운로드에서 스트리밍으로

스트리밍은 다운로드에 비해 싼 가격으로 더 많은 곡을 감상할 수 있다는 장점으로 시장의 주류가 되었음. 소비자 입장에서는 더 편리하면서 값싸게 음악을 감상할 수 있지만, 권리자의 입장에서는 스트리밍의 가격이 너무 싸게 책정되어 합리적인 스트리밍의 가격체계와 분배율에 대한 고민이 필요한 상황임.

〈음악시장의 특징〉

1) 흥행산업

10개의 앨범 중 2~3개만 성공을 거둠. 여러 개의 프로젝트 중 몇 개의 성공이 나머지 프로젝트의 손실을 메우는 방식으로 진행되기 위한 자본이 필요한 산업임. 실패를 다른 큰 성공으로 보충하기 위한 포트폴리오 구축이 필요함.

2) 선진국형 산업

소득 증가에 따라 소비가 높아지는 산업으로 삶에 여유 있을 수록 음악도 많이 사고 공연도 많이 보러 다니는 등 선진국이 될수록 발전하는 산업.

3) 지식기반형 산업

부가가치가 높아서 천연자원이 부족한 한국의 경우 앞으로 더욱 집중해야 함. 또한 음악의 특성상 다른 콘텐츠보다 먼저 해외로 진출할 수 있으면서 부담 없이 접근이 가능하여 성격이 다른 자동차, 생활용품들과 결합하기 쉬우면서 그 파급효과가 큼.

  이번 장에서는 K-POP 뮤직비즈니스의 이해를 위해 우리가 사용하게 될 용어와 기본적인 개념에 대해 살펴보고 2014년 기준 현재 음악시장의 규모를 통해 앞으로의 발전 가능성을 따져보았다. 또한 음악시장의 변화와 속성을 다루었는데, 이를 통해 뮤직비즈니스의 세부적인 내용을 더 잘 이해하고 전체적인 시장을 바라볼 수 있는 안목을 키울 수 있는 준비를 하였다.

  다음 장에서는 음악이 어떻게 작곡가, 작사가 그리고 편곡가를 통해 탄생되는지와 어떻게 뮤직비즈니스가 출현하게 되었는지에 대해 알아보도록 하자.

03
곡의 탄생

작곡, 작사, 편곡

True music comes from true musicians.
- Buena Vista Social Club

진실한 음악은 진실한 음악가에게서 나온다.
- 부에나 비스타 소셜 클럽

1. 작곡, 작사, 편곡의 의미

1장에서 살펴본 대로 작곡은 곡의 멜로디를 만드는 것이며 뮤직비즈니스에서 음악이 시작점이자 가장 중요한 요소가 작곡이라는 데는 반론의 여지가 없다. 음악을 맨 처음 만드는 것이 작곡이며, 그런 일을 하는 사람을 작곡가라고 부른다. 작곡가 유해준이 말한 '작곡은 마치 한 장의 편지를 쓰는 것과 같다'[18]는 말이 가장 자연스럽게 작곡을 설명한 것이 아닌가 한다. 우리는 어릴 적 자음 모음 등 한글 체계로 시작해서 단어, 문법을 배운 대로 수없이 많은 글들을 읽고 생각을 글로 옮겨왔다. 그렇게 해서 어떻게 나의 생각과 감정을 글로 표현하는지 배웠던 것처럼 음악 작곡도 기본적인 음악 기호와 리듬, 박자, 화성에 대해 공부하고 지속적으로 곡으로 표현하면 새로운 음악을 만들 수 있다는 비유는 작곡이 하루아침에 만들어지지는 않지만 그렇다고 도저히 하기 힘든 불가능한 것은 아니라는 느낌을 주는 것이다.

작곡가가 만든 곡에 가사말을 붙여 의미를 부여하는 사람을 작사가라 부르는데, 그렇다고 반드시 작곡을 한 후에 작사를 하지는 않는다. 먼저

---

18 유해준(2014.05.13). 작곡가 유해준의 음악칼럼. 한국언론사협회, http://www.kpa.so/sub_read.html?uid=1417

글을 쓰고 그 글에 맞는 음악을 만들기도 하나 일반적으로 작곡 먼저하고 작사를 뒤에 하는 경우가 많다. 요즘 많은 작곡가들이 곡을 먼저 쓰고 그 곡에 맞는 가사를 여러 작사가들에게 의뢰하여 그 중에 취사선택한다. 작곡하는 데에는 몇 년간의 음악적인 교육도 받아야 하고 악기도 다룰 줄 알아야 하지만, 작사는 특별한 교육 없이 글만 쓰면 되기 때문에 작사보다 작곡이 더 뛰어난 것이 아니냐는 오해가 있다. 하지만, 작사도 작곡만큼 어렵다. 사실 작사의 토대가 되는 글쓰기 교육을 어렸을 때부터 받았던 것을 생각하면 작사도 교육 없이 되는 것은 아니다. 이전에는 존재하지 않던 새로운 멜로디를 만들어내는 것과 그에 맞는 가사를 쓰는 것은 둘 다 중요하고 실제로 같은 비중으로 시장에서 그 가치를 인정받고 있는데, 별다른 특이 사항이 없으면 작사가와 작곡가에게 같은 비율만큼의 수익을 분배하기 때문이다.

작곡가가 기존에 없던 새로운 멜로디를 창작해낸다면 편곡가는 그 멜로디를 기준으로 여러 악기들의 조합을 통해 음악을 완성하는 역할을 한다. 우리가 들을 수 있는 음악으로 변화시키는 역할을 하기 때문에 편곡가 역시 매우 중요하며 저작권자 중 하나이다. 편곡은 뼈대 위에 살을 입히는 것으로 묘사되는데 가수·아티스트가 노래하는 멜로디라인이 작곡이면, 그 멜로디라인을 재배치한 후에 피아노, 기타, 드럼 등 악기를 이용하여 곡을 완성하는 게 편곡이다.

2. 작품자[19] 되는 경로

작품자가 되는 데에는 크게 나누면 세 갈래의 길이 있다.

첫번째는 시작부터 기존 작품자 밑으로 들어가서 '스승-제자' 방식의 도제기간을 거치는 방법이다. 이 방법은 가장 오래된 방법이기도 한데 스승의 노하우를 확실하고 정확하게 배울 수 있는 장점이 있다. 스승이 현역으로 활동하고 있다면 빠르게 변화하는 유행과 트렌드를 놓치지 않고 그대로 습득할 수 있으며, 단순히 지식을 쌓는 것에 그치지 않고 스승으로부터 빠르게 피드백을 바로 받을 수 있다는 점은 비교적 빠른 데뷔를 가능하게 해준다. 특히, 어제 작업한 음악이 바로 며칠 뒤 음악 사이트에서 들려진다는 것은 음악 작업을 하는데 있어 큰 동기부여가 된다. 음악 사이트에 달리는 댓글과 인터넷에서 해당 음악에 대한 팬들의 반응은 그야말로 며칠 밤을 새워 멋진 음악을 만들 수 있도록 해주는 원동력이 되는 것이다. 물론 이런 도제방식의 단점을 꼽자면 스승의 주관에 너무 큰 영향을 받는다는 점과 본인과 잘 맞지 않는 스타일의 스승을 만날 때 좋지 않은 결과를 얻을 수 있다는 점이다. 스승이 생각하

---

19 작곡가, 작사가, 편곡가는 권리의 주체를 기준으로 볼 때는 저작권자이지만, 창작물과 작품을 만드는 기준으로 볼 때는 작품자라고 불리운다.

는 기준을 충족시키기 전까지 준비기간이 길어질 수 있고, 스승의 기준에는 맞지 않지만 훌륭한 곡과 스타일임에도 불구하고 발표하지 못할 수 있다는 위험요소를 안고 있기 때문이다. 또한 본인이 추구하는 음악이 스승의 추구하는 것과 다를 경우 지속적으로 곤란을 겪을 수 있다.

두번째는 음악학교나 학원을 통해 교육을 받는 것이 있다. 요즘은 예전보다 훨씬 교육 기관이 많아졌고 그 수준도 높아졌다. 또한 이론적인 부분뿐 아니라 실제 음악시장에서 활동하고 있는 분들이 교육에 참여하고 있기 때문에, 졸업 후 도움을 받아 바로 실전으로 투입되는 경우도 가끔 보게 된다. 전문기관에서 다양한 커리큘럼을 통해 교육받으면 본인의 음악을 장기적인 관점에서 더 발전시킬 수 있는 자양분을 습득할 수 있게 된다. 또한 다양한 선후배들과의 교류를 통해 긍정적인 시너지를 낼 수 있는 기회를 얻을 수도 있다. 단점으로는 가르치는 선생님 대비 학생 수가 많고 개별적인 지도의 시간이 많지 않다는 점과 졸업을 하고 나서 확실하게 데뷔할 수 있다는 보장은 없다는 것인데, 이것은 어느 교육기관이나 상황이 크게 다르지 않다. 마치 경영학과를 졸업하거나 자격증을 딴다고 회사 취업이 보장되지는 않는 것과 같다.

특히, 유명 작품자들의 경우는 곡의 의뢰가 쏟아지는 반면 그렇지 않은 작품자들은 곡을 팔기가 어렵다. 기존 작품자들의 경우도 경쟁이 치열한데 아직 데뷔도 하지 않아 검증 받지 못한 작품자들의 경우는 언제 자신의 곡이 가수·아티스트에게 선택되어 노래로 불릴지 기약이 없다.

세번째는 작품자 본인이 바로 가수·아티스트가 되어 본인의 곡을 부르는 방법이다. 이것은 가장 확실하게 작품자가 되는 방법인데, 본인의 꿈이 작품자보다는 가수·아티스트에 가까운 경우이다. 요즘 가수·아티스트들이 기존 작품자들에게 받는 곡으로는 표현의 한계가 있다고 느끼거나 자신만의 감정을 표현하기 위해 작곡, 작사, 편곡에 직접 참여하는 경우가 많다.

3. 작품자가 되기 위한 실전 팁

위에서 말한 세가지 이외의 경로가 있을 수 있지만 주위에서 친한 지인들이 자식의 진로에 대해 고민할 때는 우선 다음과 같이 조언을 해준다. 하루 아침에 작품자가 되는 것은 불가능하고 다음의 방법들을 실행에 옮기다 보면 반드시 기회가 오기 때문이다.

🎧 악기 배우기

피아노와 기타를 추천한다. 다른 악기들과 달리 혼자서도 화성을 표현할 수 있기 때문에 보다 효율적으로 자신의 음악을 만드는데 도움이 된다. 작곡가나 편곡가는 물론이거니와 작사가를 꿈꾸는 사람도 악기를 하나 배우는 것을 추천한다. 작사가가 악기를 다룰지 몰라도 문제는 없지만 배우게 되면 좋은 점들이 너무 많다. 특히 작곡가와의 소통이 중요한데 곡의 이해도를 높이고 공통분모를 찾아내는데 악기를 다룰 줄 알면 도움이 되기 때문이다.

🎧 교육 받기

스승 밑에서 직접 배우면서 익힐 수 있으면 좋겠지만 현실적으로는 제약이 많다. 만약 운이 좋게 그런 기회를 잡았다 하더라도 아무것도 모르는 상태에서 스승의 가르침을 따르는 것 또한 만만치 않은 이야기이다. 그렇기 때문에 본인이 배울 수 있는 기회를 찾아 우선 학원에서 교육을 받을 것을 추천한다. 예전에는 바이올린, 첼로와 같이 순수음악 레슨만큼 대중음악을 교육받는데 돈이 많이 들었지만, 요즘은 음악 학원들이 많이 생겨서 경쟁이 치열해진 관계로 교육비가 많이 내려갔다. 진로를 확실하게 정하기 전에 적은 비용으로 본인의 적성을 판단하는데 필요한 과정이라 생각된다. 화성학과 같은 이론뿐만 아니라 음악을 제작하는 소프트웨어나 툴을 사용하는 것도 배우면 직접 컴퓨터를 이용하여 혼자서 음악을 만들 수 있는 장점까지 있다.

🎧 기회 잡기

교육을 받다 보면 발표회를 갖기도 하고 본인의 곡을 작업할 때 많은 사람들의 도움을 받게 되고 교류하게 된다. 녹음실 관계자, 기획사 사람들, 음악회사에 근무하는 선후배 등을 만나고 실제로 현업에서 뛰고 있는 작품자들을 만나면서 인맥을 형성할 수 있는데 그 때 본인의 곡을 들려주어 기회를 잡는 것이다. 물론 말처럼 쉽지만은 않은 이야기이다. 그리고 이렇게 아름다운 이야기만 존재하는 것이 아니라 곳곳에 함정들이 숨어 있다. 우연히 내 노래를 들려주었는데 그 사람이 다른 곳에 가서 그 노래를 표절하여 본인의 곡인 것처럼 발표하였다는 사례는 아직도 심심치 않게 들린다. 그래서 본인이 작업한 노래를 쉽게 아무에게나 들려주지 않는데 믿고 들려줄 수 있는 음악관계자들과 지속적으로 네트워킹을 쌓는 것이 어떻게 보면 작품자로 시작하는데 가장 중요한 요소 중 하나라고 생각된다. 물론 그렇게 데뷔할 수 있도록 도와주신 분들께는 보답을 해야 하고 본인도 능력 있는 후배가 성장할 수 있도록 나중에 돕는 것이 필요하다고 하겠다.

언제 본인의 음악이 대중에게 인정받을 지 아무도 확답을 해줄 수는 없다. 운이 좋게 금방 데뷔해서 성공한 작품자도 간혹 있지만 대부분의 작품자들은 인고의 시간을 거쳐서 탄생된다. 쉽지 않을 길임을 애초부터 각오하고 포기하지 않으면서 꾸준히 본인의 음악을 갈고 닦으면 빛을 보리라는 믿음이 필요한 길이다.

작품자 팀 만들기

요즘은 곡을 만드는데 팀을 이루어 작업을 하는 경우가 많다. 보통 대표 작곡가 밑에 여러 새끼 작곡가들이 작업을 하는 경우와 비슷한 실력의 작곡가들이 함께 모여 공동작업하는 경우가 있다. 이렇게 팀을 만들어 곡 작업을 하면 여러 가지 장점이 있는데 우선 장소를 함께 사용하기 때문에 비용을 절약할 수 있고 곡을 만들 때 효율성을 높일 수 있게 된다. 대표 작곡가의 경우 곡의 퀄리티가 어느 정도 검증되었기 때문에 곡의뢰가 많이 들어오게 되고 가수·아티스트의 특성에 맞춰 곡을 단시간 제작하는데 유리하다. 가수·아티스트의 앨범 제작 시 여러 작품자들에게 동시에 의뢰를 하고 여러 후보 곡들 중 하나를 선정하기 때문에 시간에 맞춰 수준 높은 곡을 만들어야 하는데 이것을 혼자 하는 것은 쉽지 않기 때문이다.

작사·작곡 공동작업을 할 경우에는 곡의 제작에 참여한 정도를 명확히 밝히고 한쪽의 마음대로 작업물을 변경하지 않고 합의하에 진행하는 것이 원칙이다. 뛰어난 작곡가 중에 악보나 음악 소프트웨어를 통해 기록하지 않고 노래나 멜로디를 녹음하고 그것을 전문 편곡가에게 맡기는 경우가 있는데 이렇게 한다고 작곡가의 실력이나 권위가 떨어지는 것은 아니다. 오히려 창의력이 더 뛰어난 곡을 만드는 경우도 있다. 하지만 요즘의 작곡가들은 편곡까지 함께 하는 추세이다. 왜냐하면 요즘은 녹음의 마지막 순간까지 많은 수정과 변경이 있기 때문이다. 곡의 의미와 성향을 바꾸지 않으면서 작곡할 때의 의도를 가장 잘 아는 것은 작곡가 본인이기 때문에 직접 수정하고 편곡할 수 있다는 것은 요즘 큰 장점으로 작용한다.

4. 과거 히트곡을 통해 배우기

작곡하는 데 가장 좋은 선생님은 지금까지 발표된 히트한 노래들 중에 자신의 성향과 가장 맞다고 생각되는 곡을 골라서 분석하고 공부하는 것이다. 작사와 편곡도 마찬가지이다. 작사가는 과거 히트곡을 분석하고 그 가사를 대체할 수 있는 가사를 써보고 불러 보면서 실력을 키워야 한다. 편곡가들은 요즘 과거 히트곡을 재해석하는 오디션 방송이나 리메이크 앨범들을 참고하고 본인의 스타일을 만들어보고 비교해보아야 한다. 다음은 '뮤직비즈니스 핸드북(데이비드 베스커빌)'에서 정리한 히트곡의 특성인데, 곰곰이 마음에 새겨 의미를 이해하다 보면 동, 서양을 막론하고 히트곡을 위한 작품자들의 노력은 비슷한 것 같다.

1) 마음속에 늘 간직되어 기억에 남는다. 음악 속에 듣는 사람의 마음을 잡아 끄는 특징적인 부분이 있으며 반복되는 후렴부가 기억에서 떠나지 않는다.
2) 듣는 즉시 마음을 사로잡는다.
3) 가사에 상상력을 자극하는 독특한 이미지를 담고 있다. 예를 들어 '너의 아름다움에 나는 사랑에 빠졌네'보다는 "너의 손끝에도 나는 떨렸

지"하는 식으로 표현된다.

4) 곡이 기승전결로 짜임새 있게 구성되어 있다.

5) 가사나 음악이 노래의 중심주제를 벗어나지 않는다.

6) 신비한 요소와 매력을 갖추고 있으며 우리가 모르는 영혼을 전달하는 힘이 있다.

5. 기회를 잡을 때까지 인내하기

유명 작품자들에게는 일감이 끊이지 않고, 작업 시간이 부족해서 밀려드는 요청을 거절하기도 한다. 하지만 아직 유명하지 않은 작품자들은 어디서도 요청 받지 못하고 언젠가 나의 노래가 세상에 들려지기만을 기다리고 있다. 하지만, 비가 오도록 하늘에 기우제를 드려서 한번도 실패하지 않은 인디언 추장을 생각해야 한다. 그 추장은 비가 올 때까지 기우제를 드리기 때문에 한번도 실패하지 않은 것이다. 음악 작품자가 된다는 것은 기우제를 드리는 것과 마찬가지이다. 그렇다고 재능도 없고 매력적인 노래를 만들 수 있는 역량이 부족하면서 계속 작품을 만들라고 강제하는 것은 아니다. 자신이 언제 그만두어야 할지는 주위 사람들의 지도도 받고 본인도 끊임없이 고민해야 한다. 하지만, 작품자가 되기로 결심했다면 어느 정도 인내와 노력의 시간이 필요한 것을 각오하라는 뜻에서 이런 말을 하는 것이다. 이 세상에 없던 자신의 마음 깊은 곳에서 들리는 소리를 잡아서, 남에게 들려주기 위해서는 몇 날 며칠 정도가 아니라 몇 달 몇 년간 수련을 쌓아야만 가능하다. 물론 천재적인 작곡가는 단 몇 분만에 히트곡을 써내는 경우도 있지 않냐고 반문할 수도 있지만 그것은 너무 겉만 보고 판단한 것이다. 그렇게 짧은 시

간에 곡을 쓸 수 있을 만큼 삶 속에서 오랫동안 준비한 것을 내놓는 것
이기 때문이다.

6. 가장 힘들지만 가장 중요한 곡 팔기

우선 본인의 곡을 가수·아티스트가 부를 수 있도록 팔아야 한다. 여기에서 판다는 의미가 '돈을 받고 내 곡을 넘긴다'는 뜻이 아니라 '내 곡이 채택되어 가수·아티스트를 통해 불리고 발표된다'의 뜻이다. 보통 유명 작곡가, 작사가를 제외하고는 곡비를 받지 않는다. 곡이 사용되면 저작권료를 분배 받기 때문이다. 물론 편곡가의 경우는 작업한 곡에 대해 대가를 받으면서 저작권료도 일부 받는다. 하지만 작곡가나 작사가보다 저작권료를 적게 받는데 이에 대해서는 뒤 저작권 부분에서 상세하게 설명하도록 하겠다. 아직 데뷔하지 않거나 유명하지 않은 작품자의 경우에는 자신의 곡을 사용해준 것만 해도 감지덕지인 상황인지라 자기 돈을 써서라도 곡이 팔리기를 바란다. 단 1곡만 팔리기만 하면 그 후에는 계속 대중들의 사랑을 받을 것이 분명하다고 확신에 차있는 작품자들이 수없이 많다.

앞에서 간단하게 이야기 한 것처럼 자신의 곡을 홍보하는 것이 중요하다고 해서 이 사람, 저 사람에게 아직 발표되지 않은 본인의 곡을 마구 들려주는 것은 마치 소매치기가 유명한 관광지에서 돈가방을 잠시 카페 탁자위에 올려놓고 화장실에 갔다 오는 것만큼 위험천만한 일이다. 믿을 수 있는 인맥과 네트워크를 형성하기 위해 차근차근 시간을 들여야 하는데 여기에서 중요한 것은 넓은 인맥보다는 좁지만 확실한 인맥이 유리하다는 점이다. 대충 이름만 알거나 주위에서 소개시켜줘서 한두 번 만나본 사이는 내 곡을 사주거나, 연결해 주는데 결정적 역할을 하기 힘들다.

일반적인 인간관계의 룰처럼 음악시장에서도 영향력 있는 사람이 소개시켜주면 그 곡이 채택될 확률이 별 힘이 없는 사람이 소개시켜준 사람의 경우보다 훨씬 강력한 것이 사실이다. 하지만 그런 영향력 있는 사람을 소개시켜주는 사람도 결국 자신 주변 사람이다. 물론 본인의 실력이 가장 중요하지만 먼저 접근하는 적극적 자세도 때로는 큰 도움이 되는 것이 분명하다.

음악을 알리고 영업을 해서 팔기는 해야겠는데, 아무에게나 들려주기에는 위험하니 이러기도 저러기도 힘든 어려운 일이다. 게다가 가수·아티스트도 마찬가지이지만 음악을 만드는 작품자들도 사교보다는 창작에 빠져있는 시간이 많기 때문에 친화력이나 사교성을 기대하기 힘들다. 그래서 음악만 잘 만드는 작품자들을 위해 역사적으로 '그 곡을 대신 팔아주는 사람'들과 '곡이 어느 범위에서 팔리고 그 팔린 만큼 돈을 거둬들여 분배해주는 사람'이 존재했다.

7. 음악출판사(퍼블리싱)

위에서 살펴본 것처럼 아무리 좋은 곡을 만들어놔도 그것을 가수·아티스트나 기획사에서 사용하지 않으면 아무 소용이 없다. 보통 공동작업을 하거나 팀 작업을 할 때는 사교성이 뛰어난 작품자가 그런 영업활동을 전담하는 경우가 많다. 하지만 그 활동반경에 한계가 있기 마련인데, 제품 개발자와 영업사원이 분리되어 있으면 개발자는 개발에만 전념할 수 있어서 좋고 영업사원은 밤이나 낮이나 제품을 팔 수 있으니 좋지 않겠는가?

그래서 음악을 만드는 작곡가들과 음악을 사용하는 가수·아티스트를 연결해주는 음악출판사(music publisher)가 등장하게 되었다. 18세기부터 작곡가로부터 악보를 가져와 음악출판사가 다른 사람들에게 복사해주면서 시작되었다. 그렇게 악보를 대신 판매한 음악출판사는 벌어들인 수익에서 수수료를 공제하고 남은 수익을 작곡가에게 분배하였다. 음악출판사의 수수료는 50%로 음악출판사와 저작권자가 수익을 절반씩 나눠 갖는 것이 관례였다. 작곡가는 음악 창작에 집중할 수 있어 좋았고, 음악출판사도 수수료를 벌 수 있어서 이득을 얻게 되었다. 보통 출판이라 함은 책을 만들어내는 것을 뜻한다. 하지만, 레코드나 CD와 같은 미디어가 등장하기 전에 음악의 유일한 전달방법은 악보를 인쇄하는 것이었기 때문에 음악출판사라는 이름이 붙여져 현재까지 쓰이는 것이다. 그런 면에서 음악출판사가 근대적인 뮤직비즈니스의 시초인 것을 알 수 있는데 지금은 악보를 인쇄하여 판매하는 것은 부차적인 일이고 다음과 같은 업무들을 주로 담당한다. 미국과 유럽에서는 음악을 취급하는 기업으로서 음악출판사가 가장 먼저 설립되었고, 그 후 레코드, 영화, 방송 등의 매체가 출현하였기 때문에, 과거에는 음악출판사가 뮤직비즈니스의 중심이었다.

8. 음악출판사의 업무

1) 신인 작품자 발굴 및 계약
2) 소속 작품자들의 작품을 사용할 음반 제작자를 찾고, 가수·아티스트를 찾는 일
3) 광고, TV 프로그램, 영화 등 여러 분야에서 곡이 이용될 수 있도록 프로모션
4) 작품 이용 허락 시 사용료 협상
5) 국내외 커버 앨범[20], 컴필레이션 앨범[21] 등에 활용되도록 프로모션
6) 작가의 각종 행정업무 대행 및 저작권료 수익 분배

작사가와 작곡가가 음악출판사에 계약을 하고 음악을 넘기면 음악출판사는 기획사를 다니며 해당 곡을 팔기도 하고 광고, 영화에 삽입될 수 있도록 영업을 한다. 이렇게 음악을 만드는 저작권자와 음악을 채택하여 사용하는 가수·아티스트, 기획사를 연결해주는 것이 음악출판사의

---

20 커버앨범(Cover Album): 원곡을 리메이크하여 다시 부른 곡을 모은 앨범 또는 유명하지 않은 가창자가 유명한 곡을 원곡 가수와 비슷하게 부른 앨범.

21 컴필레이션 앨범(Compilation Album): 특별한 주제를 정하여 여러 가수·아티스트 음악들을 모아 만든 앨범.

가장 중요한 일인데, 현재 전세계적으로 음악출판사의 역할이 많이 축소된 것이 사실이다.

미국에서도 과거 음악출판사의 경우 유명 작품자들에 대한 절대적인 영향력을 가지고 있었다. 왜냐하면 아무리 인기있는 가수·아티스트라 할지라도 유명 작품자들의 곡을 받지 못하면 인기를 유지할 수 없었는데, 그 연결고리를 음악출판사가 담당했기 때문이다. 하지만, 오늘날에는 많은 가수·아티스트들이 자신의 곡을 직접 쓰거나 유명한 작가들에게 가수·아티스트들이 직접 의뢰를 하기도 한다.

외국과 달리 한국에서는 작품자가 신탁관리단체인 한국음악저작권협회에 저작권(저작재산권)에 대한 모든 권한을 위임(신탁)한 뒤 음악출판사가 한국음악저작권협회와 '이용촉진계약'을 한 뒤라야 사업을 하는 시장 구조여서 음악출판사의 역할이 제한적이다.

작품자들도 음악출판사와의 계약에 소극적인데, 그 이유는 음악출판사의 수수료 대비 그 이득이 그리 크지 않다고 생각하기 때문이다. 음악출판사의 평균 수수료가 50%[22]인 것을 감안할 때, 저작권자 입장에서는 음악출판사에게 수수료를 주는 것이 아깝다고 생각할 수 있기 때문이다.

그래서 한국의 작품자들은 국내에서 서비스되는 경우 음악출판사와 계약을 하지 않고 해외에서 서비스 되는 경우에 한하여 해외 음악출판사와 계약을 많이 체결한다. 왜냐하면 해외에서는 음악출판사가 없이는 저작권을 제대로 보장받기 힘들고 저작물 사용에 따른 징수·분배의 기능이 필요하기 때문이다. 한국음악저작권협회(KOMCA)와 상호관리조약을 맺은 국가로부터는 저작권료를 받을 수 있지만, 보다 적극적인 작품

---

22 유명 작품자의 경우 수수료는 10%까지 낮게 계약하는 경우도 있는데, 왜냐하면 유명하기 때문에 음악출판사에서 적극적으로 영업하지 않아도 곡이 잘 팔리기 때문임.

의 관리를 위해 해외 음악출판사와 계약을 맺고 영업과 분배·징수를 맡기는 것이다. 워너채플, 유니버설, 소니·ATV, 후지퍼시픽 등이 세계적으로 유명한 음악출판사이다.

음악출판사 이외의 뮤직비즈니스 분야에서 일하는 담당자들이 해외 음악출판사와 함께 일하는 경우는 대부분 해외 팝 음악에 대한 라이선스 문의가 있을 때이다. 예를 들어 비틀즈의 노래를 광고에서 사용하고 싶다든지 퀸의 노래를 오디션 프로그램에서 편곡하여 부른 것을 인터넷에서 사용할 수 있도록 허락 받는 일 등이 있다. 해외 곡들의 경우 저작권료가 상당히 비싸고 그 적용이 엄격하기 때문에 광고나 영화에 삽입하기 위해서는 큰 비용을 들여야 하는 경우가 대부분이다. 그래서 영화나 광고의 제작비 상승에 큰 영향을 미치는 데 유명 가수·아티스트의 노래는 1억원을 넘는 저작권료를 지불해야 사용할 수 있을 정도이다. 또한 오디션에서 참가자들이 부른 팝의 경우는 대부분 방송에서는 서비스 되지만, 온라인 음원으로는 서비스되지 않아 음악사이트에 "음원권리사의 요청으로 온라인 서비스가 불가능합니다"라는 안내문구가 나와 있는 것을 종종 볼 수 있다.

9. 음악 사용 계약

힘들게 곡을 알리고 최종적으로 기획사로부터 음악 사용에 대한 연락을 받으면 작품자에게는 그야말로 꿈을 이루는 첫발을 내딛는 것이나 다름이 없다. 자신의 곡이 세상에 나온다는 기쁨과 함께 히트곡이 되면 그 동안 고생한 것에 대한 대가를 받는 것이기 때문이다. 하지만 작사가나 작곡가가 곡을 팔 때 보통 계약서를 쓰지 않는 경우가 많다. 보통 기획사의 A&R[23] 담당자 또는 관련자가 작곡가로부터 곡을 수집하고, 여러 개의 복수 곡 중에서 가수·아티스트에게 맞는 곡을 선택한다. 하지만 그 과정 속에서 여러 곡과 경쟁을 하게 되고, 마지막에 번복되는 경우도 있으니 긴장의 끈을 놓치면 안된다. 혹시라도 마지막에 채택이 안되었으면 아쉽지만 그 곡의 사용 여부를 다시 한번 확인한 후 다른 가수·아티스트에게 팔 수 있도록 노력하는 것이 좋다. 미련을 가져봐야 아무 소용이 없는 일이고, 실제로 이 사람 저 사람 떠돌아다니다가 대박이 난 곡도 많기 때문에 그 곡의 주인이 언젠가 나타나리라는 믿음을 가지고 기다려야 한다.

---

23 A&R(Artist and Repertoire): 아티스트와 레퍼토리(연주곡리스트)와 관련된 업무를 말하는데, 보통 아티스트에 맞는 곡의 발굴, 계약, 제작을 담당하는 업무를 말함.

그렇다면 계약도 없는데 혹시 곡을 이중으로 사용하는 경우가 생기면 어떻게 할지 걱정될 수도 있는데 실제로는 그런 일이 거의 없다. 자신이 만든 곡을 자식처럼 생각하는데, 자식이 갈 곳을 헷갈리지는 않기 때문이다. 다만, 서로 의사소통에 있어 오해가 생길 수 있으니 내 곡이 팔렸을 경우 지속적으로 보완할 것이 없는지 확인하고, 팔리지 않았다면 다른 가수·아티스트에게 주겠다고 의사를 확실히 밝히는 것이 필요하다.

작사가와 작곡가의 경우 유명할 경우 곡비를 받기도 하지만, 그렇지 않으면 별도로 곡비를 받지 않는다. 반면에 편곡가의 경우는 해당 곡의 편곡 작업이 들어가기 전 약정한 편곡비의 50%를 먼저 받고, 작업이 끝나면 나머지 잔금을 받는 방식으로 진행한다. 작사가, 작곡가와 마찬가지로 계약서 체결 없이 비용을 받는 것으로 계약서를 대신한다.

 # 10. 음악저작권협회 작품 등록

작품자들은 저작권자로서 본인의 곡이 발표되었을 경우 음악저작권협회에 본인의 저작물을 온라인 또는 오프라인을 통해 등록한다. 보통 앨범이 나오기 며칠전 음악저작권협회에 등록하는 것이 일반적이다. 물론 아직 협회에 회원가입을 하지 않았으면 다음과 같이 신탁계약을 맺어야 하며, 신탁계약은 우편 접수 또는 협회로 직접 찾아가서 계약하는 방법이 있다.

〈그림 3-1. 한국음악저작권협회 신탁계약 안내〉

2014년 9월 15일부터 문화체육관광부는 음악 저작권과 관련하여 기존의 한국음악저작권협회(KOMCA, Korea Music Copyright Association)외에 추가적으로 '함께 하는 음악저작인협회'에게 저작권 신탁관리업을 허가하였다. 하지만 대부분의 저작권자들이 한국음악저작권협회에 가입되어 있고, 음악저작권 매출의 대부분이 KOMCA에서 발생하기 때문에 이 책에서는 KOMCA 기준으로 설명하였으니 참고하기 바란다.

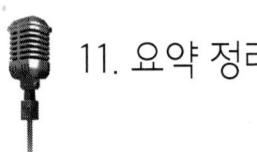 # 11. 요약 정리

1. 작품자 정의

작곡가: 음악을 맨 처음 만드는 것이며, 노래의 주제가 되는 멜로디 라인을 만드는 사람.

작사가: 작곡가가 만든 곡에 가사말을 붙여 의미를 부여하는 사람. 작사를 먼저하고 그 후에 작곡을 하는 경우도 있으나 작곡을 먼저 하는 경우가 더 많음.

편곡가: 작곡가가 만든 멜로디를 기준으로 여러 악기들의 조합을 통해 음악을 완성하는 사람.

2. 작품자 되는 경로

1) '스승-제자' 도제 방식

2) 교육 - 음악학교, 학원

3) 작품자 본인이 바로 가수·아티스트가 되어 본인의 곡을 부르는 법

3. 작품자가 되기 위한 실전 팁

1) 악기 배우기

2) 교육 받기

3) 기회 잡기 - 나만의 네트워크 만들기

4) 작품자 팀 만들기 - 공동작업으로 효율 높이기

4. 과거 히트곡을 통해 배우기

가장 좋은 선생님은 지금까지 발표된 히트한 노래들 중에 자신의 성향
과 가장 맞다고 생각되는 곡을 골라서 분석하고 공부하는 것

5. 기회를 잡을 때까지 인내하기

작품자가 되기로 결심했다면 어느 정도 인내와 노력의 시간을 각오할
것. 짧은 시간에 멋진 음악을 만드는 것은 불가능하고 작품자의 삶과 고
민이 녹아 있는 곡을 만들도록 노력해야 함.

6. 가장 힘들지만 가장 중요한 곡 팔기

믿을 수 있는 인맥과 네트워크를 형성하기 위해 차근차근 시간을 들
여야 하고, 그렇게 만들어진 네트워크를 활용해 곡을 홍보하고 파는 영
업활동이 필요함.

7. 음악출판사(퍼블리싱)

곡을 만드는 작품자들과 곡을 사용하는 기획사, 또는 가수·아티스트
사이를 연결해주는 음악출판사가 등장함. 작품자는 음악 창작에 집중
할 수 있어 좋았고, 음악출판사도 수수료(보통 50%)를 벌 수 있어서 상호
이득이 됨. 18세기 음악출판사 등장 시에는 악보를 인쇄하여 판매하는

것에서 출발하였음.

8. 음악출판사의 업무

작사가와 작곡가가 음악출판사에 계약을 하고 음악을 넘기면 음악출판사는 기획사와 가수·아티스트에게 해당 곡을 팔고, 광고, 영화에 삽입될 수 있도록 영업을 함. 현재 전세계적으로 음악출판사의 역할이 많이 축소되고 가수·아티스트 중심으로 시장이 변화함.

특히, 해외와 달리 한국에서는 작품자가 신탁관리단체인 한국음악저작권협회에 저작권(저작재산권)에 대한 모든 권한을 위임(신탁)한 뒤 음악출판사가 한국음악저작권협회와 '이용촉진계약'을 한 뒤라야 사업을 하는 시장 구조여서 음악출판사의 역할이 제한적임.

9. 음악 사용 계약

보통 기획사의 A&R 담당자 또는 관련자가 작곡가로부터 곡을 수집하고, 여러 개의 복수 곡 중에서 가수·아티스트에게 맞는 곡을 선택하며, 그 과정 속에서 보통 계약서를 쓰지 않는 경우가 많음. 마지막까지 곡이 채택되는 여부를 확인하고 추가적인 수정 작업이 있을 경우 빠르게 대응해야 함.

10. 음악저작권협회 작품 등록

작품자들은 저작권자로서 본인의 곡을 음악저작권협회에 등록해야함.

요즘 유행하는 이야기 중 아이를 낳으면 연예인을 시키는 것보다 작사, 작곡, 편곡을 할 수 있는 저작권자로 키우겠다는 부모님들의 이야기를 많이 듣게 된다. 저작권자들의 1년 소득이 10억원을 넘는다는 뉴스가 나오면서 더욱 그러한 이야기들이 많아지는 것 같다. 하지만 이것은 사실이면서도 거짓이다. 다음 장에서는 저작권자들이 어떻게 수익을 거두는 지와 정말 끊임없는 불로소득을 거둘 수 있는지 살펴보자.

04
저작권

뮤직비즈니스의 뿌리

One good thing about music, when it hits you, you feel no pain.
- Bob Marley

음악에 대해서 좋은 점은, 그것이 당신을 강타해도 아프지 않다는 것이다.
- 밥 말리

1. 저작권의 기본 개념

앞 장에서 다루었듯이 이 책에서는 가수·아티스트와 팬을 음악으로 연결해주고 그에 대한 대가를 분배해주는 일로 뮤직비즈니스를 정의하였다. 음악을 만드는 저작권자와 가수·아티스트가 어떤 방식으로 연결되는지에 대해 살펴보았으니 그에 대한 대가인 돈의 분배에 대해 알아볼 차례이다. 그러기 위해서는 먼저 저작권에 대해 알고 있어야 하는데, 왜냐하면 돈을 분배하는 데에는 기준이 필요한데, 뮤직비즈니스에서는 기본이 되는 기준이 바로 저작권이기 때문이다. 저작권의 기본 개념부터 살펴보자.

먼저 저작권과 다른 여러 개념부터 확실하게 알아보자.

🎧 저작물, 저작자, 저작권, 저작권자

사람의 사상이나 감정을 독창적으로 표현한 창작물을 저작물이라 하고, 저작물의 종류는 소설, 시, 음악, 연극, 회화, 조각, 사진, 영상물 등이 있다.

이러한 저작물을 만든 사람을 저작자라고 하는데, 개인 이외에도 예외적으로 업무상 저작물에 대해서는 법인, 단체가 저작자로 될 수 있다.

저작자의 명예와 인격적, 경제적 이익을 보호하기 위한 권리가 저작권이며, 그러한 권리를 가진 사람을 저작권자라고 한다.

저작물을 만든 저작자가 저작권을 갖는 것이 일반적이지만, 저작자가 죽어서 그 권리를 상속하거나 죽기 전에 다른 사람에게 그 권리를 양도할 경우 저작자와 저작권자는 다를 수 있다. 예를 들어, A라는 작곡가가 '너를 진짜 사랑해'라는 곡을 만들었을 경우 '너를 진짜 사랑해' 곡의 저작자도 A, 저작권자도 A이다. 하지만 A가 죽어서 '너를 진짜 사랑해' 곡에 대한 권리가 자동으로 가족 B에게 상속되었다면 '너를 진짜 사랑해' 곡의 저작자는 A가 되고 저작권자는 B가 된다. 즉, 비즈니스 측면에서는 그 곡을 누가 만들었는지 보다는 그 곡에 대한 권리를 누가 가지고 있는지를 확실하게 따져봐야 한다. 그리고 저작자이지만 저작권자가 아닌 경우도 있기 때문에 뮤직비즈니스에서는 저작자보다는 저작권자라는 용어를 훨씬 더 많이 사용하게 된다.

🎧 저작권의 발생과 소멸

그렇다면 저작권은 언제 발생할까? 저작권은 저작물을 창작할 때부터 자동으로 발생한다. 즉, 작곡가가 '너를 진짜 사랑해'라는 곡을 만든 그 순간 작곡가는 그 저작물의 저작자가 되고 동시에 저작권자가 되는 것이다. 특허나 실용신안, 상표 그리고 디자인처럼 특허청(특정기관)에 출원하여 등록이 되지 않으면 그 권리를 인정받지 못하는 산업재산권과는 달리 저작권은 작곡가가 음악을 만든 그 순간부터 자동 발생하여 여러 권리를 행사할 수 있는 것이다. 즉, 다른 사람이 저작권자의 저작물을 허락 없이 사용하면 이용을 금지시키거나 손해배상을 청구할 수 있다.

이렇게 생긴 저작권은 저작자의 사망 후 70년까지 보호받으며, 공동저 작물의 경우 맨 마지막 사망한 저작자의 사망 후 70년까지 보호받는다. 이렇기 때문에 히트곡 하나를 잘 만들면 연금보다 훨씬 길게 후손에게 큰 돈을 안겨줄 수 있다. 영화 'About a boy'에서는 아버지로부터 캐롤 을 유산으로 물려받은 주인공의 이야기가 나온다. 여기에서 저작권자는 아들이 되고 저작자는 캐롤을 만든 아버지가 된다. 매년 크리스마스만 되면 캐롤이 주변에서 울려 퍼지고, 그 저작권 수입이 매우 커서 주인공 은 특별한 직업도 없이 좋은 집에서 젊음을 즐기는 모습이 나온다. 크리 스마스 시즌에만 사용되는 캐롤 1곡만 해도 이 정도인데, 전세계적으로 수십 년간 인기를 끌고 있는 히트곡들의 경우 저작권료의 규모가 상상 할 수 없을 정도로 크다. 그렇다면 우리 모두 곡을 만드는데 뛰어들어야 할까? 타고난 재능뿐만 아니라 끊임없는 노력이 필요하고 거기에 엄청난 운까지 따라줘야 겨우 가능한 일인데, 이것은 뒷 부분에서 좀더 자세히 살펴보기로 하자.

🎧 음악저작물 이용허락

저작권자가 있는 음악저작물을 이용하기 위해서는 허락을 받아야 한다. 물론 가끔 저작권자들 중에 무료로 사용할 수 있도록 공개하는 경우도 있 지만 그런 경우는 매우 드물고, 무료로 사용할 수 있다고 해도 상업적인 사용이나 2차적저작물작성[24]을 막는 경우도 있기 때문에 상황에 맞게 제한적으로만 사용이 가능하다. 그 외 우리가 알고 있는 대부분의 음악저작물은 다음 세가지 방법 중 하나를 택해서 반드시 허락을 받아야 한다.

1) 저작권자와 직접 협의

저작권자에게 직접 연락하여 허락을 받는 것이 가장 확실하고 빠른 방법이다. 하지만 음악을 만드는 사람을 모두 알 수도 없는 일이고, 실제로 연락한다고 해도 협의하는 것은 쉽지 않다. 저작권자 입장에서도 자신의 음악을 사용해주는 것은 고맙지만 새로운 서비스가 생길 때마다 일일이 모든 사람에게 허락해야 할지 말아야 할지 결정하는 것은 쉽지 않은 일이다. 영화나 광고, 선거홍보용 음악과 같이 음악의 사용여부가 사회적으로 파급효과가 큰 경우에는 저작권자가 사용되는 용도와 내용을 반드시 따져봐야 한다. 그럴 경우에만 이렇게 저작권자와 직접 협의하는 방법을 사용한다.

2) 음악저작권협회 이용허락

저작권자가 만든 음악을 '음악듣기'라는 본연의 목적에 맞게 사용할 경우는 저작권자들이 모여 만든 음악저작권협회에 이용허락을 받고 음악을 사용하면 된다. 음악저작권협회에 이용허락을 받았다고 하더라도 저작인격권에 해당하는 내용일 경우는 저작권자와 직접 협의해야 하는데, 이와 관련해서는 뒷부분 '저작권의 종류'에서 자세히 살펴볼 것이다.

---

24 원곡을 활용하여 추가적인 저작물을 만드는 것.

3) 법정허락 이용허락[25]

상당한 노력을 기울였어도 발표된 음악(외국인의 음악 제외)의 권리자나 그의 거소를 알 수 없어 이용허락을 받을 수 없는 경우(법 제50조)나 공표된 저작물을 공익상 필요에 의하여 방송하고자 협의하였으나 협의가 성립되지 않은 경우(법 제51조), 그리고 판매용 음반이 우리나라에서 처음으로 판매되어 3년이 경과하고 그 음반에 녹음된 저작물을 녹음하여 다른 판매용 음반을 제작하고자 협의하였으나 협의가 성립되지 않은 경우(법 제52조)에 한하여 문화체육관광부장관에게 저작물 이용 승인을 신청하는 것을 말한다. 단, 외국인이 저작권자인 저작물은 해당 되지 않으니 외국 노래를 저작권자가 누군지 모른다고 해서 법정허락을 신청하고 이용해서는 안된다. 현재 법정허락 관련 업무는 저작권위원회(http://www.findcopyright.or.kr)에서 문화체육관광부장관으로부터 위탁을 받아 수행하고 있다.

이용허락을 구분하는 다른 기준은 독점적 허락과 단순 허락이 있다. 독점적 허락은 저작권자가 계약 상대방 외에는 다른 이에게 저작물의 이용을 허락해 주지 않는다는 약정이 포함된 허락이며, 단순 허락은 계약상 독점에 관한 약정 없이 저작물의 이용을 허락한 것을 말한다. 따라서 단순 허락을 받았을 경우는 저작권자가 다른 이용자에게 저작물을 허락해도 이의를 제기할 수 없는 것이다. 저작권자 입장에서는 가능하면 독점적 허락을 해주지 않으려 할 것이고 이용허락을 받고자 하는 자 입장에서는 독점적 허락을 받고 싶어한다. 그래서 보통 시간적, 지역적 또는 일정 제약을 두고 독점적 허락을 해주는 경우가 많다. 예를 들어 3

---

25 저작권법 제50조~제52조 참고.

년간 중국, 일본에 한정하여 복제, 배포 독점권을 주는 방식으로 시간과 지역, 서비스 범위에 제한을 두면 저작권자와 이용허락을 요청하는 이에게 모두 원하는 목적을 거둘 수 있다.

🎧 저작권 적용의 예외

앞에서 살펴본 대로 저작권은 강력하게 보호되고 있어 다른 사람들이 마음대로 사용할 수 없지만, 학문 및 예술의 발전과 공공의 이익을 위하여 다음과 같은 예외의 경우에는 저작물을 허락없이 사용할 수 있다.

- 재판절차, 입법 및 행정 목적 등을 위한 저작물의 복제
- 공개적으로 행한 정치적 연설, 법정·국회·지방의회에서의 진술 등의 이용
- 학교 교육 목적 등을 위한 이용
- 시사보도를 위한 저작물의 간접적 이용
- 시사적인 기사 및 논설 등을 다른 언론 기관에 의한 복제
- 공표된 저작물의 인용
- 영리를 목적으로 하지 아니하는 저작물의 공연, 방송
- 사적 이용을 위한 복제
- 도서관 등에 의한 소장 자료의 복제, 전송
- 저작물을 시험문제로의 복제
- 시각장애인 등을 위한 저작물의 점자 등으로의 복제, 전송
- 방송사업자의 자체방송을 위한 저작물의 일시적 녹음, 녹화

· 미술저작물 등의 일정한 장소에서의 전시 또는 복제
· 위와 같은 이용을 위한 저작물의 번역, 편곡, 개작 이용

🎧 저작물의 등록

대부분의 음악 저작권자들은 '한국음악저작권협회'와 같은 공식 협회에 자신의 저작물을 등록한다. '저작권의 발생과 소멸'에서 살펴본 대로 등록을 하지 않아도 저작권자가 될 수 있다. 하지만 등록을 하게 되면 몇 가지 유리한 점들이 있기 때문에 저작권자들은 음악저작권협회에 자신의 저작물을 등록한다.

첫째, 저작권 등록을 하면 일정한 법적 추정력을 부여 받는다. 여기에서 법적 추정력이란 다른 이들의 주장이 있기 전까지 등록한 저작물의 저작자로 추정을 받는다는 의미이다. 그리고, 저작권이 침해 당하였을 경우 피해자가 침해 받은 사실에 대한 입증 책임을 침해자에게 전가할 수 있어 법적으로 유리하다. 다시 말해, 저작물을 등록하면 '이 음악은 내가 만든 나의 것이다'라고 이름표를 확실하게 붙여준다는 의미인데, 다른 사람이 자기 것이라고 주장하기 전까지 '나의 것'임을 인정받는다. 만일 음악이 등록된 이후에 다른 사람이 표절이라고 주장할 경우, 표절이라고 주장한 사람이 등록된 곡이 표절임을 입증해야만 한다.

둘째, 저작권을 양도하거나 상속할 때에도 제3자에 대한 대항력을 갖출 수 있기 때문에 등록하지 않을 때보다 법적으로 우월한 위치를 차지할 수 있다. 우리가 모든 '부동산등기제도'를 만들어 부동산의 소유자가 공개적으로 누구인지 알 수 있듯이, 음악을 등록하게 되면 그 음악이 누

구의 소유물인지 알 수 있게 되어 양도나 상속 때에도 확실하게 그 권리를 주고 받을 수 있는 것이다.

마지막으로 저작물을 등록해야 해당 음악의 이용으로 인한 경제적 이익을 빠르게 분배 받을 수 있다. 만약 등록을 하지 않으면 음악을 사용하였더라도 저작권자가 누군지 밝혀지기 전까지 저작권료를 주기 힘들기 때문이다.

저작권 보호의 이유

그렇다면 음악을 음악저작권협회에 등록하여 음악의 소유주가 누구인지 밝혀 놓고 음악을 이용하려면 반드시 이용 허락을 받는 등 '왜 저작권을 보호해야 하는지' 간단하게 살펴보자.

우리가 음식점에서 음식을 먹을 때에도 공짜로 먹지 않고 반드시 그 대가를 돈으로 지불한다. 심지어 그 음식이 맛이 없어도 욕을 할 망정 '맛이 없으니 돈을 지불하지 않겠다'라고 하지는 않는다. 그랬다간 무전취식으로 경찰서에 끌려간다. 이와 마찬가지로 저작물 사용에 대해 그 대가를 지불하는 것은 자본주의 사회에서 당연한 원칙이라고 볼 수 있다.

하지만 현실에서는 음악 콘텐츠가 눈에 보이지 않는 무형의 재화라는 이유로 저작권자들의 권리가 너무 쉽게 침해 당한다. 재화나 서비스에 대한 정당한 대가를 인정받을 수 없는 사회에서는 그 질서가 무너지게 되어 더 이상 발전을 기대하기 힘들다. 예를 들어 편의점이나 마트에 들어가서 라면과 빵을 공짜로 가지고 나가는 현상이 발생하는 것을 가만히 내버려 둘 수는 없는 것이다. 그래서, 저작권에 대한 이해와 저작권을 보호하는 것은 단순히 저작권자들만을 보호하는 것에 그치지 않고 우리 사회 전체에 이득이 된다는 사실을 잊지 말아야 한다.

 ## 2. 저작권의 종류와 의미

앞에서 저작권과 관련된 기본 개념에 대해 살펴보았으니 이제는 실제 뮤직비즈니스에서 적용되는 저작권의 종류와 그 의미를 좀 더 깊게 살펴보고자 한다. 저작권은 저작자의 인격을 보호하기 위한 저작인격권과 경제적 이익을 보호하기 위한 저작재산권으로 나뉜다.

저작인격권

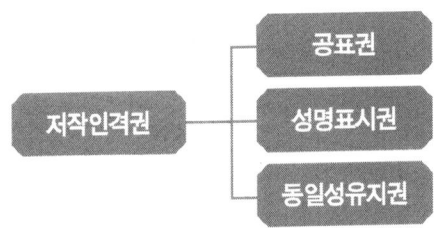

<그림 4-1. 저작인격권의 종류>

저작인격권은 저작자의 명예와 인격적 이익을 보호하기 위한 권리이며, 공표권과 성명표시권 그리고 동일성유지권으로 이루어져있다. 저작

인격권은 저작자만이 가질 수 있는 권리로, 다른 사람에게 양도나 상속되지 않는다. 예를 들어 A라는 작곡가가 '너를 진짜 사랑해'라는 곡을 작곡하였다고 가정해보자. 만일 A가 죽어서 저작권이 B에게 넘어갔다고 하더라도 '너를 진짜 사랑해'의 작곡자는 여전히 A가 되는 것이다. 왜냐하면 성명표시권은 상속이나 양도되지 않기 때문이다. 마찬가지로 '너를 진짜 사랑해'의 제목을 '너를 진정으로 사랑해'로 바꾸는 것도 불가능하다. 이렇게 경제적인 이익과는 상관없이 저작물을 누가 만들었는지 그리고 만들어진 저작물을 바꾸지 않도록 보호해주는 권리를 저작인격권이라고 한다.

세부적인 저작인격권에 대해 살펴보면 다음과 같다.

1) 공표권

공표권이란 저작권자가 저작물을 일반에게 공표하거나 공표하지 않을 권리이다. 공표란 저작물을 공연, 공중송신 또는 전시 그 밖의 방법으로 공중에게 공개하는 경우와 저작물을 발행하는 경우를 말한다. 즉, 저작자가 음악을 만들었는데, 외부에 공개하지 않고 친구에게만 들려주었다고 가정해보자. 만일 친구가 그 음악을 저작자의 동의 없이 외부로 공표하는 것은 저작자의 공표권을 침해한 것이 된다. 하지만, 저작자가 가입자 수가 많은 인터넷 카페에 올리거나, 일정한 인간적 관계에 있는 사람들만 가입할 수 있는 인터넷 사이트 등에 올렸다면 그것은 공표한 것으로 인정된다. 폐쇄적인 사이버 공간에 저작자가 올렸다고 하더라도 회원 수가 많아 다수의 사람들이 그것을 들을 수 있다면 저작자가 공표한 것으로 보는 것이다. 공표권의 경우, 처음 저작자가 발표해서 권리가 사용된 이후로는 변동 없이 계속 공표된 상태가 된다.

2) 성명표시권

성명표시권은 저작자 자신의 이름을 저작물에 표시할 권리이다. 성명을 표시할 때 이름은 실명뿐만 아니라 예명이나 별명을 붙이는 것도 가능하다. 만약 온라인 음악서비스에서 작사, 작곡가나 가수·아티스트의 이름을 표시 하지 않으면 저작권의 저작인격권 중 성명표시권을 위반한 것이 된다. 음악서비스를 이용하면서 음악 플레이어에 가수이름만 표시되고 작사가와 작곡가의 이름이 표시되지 않는 경우를 볼 수 있는데, 플레이어의 크기가 작기 때문에 어쩔 수 없이 표시가 되지 않은 경우이기 때문에 문제가 되지 않는다. 해당 온라인 음악서비스 세부 페이지에 가면 빠짐없이 작사가, 작곡가, 편곡가의 이름이 표시되고 있기 때문이다. 이렇게 저작권자의 이름을 표시하는 것도 사소해 보이지만 저작물을 누가 만들었는지 반드시 표시해야만 한다.

3) 동일성유지권

마지막으로 동일성유지권이 있는데, 저작자가 저작물의 내용이 부당하게 바뀌지 않도록 금지할 수 있는 권리이다. 오직 저작자만이 그 내용, 형식 그리고 제목을 바꿀 수 있다. 하지만 저작물의 이용에 있어서 부득이한 정도의 변경은 저작자가 용인하여야 한다. 여기서 부득이한 정도라는 것은 아주 제한적인 내용이다. 예를 들어, 기술 문제로 고음과 저음을 녹음하는 것 자체가 불가능해서 약간 수정을 한다든지, 연주나 가창이 미숙하여 원곡과 다르게 부른 경우는 저작자가 용인해야 한다는 것이다. 하지만, 만일 누군가 다른 의도를 가지고 한 곡을 여러 부분으로 자르고 순서를 바꿔 편집하여 사용한다면 해당 곡의 동일성을 침해했다고 보기 때문에 민·형사 소송을 당할 수 있다.

4) 패러디(Parody)

동일성유지권과 관련이 있는 것이 패러디이다. 패러디란 다른 사람이 먼저 만들어 놓은 창작물에서 특징적인 부분을 모방해서 자신의 작품을 만드는 기법을 의미한다. 보통 패러디 요소가 들어간 작품들은 패러디 했음을 감추지 않고 드러냄으로써 보는 사람들에게 웃음을 이끌어내는 경우가 많다. 그래서 패러디 기법은 비단 예술작품뿐 아니라 효과적인 개그의 소재로도 빈번히 사용된다. 저작권법은 각 나라와 지역에 따라 적용범위와 방식이 다른데 패러디에 대한 접근도 그러하다. 미국의 경우 패러디에 대한 범위를 매우 넓게 적용해서 풍자와 웃음을 주면 거의 성역 없이 패러디 사용이 가능하다. 반면 우리나라의 경우는 저작권자가 생각했을 때 '저작물의 성질이나 그 이용 목적 및 형태 등에 비추어 부득이하게 인정되는 범위'에 벗어난다고 주장할 경우 동일성유지를 침해하였다고 소송을 할 수 있다.

하지만 이것은 단순히 미국과 우리나라의 패러디에 대한 차이를 논하는 것으로는 부족하다고 볼 수 있다. 미국은 저작권의 집행과 적용이 엄격하고 사회적으로도 저작권의 인식이 매우 높기 때문에 패러디를 폭넓게 허용하지만, 우리나라는 저작권이 무형의 콘텐츠라는 이유로 아직까지 미국만큼 제대로 보호받지 못하는 경우가 많기 때문에 패러디에 대한 범위가 그만큼 좁을 수 밖에 없는 것이다.

그렇다면 유튜브에 올라와 있는 '강남스타일' 패러디 뮤직비디오에 대해 싸이는 왜 동일성유지를 침해하였다고 소송을 하지 않을까? 그 이유는 자신의 곡을 패러디 하였다고 해도 저작인격권의 동일성유지권 행사를 포기함으로써 더 많은 사람들이 '강남스타일'을 즐기기 원했던 저작권자의 선택이 있었기 때문이다.[26] 하지만, 이와 달리 2001년 개그맨 출신 가수 이재수가 서태지와 아이들의 '컴백홈'을 패러디한 앨범을 저작권자인 서태지의 동의 없이 제작하였다가 저작권 소송에서 패한 바가 있다. 이 사건으로 인해 저작권자인 서태지가 밝힌 대로 '제대로 된 저작권의 보호와 패러디 문화를 바르게 인식하는데 도움'이 되었고, 그 이후 저작인격권에 대한 인식과 보호의 수준이 한층 높아진 것이 사실이다. 즉, 위의 두가지 사례에서 보는 것처럼 앞으로 패러디를 문화 창작에 한 요소로 보고 저작권자의 명예를 떨어뜨리지 않는 범위에서 적극적으로 활용해야 하는 지혜가 필요하다.

지금까지는 저작권자의 인격적인 명예를 지켜주는 저작인격권에 대해 살펴보았다. 저작인격권의 경우 어느 단체나 협회가 없기 때문에 저작권자 각자가 자신의 권리를 지켜야 하는 상황이다. 비즈니스 측면에서 바라 볼 때에는 큰 비중을 차지 하지 않지만, 기본적으로 지켜져야 하는 권리라는 것을 알게 되었다. 그렇다면 이제는 뮤직비즈니스의 핵심을 이루는 저작재산권에 대해 살펴보도록 하겠다.

---

26 김인철(2012.11), '저작권 제도를 제대로 이용한 싸이', C STORY 2012년 11월호

∩ 저작재산권

저작재산권은 저작권자가 경제적 이익을 보호하기 위해 행사하는 권리로 뮤직비즈니스에서 가장 핵심이 되는 내용들이니 차근차근 그 내용을 정확하게 이해해야 한다.

저작재산권은 복제권, 공연권, 공중송신권, 전시권, 배포권 그리고 2차적저작물작성권이 있는데 공중송신권은 다시 방송권과 전송권 그리고 디지털음성송신권으로 나뉘어진다.

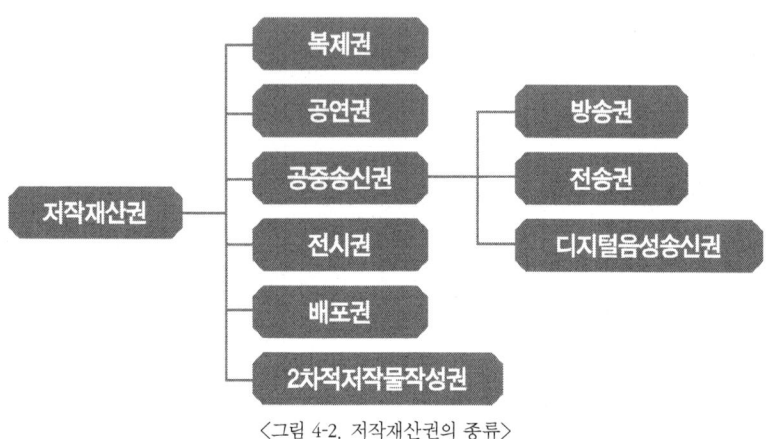

〈그림 4-2. 저작재산권의 종류〉

1) 복제권

복제란 저작물을 복사하여(녹음 또는 녹화) 유형물로 다시 제작하는 것을 말한다. 작곡가가 곡을 만들고, 작사가가 가사를 붙인 다음 편곡가가 곡을 완성하게 되는데, 보통 녹음실에서 마스터 CD를 제작하여 최초의 원본을 제작하게 된다. 그러한 최초 원본을 대중이 사용할 수 있도록 하는 방법은 CD와 같은 실제 물품을 복사하여 제작하는 방법과 인터넷을 통해 이용할 수 있도록 서버에 복사해 놓는 방법이 있다. 저작권자는 다른 사람들로 하여금 복제를 허락하거나 금지할 수 있는 권리가 있는데, 이것이 복제권이다. 만일, 불법 CD나 DVD를 제작하는 것과 컴퓨터 장치를 이용한 저장이나 인터넷을 통해 불법으로 다운로드, 업로드하는 것은 모두 복제권을 위반한 것이 된다.

하지만, 본인이 합법적으로 구매한 음악 파일을 CD로 만들거나 서버에 올려서 개인적인 용도로 사용하는 것은 앞에서 살펴본 '저작권 적용의 예외'에 해당하는 '사적 사용을 위한 복제'에 해당하므로 아무런 문제가 없다.

2) 공연권

공연이란 가수·아티스트가 음악을 실제로 연주하여 공중에게 관람하도록 하는 것을 말한다. 외부 행사나 콘서트를 할 때에도 저작권자에게 허락을 받고 그에 대한 대가를 지불해야 한다. 그렇다면 길거리에서 통기타 반주로 노래를 부르는 가수·아티스트들이 모두 저작권자들에게 허락을 받거나 저작권료를 지불할까? 이와 같은 경우는 '저작권 적용의 예외'에서 '영리를 목적으로 하지 아니하는 저작물의 공연, 방송'에 해당하여 저작권료를 낼 필요가 없다. 연주를 할 때, 기타 케이스나 돈을 받을 수 있는 함이 설치된 경우도 영리를 목적으로 하는 것이 아니라 '기부'의 행위에 가깝기 때문에 문제가 되지 않는다. 이렇게 저작권자가 자신의 노래가 공연될 수 있도록 또는 공연되지 않도록 할 수 있는 권리를 가지고 있는데 그것이 공연권이다.

3) 공중송신권: 방송권, 전송권, 디지털음성송신권

공중송신이란 음악을 공중이 들을 수 있도록 무선 또는 유선 통신을 통해 송신하거나 제공하는 것을 뜻하며 그와 관련된 권리를 공중송신권이라 한다. 이는 방송권, 전송권 그리고 디지털음성송신권으로 세분화되어 나뉘어져 있는데 비슷하면서도 약간 다른 부분이 있어 표로 요약해보면 좀 쉽게 이해할 수 있다.

종류	정의	예시
방송권	공중이 동시에 수신할 수 있도록 음과 영상을 보낼 수 있는 권리	공중파TV, 케이블TV, 지상파TV, 라디오방송 등
전송권	공중의 구성원이 개별적으로 선택한 시간과 장소에서 저작물을 이용할 수 있도록 음악을 보낼 수 있는 권리	인터넷 음악사이트 스트리밍, 다운로드 서비스, 인터넷 다시보기(VOD), 다시듣기(AOD)
디지털음성송신권	공중이 동시에 수신할 수 있고 공중의 요청에 의하여 개시되는 디지털방식의 음악을 보낼 수 있는 권리이며, 전송을 제외함	인터넷방송 음악 play, 아프리카 TV(afreeca.com), 웹캐스팅, 매장음악서비스 등

<표 4-1. 공중송신권 종류>

2006년 12월 저작권법이 개정되기 전까지는 방송권과 전송권만 존재했다. 방송권과 전송권의 구분은 공중이 '동시'에 듣는지 공중이 '다른 시간(異時, 이시)'에 듣는지의 여부이다. 즉, TV나 라디오 방송은 전국 어디에서나 같은 내용을 '동시'에 듣는다. 하지만, 인터넷 음악사이트에서는 공중이 들을 수 있게 해놓았지만, '동시'에 듣는 것이 아니라 내가 원하는 '다른 시간'에 듣는 차이가 있다.

방송과 디지털음성송신은 공중이 '동시'에 듣는 것이 공통점이다. 하지만, 방송은 '공중의 요청이 없이도' 방송국에서 일방향으로 음과 영상을 보내지만[27], 디지털음성송신은 '공중의 요청에 의하여 개시'가 된다(쌍방향)는 점이 다르다. 예를 들어 인터넷상에서 실시간으로 음악을 청취할 수 있게 제공하는 웹캐스팅의 경우를 보면, 그 이용자(수신자)가 해당 사이트에 접속하거나 특정한 서비스 메뉴를 클릭(쌍방향)하는 등의 '공중의 요청에 의해' 서비스가 시작된다.

전송과 디지털음성송신은 방송과 달리 공중 구성원의 요청으로 인해 서비스를 개시한다. 하지만, 디지털음성송신은 누구나 같은 시간에는 같은 내용을 청취할 수 있도록 제공하는 점에서 '공중이 동시에 수신하게 할 목적'을 가졌지만, 전송은 개인이 선택한 '다른 시간'에 수신한다는 점에서 구별된다.

방송과 전송, 디지털음성송신을 동시성과 선택성을 기준으로 다시 구분하면 다음과 같다.

구분	동시성	선택성
방송	동시 (같은 시간에 같은 음악)	일방향 (선택의 여지없이 방송국 전파수신)
전송	이시 (같은 시간에 다른 음악)	쌍방향 (내가 원하는 부분부터 수신)
디지털음성송신	동시 (같은 시간에 같은 음악)	쌍방향 (내가 원하는 부분부터 수신)

〈표 4-2. 공중송신권 차이 비교〉

---

27 공중의 요청으로 시청되는 IPTV의 경우 현행법상 '방송'이 아닌 '인터넷 멀티미디어 방송'으로 별도규제를 받고 있음. [방송법 법률 제11690호, 2013.3.23.]

저작권자 중 방송권을 제한하여 자신의 음악이 방송되지 않도록 하는 이는 많지 않다. 왜냐하면 방송이 되어야 많은 사람들이 자신의 곡을 들을 수 있고, 계속 여러 사람들에게 인기를 끌어야 곡의 재산가치가 높아지기 때문이다. 또한 사람들이 많이 듣기 원하지 않는다면, 애초에 음악을 만들 이유가 없기 때문이다. 하지만 일부 저작권자는 방송과는 달리 전송과 디지털음성송신에 대한 서비스를 허락하지 않고 있다. 아직까지 인터넷을 통한 음악 판매에 대해 찬성하지 않거나 특정 서비스에 대해 반대하기 때문이다. 이는 저작권자의 고유 권한이기 때문에 해당 서비스를 강제할 수는 없다. 하지만, 기술의 발전과 사회의 변화에 대해 적응하는 것이 장기적인 안목에서 바람직하다고 하겠다.

전시권은 미술과 사진의 원본이나 복제물을 일반에게 관람할 수 있도록 하는 권리인데 이는 음악저작권에는 해당사항이 없기 때문에 이 책에서는 다루지 않겠다.

4) 배포권

배포권은 저작물의 원본 혹은 그 복제물을 대가를 받거나 받지 않고 일반 공중에게 양도 혹은 대여할 수 있는 권리를 말한다. 대가를 받고 배포하는 것은 음악의 '판매'에 해당하고, 드물지만 대가를 받지 않고 배포하는 것은 '무료 서비스'에 해당한다. 에픽하이가 부른 '올림픽 되고송' (2008.07.16)처럼, SKT에서 제작하여 무료로 배포하는 사례가 있다.

저작권자는 원본이나 그 복제물을 배포하거나 금지할 권리가 있지만, 만일 합법적으로 구매한 CD를 중고 CD로 다른 사람에게 팔 경우는 배포권에 위배될까? 그렇지 않다. 이를 '권리 소진의 원칙'이라고 하는데, 이는 배포권을 가지는 저작권자의 허락을 받아 어떤 저작물이 양도되었다면, 그것을 다시 배포할 때는 저작권자의 허락을 받지 않아도 된다는 것이다.

5) 2차적저작물작성권

2차적저작물작성권은 원저작물을 번역, 편곡하여 독창적인 저작물로 제작하고 이를 이용하도록 할 수 있는 권리를 말한다. 인기가 많은 오디션 관련 프로그램이나 과거 히트곡을 기성 가수가 리메이크해서 부르는 앨범들도 모두 저작권자의 승인을 받아야 서비스가 가능하다. 그 이유는 그것을 허락하거나 금지할 수 있는 권리가 저작권자의 2차적저작물작성권으로 보호받기 때문이다.

2차적저작물작성권은 다음과 같이 상당히 넓은 의미로도 보호받는다.

> "만일, 저작물을 타인에게 양도하였어도 2차적저작물을 작성해 이용할 권리는 포함되지 않는다.(저작권법 제 45조 2항) 예를 들어 저작권자가 다른 사람에게 저작물을 양도하였어도 편곡이나 개사를 할 때에는 그 권리가 원 저작권자에게 있는 것이다. 만일 2차적저작물작성권까지 양도를 받기 위해서는 양도계약서에 그러한 조항을 집어넣어야 하는데, 예를 들어 '편곡권 등 2차적저작물작성권을 포함한 일체의 저작재산권'을 양도한다는 내용을 삽입해야한다.[28]"

---

28 하동철(2013), '음악저작권', CommunicationBooks

저작재산권은 저작물에 대한 경제적 이익을 다루기 때문에 대부분 저작권 관련한 소송은 저작재산권과 관련이 있게 마련이다. 해당 세부적인 권리 내용을 잘 숙지하고 있다면 새로운 서비스에 대해 검증할 수 있고 누군가 해당 권리를 침해하였을 경우 근거를 대면서 자신의 권리를 보호받을 수 있으니 뮤직비즈니스에 종사하는 사람 또는 종사하고자 하는 사람이라면 확실하게 이해하고 있어야 한다.

그렇다면 다음에는 이렇게 다양한 종류의 저작권들이 음악산업에 어떻게 적용되고, 저작권료가 어떻게 거둬들여지는지 살펴보겠다.

3. 저작권료 징수와 분배

한국에서 서비스되고 있는 곡 중 96% 이상을 '한국음악저작권협회'에서 저작재산권을 신탁[29]받아 관리하고 있기 때문에, 한국음악저작권협회가 음악 사용에 대한 저작권료를 저작권자 대신 사용자들로부터 징수하고, 저작권자들은 자신의 저작물에 대한 사용내역 및 그 사용료를 협회로부터 전달 받는다. 위에서 설명한 저작재산권에 대한 자세한 신탁 범위는 〈표 4-3〉과 같다.

저작권 구분	세부 신탁 범위
공연	무대공연 사용료
	영업장 사용료
	백화점 등 공연사용료
방송	방송 사용료
전송	전송 사용료
웹캐스팅	웹캐스팅 사용료

---

29 저작인격권의 경우는 별도의 협회가 없이 저작권자들이 각자 관리하고 있음

복제	녹음 사용료
	영화 사용료
	광고 사용료
	출판 사용료
	교과용 도서보상금
대여	대여 사용료
외국입금 사용료	
영화 등 상영권 공연 사용료	

〈표 4-3. 한국음악저작권협회 신탁범위〉

이렇게 음악저작권자들의 저작재산권을 신탁 받아 얼마만큼의 돈을 거둬들이고 있을까? 한국음악저작권협회는 매달 수입을 공개하고 있는 데, 〈표 4-4〉 2014년 수입실적표를 보면 어디에서 얼마만큼의 음악저작 권료가 발생하였는지 알 수 있다.

사단법인 한국음악저작권협회
수 입 실 적 표

2014년 1월 1일부터 2014년 12월 31일까지

신탁회계 (단위: 원)

관	항	계정과목	예산액	집행액	기본	달성율
음 악 사 용 료 수 입	방송사용료	무 선 방 송 사 용 료	15,210,000,000	14,345,068,000	100%	94%
		유 선 방 송 사 용 료	10,400,000,000	9,422,866,840	100%	91%
		지부유선방송사용료	6,100,000	5,485,481	100%	90%
		IPTV 사 용 료	2,600,000,000		100%	
		위성및 DMB 방송사용료	655,000,000	843,682,690	100%	99%
		웹캐스팅및기타방송사용료	520,000,000	537,404,458	100%	103%
		소 계	29,591,100,000	25,154,507,469	100%	85%
	전송사용료	유 선 전 송 사 용 료	28,986,000,000	33,273,284,337	100%	115%
		무 선 전 송 사 용 료	1,717,000,000	2,002,773,220	100%	117%
		소 계	30,703,000,000	35,276,057,557	100%	115%
	복제사용료	음 반 사 용 료	10,201,000,000	8,938,579,788	100%	88%
		노 래 반 주 기 사 용 료	3,299,000,000	3,320,754,817	100%	101%
		기 타 녹 음 사 용 료	1,526,000,000	998,667,011	100%	65%
		영 상 사 용 료	1,646,000,000	1,451,319,281	100%	88%
		지 부 영 상 사 용 료	7,000,000	4,117,907	100%	59%
		영 화 사 용 료	155,000,000	126,187,520	100%	81%
		지 부 영 화 사 용 료	-		100%	
		광 고 사 용 료	570,000,000	561,061,000	100%	98%
		출 판 사 용 료	1,100,000,000	1,073,056,264	100%	98%
		보 상 금 사 용 료	90,000,000	249,606,676	100%	277%
		소 계	18,594,000,000	16,723,350,264	100%	90%
	공연사용료	무 대 공 연 사 용 료	-	-	100%	
		지부무대공연사용료	3,500,000,000	4,412,241,600	100%	126%
		유원시설및전문체육시설	385,000,000	397,157,530	100%	103%
		지부유원시설및전문체육시	230,600,000	199,842,113	100%	87%
		유 흥 주 점 사 용 료	15,107,600,000	15,403,306,569	100%	102%
		단 란 주 점 사 용 료	4,727,400,000	4,753,946,533	100%	101%
		노 래 연 습 장 사 용 료	10,900,000,000	11,337,604,020	100%	104%
		무 도 장 사 용 료	204,100,000	223,309,146	100%	109%
		유 선 공 연 사 용 료	289,000,000	284,168,520	100%	98%
		상 영 권 등 공 연 사 용 료	270,000,000	325,388,625	100%	121%
		지부유선공연사용료	1,598,200,000	1,591,957,602	100%	100%
		기 타 사 용 료	898,000,000	-	100%	
		소 계	38,109,900,000	38,928,922,258	100%	102%
	기타사용료	외 국 입 금 사 용 료	7,000,000,000	8,317,518,810	100%	119%
		신 탁 단 체 입 금	14,000,000	-	100%	
		소 계	7,014,000,000	8,317,518,810	100%	119%
	사용료합계		124,012,000,000	124,400,356,358	100%	100%
	기타	수입이자	1,000,000,000	982,391,247	100%	98%
	합계		125,012,000,000	125,382,747,605	100%	100%

〈 표 4-4. 한국음악저작권협회 2014년 수입실적표 〉

2014년 한국음악저작권협회 수입을 분석해보면, 전체 저작권 수입이 1,250억원인데 크게 보면 방송사용료로 약 250억원, 전송사용료로 약 352억원, 복제사용료로 약 167억원, 공연사용료로 약 390억원의 저작권료 수입을 기록하였다. 기타사용료는 일본, 미국, 중국 등 상호관리조약을 맺은 국가들로부터 거둬들인 저작권 수입을 말하며, 약 83억원을 기록하였다. K-POP의 인기로 앞으로 해외로부터 들어오는 저작권 수입은 더 늘어날 것을 예상된다.

가장 많은 비중을 차지하고 있는 것은 공연사용료 약 390억원이다. 이 중 유흥주점, 단란주점, 노래연습장 사용료가 310억원을 차지해 사람들이 많이 부를수록 그만큼 저작권료가 많이 발생한다는 것을 볼 수 있다. 또한 스마트폰을 통한 음악 스트리밍 서비스의 증가로 전송사용료가 약 350억원을 차지하였다. 아마 곧 전송사용료가 공연사용료를 추월할 것으로 보이는데 음악 스트리밍 서비스의 증가와 저작권료 비율이 상승하기 때문이다.

저작권자들을 대신하여 한국음악저작권협회는 수많은 사용자들로부터 저작권료를 대신 징수하여 분배하는 역할을 하고 있는데, 구체적으로 어느 서비스에서 얼마만큼의 저작권료를 징수[30]하고 분배[31]하는지 각 저작권 별로 살펴보자.

---

30 2014년 11월 17일자로 변경된 음악저작물 사용료 징수규정 기준.
31 2014년 12월 31일자로 변경된 음악저작물 사용료 분배규정 기준.

🎧 공연사용료

공연에서 음악이 빠지는 경우는 거의 없다. 사람들을 하나로 만들어주고, 같은 감정을 공유할 수 있는 방법 중 음악만한 것이 없기 때문이다. 여기에서 공연이라는 것은 전문 연주회나 콘서트뿐만 아니라, 사람들이 많이 모여있는 곳에서 음악을 틀어주는 것도 포함되며, 그러한 활동을 통해 영리활동을 추구하였다면 그에 대한 음악 저작권료를 공연사용료로 음악저작권협회에 지급해야 한다. 또한 공연을 하였으면 해당 공연곡 리스트를 제출해야 한다. 왜냐하면 어느 곡이 공연에 사용되었는지 공연곡 리스트를 근거로 저작권자들에게 분배해주기 때문이다. 단, 노래연습장의 경우 노래방기기에서 추출된 로그데이터[32]를 분배의 기준으로 사용해서, 노래연습장에서 많이 사용된 곡일수록 저작권료를 더 많이 지급받게 된다.

그렇다면 학교에서 진행하는 '학교축제'에서 노래를 틀고 춤을 추는 장기자랑을 진행할 때도, 공연 사용료를 내야 할까? 그렇지 않다. '저작권 적용의 예외'인 '영리를 목적으로 하지 아니하는 저작물의 공연, 방송'에 해당하기 때문에 학교나 학생회는 공연 사용료를 낼 필요가 없다. 왜냐하면, 축제에 참석하는 청중으로부터도 입장료를 받지 않지만, 축제에 참여하는 학생들에게도 출연료를 지급하지 않는 '영리활동'과 상관이 없기 때문이다. 하지만, 축제에서 가수·아티스트를 초청해 출연료를 지급할 경우 '영리활동'으로 인식되기 때문에 해당 공연에 대한 사용료를 음악저작권협회에 지급해야 한다.

기본적인 공연 사용료 계산 방식은 다음과 같다.

---

32 로그데이터(Log Data): 어느 곡이 몇분간 몇번이나 사용되었는지 시스템에 기록된 데이터

공연사용료 = 매출액 × 음악사용료율 × 음악저작물관리비율[33]

각 공연에서 얼마나 음악이 기여하였는지를 고려하고, 매출에 비례하여 공연사용료를 계산한다. 또한 한국음악저작권협회에서 한국 전체 음악 중 신탁관리하는 비율인 음악저작물관리비율을 곱해주는 데, 해당 협회에 신탁하지 않은 권리자들도 소수이지만 존재하기 때문에 그 만큼의 저작권료는 협회에서 징수하지 않고 내버려두어야 한다.

각 공연마다 구체적인 저작권료 징수 규정을 살펴보면 다음과 같다.

1) 연주회

해당 연주회의 성격에 따라 음악사용료율을 차등하여 적용하는데, 음악이 더 많이 사용될수록 사용료율을 높게 적용한다.

① 콘서트, 디너쇼, 연주회 등 음악의 제공을 주된 목적으로 하는 연주회 음악사용료율: 3%
② 악극, 뮤지컬, 오페라, 발레 등 연극적 요소와 결합한 연주회 음악사용료율: 2%
③ 패션쇼, 서커스, 무용회, 아이스스케이트쇼 등 음악의 부가적 사용 연주회 음악사용료율: 1%

공연사용료 = 매출액 × 음악사용료율 × 음악저작물관리비율

---

33 음악저작물관리비율이란 전체 음악 중 한국음악저작권협회가 신탁관리하고 있는 비율을 말하며, 2014.12.31 기준 한국음악저작권협회 음악저작물관리비율은 96%정도로 추정됨. 해당 비율은 정산하는 기준 시기에 따라 조정되고 있음.

여기에서 매출액은 총 입장료 수입에서 부가가치세 및 입장료 판매 대행수수료는 공제하고 협찬 및 기부금은 포함된 금액이며, 위의 음악사용료율과 음악저작물관리비율을 곱하는 방식으로 계산된다.

위의 방식으로 여러 연주회들로부터 징수된 저작권료는 음악저작권협회의 수수료(19%이내)를 공제한 뒤 공연리스트를 기준으로 저작권자들에게 분배되고 있다.

2) 프로스포츠 경기장

프로야구, 농구, 배구 등 스포츠 경기장에 가면 음악이 나와 경기를 보다 흥미진진하게 관람할 수 있도록 도와준다. 즉, 여기에서도 음악이 그 역할을 하고 있으며 대중을 대상으로 공연되는 것이기 때문에 저작권료를 음악공연사용료의 형태로 음악저작권협회에 지불해야 한다. 하지만, 스포츠 경기에 음악이 부수적으로 사용되었기 때문에, 음악사용료율은 앞의 연주회보다 낮은 편이다.

공연사용료 = 입장료 수입 × 음악사용료율(0.2%) × 음악저작물관리비율

특히, 프로스포츠 중 가장 많은 관중을 동원하는 프로야구의 경우 음악 사용이 매우 많은 편이다. 해당 구단의 응원가뿐만 아니라 선수마다 주제곡을 선정하여 선수교체 또는 분위기 고조를 위해 응원가를 틀어주기 때문이다. 한국야구위원회(KBO) 마케팅 자회사인 케이비오피(KBOP)가 각 구단에서 1년간 사용한 음악 목록을 시즌이 끝나는 11월께 한국음악저작권협회에 제출하고, 위의 계산 공식대로 총 저작권료를 일괄적

으로 치른다. 한국음악저작권협회는 케이비오피에서 받은 저작권료를 음악 목록을 기준으로 다시 저작권자들에게 배분한다. 케이비오피에 따르면 한국음악저작권협회에 낸 음악저작권료는 2002년 1000만원, 2003년 1500만원에서, 2007년 이후 프로야구가 인기를 끌면서 그 해 4700만원, 2010년 5700만원, 2011년 7000만원으로 늘었다. 2012년에는 1억 4900만원으로 1년 새 갑절이 뛰었다.[34]

위의 방식으로 여러 프로스포츠 단체들로부터 징수된 저작권료는 음악저작권협회의 수수료(19%이내)를 공제한 뒤 공연리스트를 기준으로 저작권자들에게 분배되고 있다.

3) 유원시설

놀이공원에서도 음악이 많이 사용되는데 이 때에도 공연사용료를 내야 한다. 음악을 사용하는 놀이기구 중에 대표적인 것이 '회전목마'이다. 또한 유원시설 내에서 전체적으로 흥겨운 분위기를 조성하기 위해 방송되는 노래에 대한 사용료도 포함한다.

공연사용료 = (입장료 수입+음악사용 놀이기구 이용료 수입)

× 음악사용료율(0.11%) × 음악저작물관리비율

위의 방식으로 여러 유원시설들로부터 징수된 저작권료는 음악저작권협회의 수수료(19%이내)를 공제한 뒤 공연리스트를 기준으로 저작권자들에게 분배되고 있다.

---

34 남지은(2013.06.06). '야구장 음악도 저작권료 내나요?'. 한겨레신문, http://www.hani. co.kr/arti/sports/baseball/590777.html

4) 영업장(유흥주점, 단란주점, 노래연습장, 나이트클럽, 생음악공연 카페 등)

'음주가무'라는 말이 있듯이, 음악과 술은 밀접한 관계가 있다. 술을 즐기는 곳에서는 항상 음악이 있다고 봐도 될 정도이다. 선술집의 조용하고 잔잔한 음악에서부터 재즈바에서 사람의 감정을 휘몰아치는 음악, 그리고 클럽에서 크게 울리는 댄스음악까지 술과 음악이 결합되면 인간의 감정이 극대화되기 때문에 여러 영업장에서 음악이 많이 사용된다. 각 영업장마다 음악 사용의 기준을 두고 해당 공연사용료를 음악저작권협회에 지불한다.

또한 술과 상관없이 에어로빅이나 노래교습실에서도 많은 사람들을 대상으로 음악을 사용하기 때문에 해당 공연사용료를 내야 한다. 또한 레스토랑, 커피숍에서 음악을 틀어주거나, 미사리나 수도권 근교에 많이 퍼져있는 라이브 카페도 공연이 이루어지기 때문에 면적에 비례하여 음악 사용에 대한 공연사용료를 지불해야 한다.

대부분의 영업장은 영업허가면적을 기준으로 월정액을 받는다. 즉, 매출액과는 상관없이 영업장의 크기에 비례해서 공연사용료를 지불해야 하는데, 노래연습장의 경우는 전체 면적이 아닌 방 1개당 면적별 월정액을 합산하여 징수한다. 다시 말해 노래연습장 업주는 방의 개수만큼 면적별로 월정액을 합산해서 지불해야 하는 데, 많이 사람들이 들어갈 수 있는 대형룸이 많을수록 그 노래방은 더 많은 공연사용료를 지불해야 한다.

각 영업장의 종류별로 공연사용료를 내는 기준은 다음과 같다.

등급	영업허가면적	월정액(원)	비고
1	66m² 미만	31,000	농어촌 지역의 읍,면 단위에서는 1등급씩 하향 적용한다. (1등급 제외)
2	66m² 이상 99m² 미만	40,000	
3	99m² 이상 132m² 미만	49,000	
4	132m² 이상 165m² 미만	58,000	
5	165m² 이상 198m² 미만	68,000	
	198m² 이상 매 33m² 초과시 마다	9,000원씩 추가 최고 287,000원	

〈표4-5. 나이트클럽, 룸살롱 등 유흥주점 및 극장식 식당 공연사용료〉

등급	영업허가면적	월정액(원)	비고
1	66m² 미만	27,000	농어촌 지역의 읍,면 단위에서는 1등급씩 하향 적용한다. (1등급 제외)
2	66m² 이상 99m² 미만	35,000	
3	99m² 이상 132m² 미만	43,000	
4	132m² 이상 165m² 미만	52,000	
5	165m² 이상 198m² 미만	60,000	
	198m² 이상 매 33m² 초과시 마다	9,000원씩 추가 최고 230,000원	

〈표4-6. 단란주점 공연사용료〉

등급	수강생 수	월정액(원)	비고
1	50명 미만	21,000	
2	50명 이상 100명 미만	26,000	
3	100명 이상 150명 미만	31,000	
4	150명 이상 200명 미만	36,000	
5	200명 이상 250명 미만	42,000	수강생 수를 확인할 수 없을 때에는 무도장, 카바레 등에서의 공연등급을 적용한다.
6	250명 이상 300명 미만	52,000	
7	300명 이상 350명 미만	63,000	
8	350명 이상 400명 미만	73,000	
9	400명 이상 500명 미만	89,000	
10	500명 이상	105,000	

〈표4-7. 무도학원, 에어로빅장, 노래교실 공연사용료〉

등급	영업허가면적	월정액(원)	비고
1	66m² 미만	23,000	
2	66m² 이상 99m² 미만	28,000	
3	99m² 이상 132m² 미만	34,000	
4	132m² 이상 165m² 미만	46,000	
5	165m² 이상 231m² 미만	57,000	농어촌 지역의 읍,면 단위에서는 1등급씩 하향 적용한다. (1등급 제외)
6	231m² 이상 330m² 미만	69,000	
7	330m² 이상 495m² 미만	92,000	
8	495m² 이상 660m² 미만	115,000	
9	660m² 이상 990m² 미만	138,000	
10	990m² 이상	172,000	

〈표4-8. 무도장, 카바레, 스탠드바 공연사용료〉

등급	영업허가면적	월정액(원)	비고
1	6.6m² 미만	5,000	농어촌 지역의 읍,면 단위에서는 방당 500원씩 감한다.
2	6.6m² 이상 13.2m² 미만	6,000	
3	13.2m² 이상 19.8m² 미만	7,000	
4	19.8m² 이상	8,000	

〈표4-9. 노래연습장 공연사용료〉

방 1개의 면적별로 월정액을 계산하고 노래연습장에 있는 모든 방의 금액을 합산하여 저작권료를 공연사용료로 징수하게 된다. 예를 들어 10m² 방이 5개이고, 20m²의 방이 3개인 노래방에서는 매달 6,000원 × 5개 + 8,000원 × 3개 = 54,000원을 음악저작권협회에 공연사용료로 지급해야 한다.

등급	영업허가면적	월정액(원)	비고
1	66m² 이상 99m² 미만	23,000	
2	99m² 이상 132m² 미만	28,000	
3	132m² 이상 165m² 미만	34,000	
4	165m² 이상 231m² 미만	46,000	
5	231m² 이상 330m² 미만	57,000	
6	330m² 이상 495m² 미만	69,000	
7	495m² 이상 660m² 미만	81,000	
8	660m² 이상 990m² 미만	92,000	
9	990m² 이상	103,000	

〈표4-10. 레스토랑, 커피숍, 카페, 뷔페의 생음악 공연사용료〉

위의 방식으로 여러 영업장들로부터 징수된 저작권료는 음악저작권협회의 수수료(22%이내)를 공제한 뒤 공연리스트를 기준으로 저작권자들에게 분배되고 있다. 단, 노래연습장의 경우 노래방기기 로그데이터를 그 분배의 기준으로 삼고 있다. 그리고, 생음악 공연사용료만 영업장의 특성상 수수료를 25%이내로 적용하고 있다.

5) 호텔 공연사용료

호텔은 객실 수에 비례해서 월정액을 음악저작권협회에 지급한다.

등급	객실수	월정액(원)	비고
1	50개 미만	20,000	- 월정액은 특급호텔 기준임.
2	50개 이상 100개 미만	40,000	1급은 특급의 90%,
3	100개 이상 200개 미만	80,000	2급은 특급의 80%, 3급은 특급의 70%를
4	200개 이상 300개 미만	140,000	적용함.
5	300개 이상 400개 미만	210,000	- 콘도미니엄은 특급호텔의
6	400개 이상 500개 미만	280,000	50%를 적용함
10	500개 이상	350,000	

<표 4-11. 호텔 공연사용료>

위의 방식으로 여러 호텔들로부터 징수된 저작권료는 음악저작권협회의 수수료(15%이내)를 공제한 뒤 공연리스트를 기준으로 저작권자들에게 분배되고 있다.

6) 백화점, 대형마트 공연사용료

백화점과 대형마트는 영업장 면적별로 징수한다.

등급	영업장면적	월정액(원)	비고
1	3,000m² 이상 5,000m² 미만	80,000	
2	5,000m² 이상 10,000m² 미만	150,000	
3	10,000m² 이상 15,000m² 미만	300,000	영업장면적이 매장면적의 125%를 초과하는 경우 매장면적의 125%를 영업장 면적으로 간주
4	15,000m² 이상 20,000m² 미만	500,000	
5	20,000m² 이상 30,000m² 미만	700,000	
6	30,000m² 이상 40,000m² 미만	900,000	
7	40,000m² 이상 50,000m² 미만	1,100,000	
8	50,000m² 이상	1,300,000	

〈표 4-12. 백화점과 대형마트 공연사용료〉

위의 방식으로 여러 백화점과 대형마트로부터 징수된 저작권료는 음악저작권협회의 수수료(15%이내)를 공제한 뒤 공연리스트를 기준으로 저작권자들에게 분배되고 있다.

7) 항공기 공연사용료

비행기를 이용해 이동할 경우, 비행기 자체에서 음악서비스를 대부분 제공한다. 이에 대해서도 음악사용에 따른 공연사용료를 지급해야 하는데, 항공기는 탑승중일 때와 비행중일 때를 구분하고 좌석수에 비례하여 공연사용료가 책정된다. 자세한 기준은 다음과 같다.

구분	탑승중 음악사용료 (1개월/원)	비행중 음악사용료 (1개월/원)
200석 미만	17,000	69,000
200석 이상 300석 미만	22,000	92,000
300명 이상	26,000	115,000

〈표 4-13. 항공기 공연사용료〉

위의 방식으로 여러 항공사들로부터 징수된 저작권료는 음악저작권협회의 수수료(15%이내)를 공제한 뒤 공연리스트를 기준으로 저작권자들에게 분배되고 있다.

위에서 살펴본 바와 같이 음악이 대중을 상대로 공연(상연, 연주, 가창, 재생 그 밖의 방법으로 공중에게 공개하는 것)되면 그에 맞는 공연사용료를 저작권료로 지급해야 하고 음악저작권협회가 징수한 저작권료를 공연곡 리스트와 노래방기기 로그데이터를 근거로 저작권자들에게 분배하는 것을 알게 되었다. 그 다음은 방송에서 음악이 사용되었을 경우 어떻게 저작권료를 지급해야 하는지 알아보기로 하겠다.

🎧 방송사용료

방송이란 불특정 다수를 대상으로 전파를 이용하여 프로그램을 전송하는 행위를 말한다. TV나 라디오를 통해 여러 방송 프로그램들이 제작되는데, 음악을 사용하지 않는 방송이란 상상할 수 없다. 방송에서는 많은 음악들을 사용하는데, 사용한 음악들에 대한 방송사용료는 기본적으로 다음의 방식으로 계산된다.

방송사용료 = 매출액 × 음악사용료율 × 조정계수 × 음악저작물관리비율

매출액이란 방송사의 전년도 수신료 및 광고수입(협찬수입 포함)을 합산한 금액에서 제반 지출 경비를 공제한 금액을 말한다. 지상파, 종편, SO, IPTV 등 각 채널 별로 음악사용료율과 조정계수를 다르게 적용하고 있는데 해당 매출과 방송에 음악이 얼마나 사용되었는지와 광고를 제외한 방송을 구분한 것이며, 한국음악저작권협회와 각 방송국들이 상호 협의하여 결정한다. 자세한 음악사용료율과 조정계수는 다음과 같다.

방송구분	음악사용료율	조정계수	비고
지상파(KBS, MBC, SBS)	1.20%	0.679	2016년 이후 조정계수 기준
지방방송	1%	0.72	OBS의 경우 조정계수 0.53
교육방송	0.35%	0.45	
종교방송(기독교, 불교, 평화, 원음), 경기방송	1.20%	0.46	경기방송의 경우 조정계수 0.6
교통방송	1.35%	0.46	
극동방송	0.70%	0.46	
국군방송	1%	0.72	공제계수 0.7 추가 적용
외국어 라디오방송(아리랑 FM)	1.35%	0.9	2015년 이후 조정계수 1
국악방송	0.70%	0.9	2015년 이후 조정계수 1
YTN라디오	0.60%	0.46	공제계수 0.7 추가 적용
홈쇼핑채널(PP)	2.50%	0.42	공제계수 0.4 추가 적용 매출액은 전년도 매출총이익의 15%
음악전문채널(PP)	4%	0.41	
음악, 버라이어티채널(PP)	2.30%	0.41	
오락채널(PP)	1.10%	0.59	
교양, 종교채널(PP)	1%	0.59	
스포츠채널(PP)	0.60%	0.59	
보도채널(PP)	0.50%	0.59	
기타채널(PP)	0.35%	0.59	
종합유선방송(SO)	0.50%	0.45	
위성방송	1%	0.45	공제계수 0.5 추가 적용
IPTV	1.20%	0.47	
지상파 DMB	1%	0.45	
중계 유선방송	0.20%		매출액 대신 수신료 적용
음악 유선방송	2%		매출액 대신 수신료 적용
이동방송서비스(철도)	0.10%		

〈 표 4-14. 방송사용료 음악사용료율 및 조정계수 〉

위의 방식으로 여러 방송국과 채널로부터 징수된 저작권료는 음악저

작권협회의 수수료(9%이내)를 공제한 뒤 방송국에서 제출하는 큐시트[35]를 기준으로 저작권자들에게 분배되고 있다. 큐시트를 통해 특정곡이 얼마나 많이 사용되었는지 알 수 있기 때문에 그러한 기준으로 방송에 많이 나올수록 저작권자는 저작권료를 더 많이 받게 된다.

전송사용료

전송은 인터넷 음악 스트리밍, 다운로드 서비스와 함께 홈페이지 배경음악서비스와 방송물 AOD(Audio On Demand), VOD(Video On Demand) 서비스를 말하며 각각의 사용료는 다음과 같다.

1) 스트리밍 서비스

〈종량제 스트리밍〉

종량제 스트리밍 서비스는 음악을 1번 들을 때마다 돈을 내는 방식의 서비스이다.

음악사이트 상품 중에 다음과 같이 총 100회를 들을 수 있는 형태의 상품이 존재하는 데, 이런 서비스를 이용하면 음악서비스사는 다음과 같이 전송사용료를 저작권협회에 지불해야 한다. 1회당 12원의 매출이 발생한 것으로 계산하여, 저작권료는 1.2원(=12원×10%)을 곡당 단가로 계산한다.

---

35 큐시트(Cue-Sheet): 영화나 방송프로그램의 시작부터 끝까지의 전 과정을 일정한 형식에 따라 구체적으로 기재해 놓은 방송진행표

전송사용료 = 1.2원(곡당 단가) × 이용횟수

〈그림 4-3. 스트리밍 100 상품[36]〉

〈정액제 무제한 스트리밍〉

하지만, 인터넷 스트리밍 서비스를 사용하는 사람들의 대부분은 월정액 무제한 스트리밍 서비스를 사용한다. 음악을 들을 수 있는 횟수가 정해져 있으면 아무래도 서비스를 이용하는데 제약이 많기 때문이다. 한 달 동안 무제한으로 들을 수 있는 상품을 구매할 경우 들을 때마다 돈을 내는 종량제 스트리밍 서비스보다 50% 할인하여 음악을 들을 수 있다. 그래서, 곡당 단가는 0.6원(=1.2원×50%)으로 계산한다. 다음 두 가지 방식 중 보다 높은 금액을 전송사용료로 지불해야 한다.

1. 전송사용료 = 0.6원(곡당 단가) × 이용횟수[37]
2. 전송사용료 = 매출액 × 10% × 음악저작물관리비율

예전에는 월정액 3,000원이면 한 달 동안 무제한으로 음악을 들을 수 있었다. 인터넷 불법 복제와 불법 음악서비스가 판치던 시절에는 어쩔 수 없이 가격을 낮게 책정하고 이용자들을 유료서비스로 유도하는 수

---

36 한 달에 1,200원을 내면 100회 스트리밍 음악서비스를 이용할 수 있는 멜론(www.melon.com) 음악상품

37 곡당 단가를 기준으로 계산할 때는 음악저작물관리비율을 제외해야 함. 왜냐하면 '한국음악저작권협회'에 신탁등록된 96% 음악에 대해서만 한정하여 이용횟수를 체크하기 때문임

밖에 없었다. 하지만, 너무 낮은 가격으로 서비스를 10년 넘게 해왔기 때문에 가수·아티스트뿐만 아니라 저작권자들의 권리는 보호받기 힘든 상황이어서 2013년 3월 18일자로 정부 문화체육관광부 주관으로 저작권 징수규정이 개정되었다. 월정액 금액이 3,000원에서 6,000원으로 인상되었는데 인상폭은 100%로 두 배 오른 것이지만 10년 넘는 기간의 물가상승율과 음악의 가치를 감안할 때는 다소 늦은 감이 없지 않다. 해외 스트리밍 서비스로 유명한 Spotify나 google music key 같은 경우도 한 달 $9.9로 10,890원($1=1,100원 기준)이 넘는 가격임을 고려해볼 때 아직까지 우리나라 음악 스트리밍 서비스 금액이 저렴한 편이다.

그렇다면 정액제 스트리밍에서는 왜 전송사용료를 계산할 때, 두 가지 방식 중 높은 금액을 책정했을까?

그것은 바로 '이용횟수'와 '휴면고객'이라는 변수 때문이다. 앞에서 살펴본 바와 같이 '한국음악저작권협회'는 콘서트를 할 경우 매출의 3% 공연사용료를 징수하였고, 방송사용료는 지상파 방송 기준 매출의 1.2%를 징수하였다. 전송에 대해서는 매출의 10%의 저작권료를 징수하였는데, 이용자가 한 달에 1,000번 스트리밍을 이용하였다면 0.6원에 1,000을 곱하니 600원의 저작권료가 전송사용료로 계산된다. 즉, 월 6,000원의 10%인 600원이 저작권료로 징수되는 것이다.

하지만, 만약 이용자가 1,000번 넘게 스트리밍 했다면 어떻게 할까? 정확하게 1,000번 스트리밍하면 첫번째 곡당 계산방식을 적용해도 저작권료는 600원이 나오고, 두번째 매출 계산 방식을 적용해도 매출액 6,000원의 10% 비율이므로 600원으로 저작권료가 나오게 된다. 그런데, 1,000번 이상 스트리밍 하였을 때는 매출액(한 달에 낸 돈)은 변하지 않지만 음악을 많이 이용한 것에 대해 저작권자에게 그만큼의 전송사용료를 지급하겠다는 의미이다.

정리하자면 이용자가 1,000번 넘게 스트리밍 서비스를 이용하면 첫번째 방식의 전송사용료가 더 높게 나오고, 1,000번 미만으로 스트리밍 서비스를 사용하면 두번째 방식이 더 높게 나온다. 그래서 두가지 방식 중 높은 금액을 선택하면 한 명의 이용자가 스트리밍 서비스를 1,000번을 넘게 사용하든지 그렇지 않든지 간에 저작권을 모두 보호 받을 수 있게 된다.

갑자기 모든 사람들이 1,000번 이상 스트리밍 서비스를 사용하면 음악 서비스를 하는 회사들은 벌어들이는 돈(매출)보다 더 많은 금액을 지불해야만 하는데, 실제로 운영을 해보니 우려했던 결과는 나오지 않았다. 왜냐하면 돈을 냈지만 서비스를 사용하지 않는 사람들(휴면고객)도 있었기 때문이다. 보통 월정액은 매달 자동 결제가 되는 방법으로 지불하는데, 음악을 듣다가도 시험기간이나 바쁜 일이 생기면 그 시기에는 음악을 많이 듣지 못하는 때가 있다. 그래도 계속 돈이 자동으로 결제되어서 전체적으로 계산할 때는 음악서비스회사도 밑지지 않는 결과가 나타난 것이다.

그렇다면 1초만 들어도 한번 스트리밍 이용으로 체크되는 것일까? 대부분의 음악서비스 사이트에 가보면 '1분 미리듣기' 서비스를 제공한다. 유료 결제를 하지 않아도 1분 동안 들을 수 있도록 샘플 서비스를 제공하고 있는데 이런 경우는 이용횟수에 포함되지 않는다.

2) 다운로드 서비스

1건 스트리밍 당 서비스 전송사용료를 내는 경우보다 월정액 무제한 스트리밍의 서비스 전송사용료가 50% 저렴한 것을 볼 수 있는데 이것은 다운로드 서비스에도 유사하게 적용된다. 그리고 다운로드는 스트리밍 보다 약간 복잡한 할인율을 적용하는데 다음과 같다.

〈종량제 다운로드〉

음악 파일(mp3)을 1개 다운로드 할 때마다 돈을 지급하는 방식으로, 현재는 600원(VAT 제외)을 내야 1곡을 다운로드 할 수 있다. 곡당 다운로드 받을 경우 매출의 10%인 60원(=600원×10%)을 저작권 전송사용료로 다음과 같이 지불해야 한다.

전송사용료 = 60원(곡당 단가) × 다운로드횟수

〈묶음 다운로드〉

음악사이트마다 한 달의 기간 동안 mp3 파일을 30곡 이상 받는 것이 가능한 상품들이 있다. 이런 상품들을 묶음 상품이라고 하는데, 이것은 mp3 음원 다운로드 서비스의 활성화와 유료서비스 이용확대를 위한 것이다. 그래서, 이렇게 묶음 다운로드를 할 경우에는 종량제 다운로드에 비해 50%를 할인하여 곡당 단가를 30원(=60원×50%)으로 낮춰준다. 만일 100곡 이상 다운로드 상품권을 이용하면 곡당 단가가 15원(=30원×50%)으로 할인되며 30곡과 100곡 사이는 1곡 추가할 때마다 이전 단가보다 1% 더 할인해준다. 예를 들어 30곡 다운로드 받으면 곡당 단가는 30원이 되어 전송사용료는 30원 × 30곡 = 900원이 되는데, 31곡을 받으면 곡당 단가가 이전 단가인 30원에서 1%인 0.3원을 할인해서 29.7원이 되고 31번을 곱하면 920.7원의 전송사용료가 발생하는 것이다. 위 곡당 단가는 2016년 기준가격이다.[38]

(30곡) 전송사용료 = 30원(곡당 단가) × 다운로드횟수

(100곡 이상) 전송사용료 = 15원(곡당 단가) × 다운로드횟수

〈기간제 다운로드〉

기간제 다운로드란 무제한 스트리밍처럼 무제한 다운로드 받을 수 있는 서비스이다. 곡은 무제한 다운받을 수 있지만 해당 음악 파일은 무제한 쓸 수 있는 것이 아니라 매달 결제를 통해 사용을 연장하는 방식으로 운영된다. 즉, 이용료를 더 이상 내지 않으면 해당 음악 파일들(보통 DCF 파일로 불리며, DRM Contents File 의 약자)은 더 이상 사용할 수 없다. 곡수 제한 없이 다운로드 받을 수 있는 대신 기간을 제한하였기 때문에, 묶음 다운로드 곡당 단가의 38%만 적용한다. 30곡을 다운받았을 경우는 30원에서 11.4원(=30원×38%)으로 할인되며, 100곡 이상을 다운받았을 경우는 15원에서 5.7원(=15원×38%)으로 곡당 단가가 떨어진다. 30곡과 100곡 사이는 1곡 추가할 때마다 이전 단가보다 1% 더 할인해준다.

(30곡) 전송사용료 = 11.4원(곡당 단가) × 다운로드횟수

(100곡 이상) 전송사용료 = 5.7원(곡당 단가) × 다운로드횟수

---

38 징수규정이 2013년에 개정되어 2013년 70%, 2014년 80%, 2015년 90%, 2016년 이후 100%로 연도별 차등을 두었으나, 이 책에서는 설명의 편의상 2016년을 기준으로 곡당 단가를 계산함.

3) 결합상품(스트리밍 + 다운로드)

결합상품이란 스트리밍과 다운로드를 동시에 사용할 수 있는 서비스를 말한다. 많은 사용자들이 이와 같은 서비스를 이용하고 있다. 스트리밍으로 무제한 서비스를 이용하면서 본인이 좋아하는 음악을 소유하고 싶을 경우 이와 같은 옵션을 선택하는 것이다. 이럴 경우는 스트리밍 사용료를 50% 추가로 할인해주게 된다. 예를 들어 한 달 무제한 스트리밍과 100곡 묶음 다운로드 또는 무제한 스트리밍과 기간제 다운로드를 결합한 상품이 존재할 수 있으며 이때 높은 할인율을 받으면서 서비스를 이용할 수 있게 된다.

각각의 예를 들어보면 다음과 같다.

① 한 이용자가 한 달에 1,000회 스트리밍 서비스를 이용하고 100곡 묶음 다운로드를 받았을 때

1,000회 스트리밍 하였으니 스트리밍 전송사용료는 0.6원 × 1,000회 = 600원인데, 스트리밍과 다운로드가 결합되었으니 할인율 50%를 적용하면 무제한 스트리밍 전송사용료는 300원 발생한다. 100곡을 묶음 다운로드하게 되면 곡당 단가가 15원으로 1,500원의 전송사용료가 발생하여 합계 1,800원의 전송사용료가 발생한다. 통상적으로 전송사용료는 매출의 10%인 것을 감안할 때, 서비스 요금은 18,000원으로 생각되지만 100곡 묶음 다운로드 상품권을 구매하여도 실제로 100곡을 모두 다운로드하는 사람은 많지 않기 때문에 누락되는 다운로드를 감안하여 보통 10,000~13,000원에 온라

인 음악사이트에서 판매되고 있다.

② 한 이용자가 한 달에 1,000회 스트리밍 서비스를 이용하고 100곡 기간제 다운로드를 받았을 때

1,000회 스트리밍 하였으니 스트리밍 전송사용료는 0.6 × 1,000 = 600원인데, 스트리밍과 다운로드가 결합되었으니 할인율 50%를 적용하면 무제한 스트리밍 전송사용료는 300원 발생한다. 100곡을 기간제 다운로드하게 되면 곡당 단가가 11.4원으로 1,140원의 전송사용료가 발생하여 합계 1,440원(=300원+1,140원)의 전송사용료가 발생한다. 통상적으로 전송사용료는 매출의 10%인 것을 감안할 때, 서비스 요금은 14,400원으로 생각되지만 100곡 기간제 다운로드 상품권을 구매하여도 실제로 100곡을 모두 다운로드하는 사람은 많지 않기 때문에 누락되는 다운로드를 감안하여 보통 8,000~9,000원에 판매되고 있다.

4) 배경음악서비스

블로그나 카페에서 사용되는 배경음악서비스는 싸이월드가 많이 이용될 때는 뮤직비즈니스의 떠오르는 수입원이었지만, 이제는 그렇게 많은 매출이 발생하는 분야는 아니다. 배경음악전송사용료는 다음 두 가지 방식 중 많은 금액으로 한다.

전송사용료 = 곡당 25원 × 판매횟수 × 음악저작물관리비율
× 할인율(6개월 이하 기간제한일 경우 0.9)

전송사용료 = 매출액 × 5% × 음악저작물관리비율

× 할인율(6개월 이하 기간제한일 경우 0.9)

5) 방송물 재전송서비스

음악전문 라디오 방송물(AOD)을 재전송하는 경우에도 전송사용료를 내야 한다. 최초 방송 시 방송사용료를 내야하고 인터넷에서 지난 방송물을 다시 들을 때에는 전송사용료를 내야 하는 것이다.

① 이용료, 광고료가 있는 경우

전송사용료 = 매출액 × 음악사용료율(2.5%) × 음악저작물관리비율

② 이용료, 광고료가 없는 경우

전송사용료 = 월정액 60원 × 이용자수 × 음악저작물관리비율

단, 이용료, 광고료가 있는데도 2번 항목보다 금액이 적을 경우는 2번 항목의 금액을 적용한다.

라디오 방송물뿐만 아니라 TV방송물(VOD)에 대해서도 전송사용료를 내야 하는데, 라디오 방송물과 같은 방식으로 계산하되 그 절반만 집행하게 된다. 그 이유는 방송에는 영상과 음악이 있기 때문에 음악사용 비율을 50%로 적용하는데 있다.

위의 방식으로 여러 음악사이트와 서비스사로부터 징수된 저작권료는 음악저작권협회의 수수료(9%이내)를 공제한 뒤 서비스에서 제출하는 로그데이터를 기준으로 저작권자들에게 분배되고 있다. 서비스사에는 이용자가 어느 곡을 얼마만큼 사용했는지 그 내용이 서버에 저장되어

있는데, 그것을 음악저작권협회에 보냄으로써 투명하게 정산할 수 있게 되었다. 당연히 이용자들이 많이 들어서 음원 차트의 상위권에 오랫동안 머물수록 저작권자는 저작권료를 더 많이 받게 된다.

🎧 디지털음성송신(웹캐스팅) 사용료

앞에서 살펴본 저작권의 종류 중 저작재산권의 디지털음성송신권이 있었다. 인터넷 방송과 매장에서 틀어주는 매장음악서비스에도 저작물을 사용한 대가를 지불해야 한다. 음악이 중심이 되는 경우와 그렇지 않은 경우로 나눠 지며, 음악이 중심이 되지 않는 경우는 다음에 나온 금액에 절반(1/2)만 사용료를 내면 된다.

1) 이용료(정보료) 또는 광고료가 있는 경우

인터넷 방송국 아프리카와 같은 개인방송에서는 다음 두 가지 방법 중 많은 금액을 선택한다.

① 디지털음성송신 사용료 = 월정액 75원 × 가입자수 × 음악저작물 관리비율
② 디지털음성송신 사용료 = 매출액 × 음악사용료율(2.5%) × 음악저작물관리비율

매장음악서비스도 비슷한 방식인데 월정액과 음악사용료율이 약간 다르다.

① 디지털음성송신 사용료 = 월정액 800원 × 가입자수 × 음악저작물
관리비율

② 디지털음성송신 사용료 = 매출액 × 음악사용료율(4%) × 음악저작
물관리비율

2) 이용료(정보료) 또는 광고료가 없는 경우

디지털음성송신 사용료 = 월정액 60원 × 가입자수
× 음악저작물관리비율

위의 방식으로 여러 서비스사로부터 징수된 저작권료는 음악저작권협
회의 수수료(12.5%이내)를 공제한 뒤 서비스에서 제출하는 로그데이터를
기준으로 저작권자들에게 분배되고 있다.

복제 및 배포사용료

복제는 앞에서 살펴본 바와 같이 CD, DVD와 같은 미디어에 원본 음
악을 복사해 넣는 것과 인터넷 서버에 올리고 내려 받는 것을 말하고,
배포는 그러한 유형, 무형 음악을 공중에 유통시키는 것을 말한다. 보통
온라인으로 복제하는 것에 대해서는 복제사용료를 지급하지 않고 복제
하여 배포하는 것을 하나로 묶어 계산한다. CD와 DVD에 대해 복제사
용료를 징수하는데 이 때 저작권협회에서 CD나 DVD 겉면에 '인지'를
지급하여 부착하기 때문에 '인지세'라는 말로 통용된다.

1) 음반(카세트, CD)

복제사용료 = 출고가 × 음악사용료율(9%) × (승인곡수/수록곡수)
× 제작수량 × 할인율

출고가는 유통사에서 도·소매상으로 출고되는 가격을 말하는 데, 보통 도매가격이라고 생각하면 된다. 소매상에서 거래되는 가격이 7~8,000원일 경우 출고가는 4~5,000원 정도되고, 소매가격이 10,000원 정도이면 출고가가 7~8,000원으로 생각하면 되는데 이는 앨범의 사양에 따라 차이를 보이고 있다. 승인곡수란 '한국음악저작권협회'에 등록된 곡 수를 말하는데, 예를 들어 한 앨범에 수록곡이 10곡인데, 1곡이 저작권협회에 등록된 곡이 아닐 경우 0.9를 곱하는 방식이다. 할인율은 앨범의 반품, 재고, 폐기를 감안하여 할인하는 비율인데 이는 제작자와 상호 협의하여 정하게 된다.

위의 방식으로 여러 기획사로부터 징수된 저작권료는 음악저작권협회의 수수료(9%이내)를 공제한 뒤 앨범의 곡 리스트를 기준으로 저작권자들에게 분배되고 있다.

2) 영상물(DVD)

뮤직비디오나 공연실황처럼 영상저작물에 음악이 주로 사용되는 저작물일 경우에는 음악사용료율을 음반보다는 낮추어 복제사용료를 계산한다.

복제사용료 = 출고가 × 음악사용료율(7%) × (승인곡수/수록곡수)
× 제작수량 × 할인율

하지만, 다큐멘터리, 드라마, 교양, 시사, 취미 등 음악저작물이 부수적으로 사용되는 비디오의 경우는 그 보다는 낮게 복제사용료를 계산하며, 총 재생시간 중 음악저작물이 사용되는 시간을 비율로 추가적으로 적용한다.

복제사용료 = 출고가 × 5% × (승인곡수/수록곡수) × (음악저작물 합계사용시간/총 재생시간) × 제작수량 × 할인율

위의 방식으로 여러 기획사로부터 징수된 저작권료는 음악저작권협회의 수수료(9%이내)를 공제한 뒤 앨범의 곡 리스트를 기준으로 저작권자들에게 분배되고 있다.

3) 노래반주기

노래연습장이나 유흥주점에서 사용하는 노래반주기에 음악을 저장하는 것도 복제에 해당한다. 원본 음악을 노래반주기라는 기계에 복사하여 저장하기 때문이다. 노래반주기 복제사용료는 신곡사용료와 반주기 배포에 대한 사용료를 합산하여 계산하는 데 다음과 같다.

신곡 사용료 = 곡당단가(신곡 출고가 × 9% / 수록곡수)
× 사용관리곡수 × 판매수량

신곡 출고가는 노래반주기 사업자가 도매상에게 신곡을 판매하는 가격을 말하며 2014년 기준 월 140여곡의 신곡을 9,000원으로 제공(2014년

_{3월 TJ 미디어 사업보고서 기준})하고 있다. 만일 이번 달 신곡이 140곡일 경우 곡당 단가는 '9,000원 × 9% / 140'으로 약 5.8원이 된다.

위의 방식으로 여러 노래방기기 제조사로부터 징수된 저작권료는 음악저작권협회의 수수료_(9%이내)를 공제한 뒤 신곡리스트를 기준으로 저작권자들에게 분배되고 있다. 만일, 신곡이 제작되지 않는 경우는 저작권료를 분배받지 못하게 된다.

4) 영화 영상물, 광고음악

영화나 TV, 라디오 광고에 음악을 사용할 때도 음악의 복제에 대한 사용료를 내야 한다. 필름이나 디지털 영상장치에 음악을 복사할 때, 복제권이 적용되는 것이다.

앞에서 살펴 본 것을 다시 떠올리면 저작권은 저작인격권과 저작재산권으로 나누어져 있고 저작인격권은 타인에게 양도되지 않고 저작자에게만 주어지는 권리이고, 저작재산권은 음악저작권자들이 모여 만든 '한국음악저작권협회(KOMCA)'에게 신탁하여 맡긴 상황이다.

영화나 광고에 음악을 사용하기 위해서는 음악의 길이를 조절할 수 밖에 없고 상업적이거나 정치적으로 사용될 수 있는 소지가 있기 때문에 _(동일성유지권을 침해하지 않기 위해서) 저작인격권 허락과 저작재산권 허락을 모두 받아야 한다. 저작인격권은 저작자에게 허락 받아야 하고 저작재산권은 협회에 정해진 서류와 비용을 납부하면 된다. 협회에 돈을 냈다고 사용할 수 있는 것은 아니다. 협회의 '이용허락신청서'에 나온 바와 같이 '협회는 음악의 사용과 관련하여 저작인격권 침해 분쟁이 발생하는 경우 협회는 이에 대한 책임을 지지 않는다'고 밝히고 있다. 즉, 협회는

146   **K-POP** 뮤직비즈니스의 이해

저작자에게 저작인격권을 허락 받았다는 가정하에 다음과 같은 복제사용료를 징수하고 있다.

사용량에 따른 구분	5초 이상 1분 미만	1분 이상 5분 미만	5분 이상
일반 상업 영화	100만원	200만원	300만원
저예산 독립영화 (순제작비 4억원 미만)	20만원	40만원	60만원
영화제 출품	4만원	8만원	12만원

〈표 4-15. 한국음악저작권협회 영화 음악 복제사용료〉

그렇다면 저작인격권을 허락 받을 때는 얼마를 지불해야 할까? 정해진 가격은 없고 저작권자의 성향이나 의중에 따라 달라진다고 볼 수 있다. 비쌀 경우 1곡에 수천만원을 호가하는 경우도 있고 영화의 취지나 감독과 영화의 내용이 마음에 들 때는 무료로 사용을 허락하는 경우도 있기 때문이다. 저작자는 보다 많은 사람들에게 감동을 주기 위해 자신의 음악을 창작하였는데, 어떤 사람이 나타나서 나의 곡을 더 널리 알려주겠다는 것을 싫어할 사람은 별로 없다. 하지만 본인이 만든 노래가 애초의 의도와는 달리 엉뚱한 곳에 사용되면 안되기 때문에 허락을 받고 그 대가를 지불하도록 정한 것이다.

광고도 영화와 마찬가지로 음악을 사용하려면 저작자에게 저작인격권을 허락 받고 저작권신탁단체인 협회에게 저작재산권을 지불해야 한다. 영화에 음악이 삽입되는 경우와는 달리 광고에 음악이 들어가는 것은 판매하고자 하는 제품이나 서비스에 음악을 이용하는 것이기 때문에 저작권자가 더 많이 신경을 쓰는 영역이다. 잘못하면 원곡의 느낌과 이미지는 사라져버리고 광고에 이용되어 싼 가격에 저작물이 망가질 수도 있기 때문이다. 또한 영화에 음악이 삽입되는 경우보다 훨씬 많은 사람들에게 노출될 수 있기 때문에 파급효과도 그만큼 크다. 하지만, 반대로 보면 음악의 생명력을 더 길게 해 줄 수도 있고 수많은 광고물들에는 음악이 거의 대부분 사용되기 때문에 앞으로 좀 더 자유로운 뮤직비즈니스를 펼치는게 가능한 부분이라 생각된다. 그래서, 아예 삼성이나 현대같은 대기업들은 능력 있는 저작권자들이나 가수·아티스트와 손을 잡고, 광고이면서 동시에 작품성 있는 음악을 만들어서 유통하는 시도를 하고 있다. 앞으로도 이와 같은 사례는 앞으로도 지속될 것으로 보인다. 광고와 관련된 저작재산권의 기준은 다음과 같다.

구분	지상파TV	라디오	케이블TV	인터넷	극장	기타
1개월미만	150만원	100만원	100만원	30만원	30만원	50만원
3개월미만	250만원	150만원	150만원	50만원	50만원	100만원
6개월미만	350만원	250만원	250만원	70만원	70만원	125만원
9개월미만	450만원	350만원	350만원	80만원	80만원	150만원
12개월미만	550만원	450만원	450만원	100만원	100만원	170만원

〈표 4-16. 한국음악저작권협회 광고 음악 복제사용료〉

12개월 이상 사용하는 경우에는 12개월 사용료와 해당 12개월 초과 개월 수 사용료의 80% 금액을 지급하면 된다. 예를 들어 지상파TV에서 15개월동안 사용하였다면 12개월 사용료인 550만원과 초과 3개월 금액 250만원의 80%인 200만원의 합계 750만원을 광고음악의 복제사용료로 지급하면 되는 것이다. 또한, 상업적인 용도가 아닌 공익광고도 위의 사용료의 50%를 내야 하되, 저작인격권은 마찬가지로 저작권자에게 별도

승인을 받아야 한다.

위의 방식으로 여러 영화사나 광고기획사로부터 징수된 저작권료는 음악저작권협회의 수수료(영화는 14.5%, 광고는 14%)를 공제한 뒤 사용곡 리스트를 기준으로 저작권자들에게 분배되고 있다.

5) 영화음악 공연사용료

영화에 음악을 삽입하는데 있어서 해결되지 않은 이슈는 '영화음악 공연사용료'이다. 앞에서 살펴본 바와 같이 노래연습기를 만드는 곳에서는 복제사용료를 지불하고, 노래연습장에서는 공연사용료를 지불하고 있다. 마찬가지로 음악저작권협회는 영화를 만드는 영화제작자가 복제사용료를 지불하고 영화를 틀어주는 극장주가 공연사용료를 내야 한다고 주장한다[39]. 하지만, 극장주(CJ E&M, CJ CGV, 롯데시네마·롯데엔터테인먼트, 메가박스, N.E.W.), 6개의 협회(한국영화제작가협회, 한국영화프로듀서조합, 한국영상산업협회, 한국상영관협회, 한국독립영화협회, CPN(Cinema Contents Provider Network))로 구성된 '영화음악저작권대책위원회'에서는 '영상저작물특례조항'을 근거[40]로 영화에 사용할 음악을 구매하는 초기에 복제와 공연 사용료를 일괄 지급하겠다고 주장하고 있다. 각 자의 주장을 요약하면 다음과 같다.

---

[39] 만일 영화제작자가 내지 않으면 극장주가 납부할 것을 주장함.

[40] 영상저작물특례조항이란 영상제작자와 영상저작물의 제작에 협력할 것을 약정한 자가 그 영상저작물에 대하여 저작권을 취득한 경우 특약이 없는 한 그 영상저작물의 이용을 위하여 필요한 권리는 영상제작자가 이를 양도 받은 것으로 추정하는 조항을 말함. 즉, 영상제작자가 음악 저작권자에게 그 대가를 주고 음악을 영화에 사용할 수 있는 권리를 양도받았기 때문에 해당 영상저작물에서 추가적인 금액의 지불 없이 음악을 사용할 수 있다는 주장.

〈음악저작권협회 공연사용료 수식〉

공연사용료 = 관람객수 × 평균관람료 × 0.97(영화발전기금 3%제외)

× 음악사용료율

음악사용료율은 5초 이상 1분 미만일 경우 0.06%, 1분 이상 5분 미만일 경우 0.1%, 5분 이상일 경우 0.2%로 세분화하였다. (계산시 0.1%는 0.001로 계산해야하며, 그렇지 않으면 협회가 폭리를 취하려고 한다고 오해할 수가 있으니 유의해야 함. 50%는 0.5로 계산해야 한다.)

〈영화음악저작권대책위원회 공연사용료 수식〉

공연사용료 = 300만원 + (스크린 당 곡단가 13,500원 × 개봉 첫날 스크린 수)
단, 순제작비 10억 미만 영화의 경우, 위의 방식의 1/10을 적용한다.

양측 모두 음악공연사용료를 인정하고 있지만, 음악저작권협회에서는 관객수에 비례해서 저작권료를 받는 종량제를 주장한 반면 영화계에서는 개봉 첫날 스크린 수로 한정 지어서 정해진 금액만 한번 납부하는 방식을 주장하는 것이다.

예를 들어 계산하면 차이가 확연히 드러난다.

A라는 영화에서 '너를 진짜 사랑해'라는 곡이 1분 30초 쓰이고 개봉 첫날 스크린 수가 300개(2011년 기준 평균 개봉 스크린 수 316개), 평균 관람료를 10,000원 그리고 관람객수가 100만명이라고 가정해보자.

음악저작권협회 공연사용료 = 1,000,000(관람객수) × 10,000(평균관람료)

× 0.96 × 0.001 = 9,600,000(원)

영화계 공연사용료 = 3,000,000 + {13,500(스크린당 곡 단가)

× 300(개봉 첫날 스크린 수)} = 7,050,000(원)

이렇게 보면 별 차이가 나지 않는 것처럼 보이지만 영화산업의 발전으로 매해 한두 편은 관객이 천만명을 돌파하는 영화가 꼭 등장하는 것을 감안하면 어떻게 계산하는지에 따라 지급해야 할 공연사용료가 큰 차이를 보일 수 있다는 것을 예상할 수 있다.

앞으로도 법적, 사회적 논의를 통해 해당 이슈가 어떻게든 정리되겠지만 다만, 음악이 제값을 받고 있지 못한 현재 상황에서 '콘텐츠는 팔린 만큼 그 대가를 분배한다'는 대원칙에 맞춰 합리적인 공연사용료 기준이 마련되었으면 한다. 음악산업과 영화산업은 불법시장으로 인해 아직도 힘겨운 싸움을 벌이고 있는 동지이자, 앞으로도 계속 함께해야 할 동반자이기 때문이다.

이외에도 음악이 사용되는 어느 곳에서나 그에 대한 지불을 해야 한다. 저작권자는 본인의 저작물이 사용되는 곳과 용도에 대해 지속적으로 살펴보아야 하고 어떻게 하면 더 널리 홍보할 수 있을지에 대해 고민하고 열린 마음을 가져야 할 것이며, 사용자들도 과거보다 더 편리하고 효율적으로 음악을 쓸 수 있기 때문에 법을 지키면서 동시에 새로운 협력 모델을 통해 큰 수익을 낼 수 있도록 해야 할 것이다.

🎧 음악저작권료 작품자 분배 비율

이렇게 징수된 저작권료가 음악저작권협회를 거쳐 수수료를 공제하고 난 뒤에는 저작권자들에게 분배가 되는데, 저작권자는 작곡가, 작사가, 편곡가 등 여러 명으로 구성되어 있다. 어떻게 저작권자들에게 분배되는지 음악저작물 분배규정을 간단히 살펴보면 다음과 같다.

〈작품자들의 기본 비율〉[41]
작곡자 = 5/12
작사자 = 5/12
편곡가 = 2/12

물론 작품 제작 시 서로간의 합의가 있으면 조정이 가능하고 조정된 비율로 음악저작권협회에 신고하면 된다. 예를 들어 작곡가가 기여한 바가 훨씬 크고 작사가는 몇 마디만 덧붙였다면 작곡가=9/12, 작사가=1/12, 편곡가=2/12로 정할 수도 있다는 뜻이다. 하지만, 대부분 위의 기본 비율을 따르는 편이며 만일 편곡가가 없을 경우 작곡자, 작사자가 절반씩 나누는 방식이다.

이렇게 관리수수료를 제한 저작권료 분배자료는 개인의 사적 재산에 대한 자료이기 때문에 공개하는 것이 불가능하지만, '한국음악저작권협회' 22대 회장으로 취임한 윤명선 회장은 '투명한 정산시스템 구축 및 운영'을 선거 공약으로 내세워, 회장의 저작권료를 공개하기로 약속하고, 취임 후 그 약속을 지켜 홈페이지에 공개하고 있다. 실제로 저작권자들

---

41 2014.12.31. 기준 한국음악저작권협회 음악저작물 사용료 분배규정 기준.

이 저작권료를 어떤 식으로 분배 받는지 살펴볼 수 있는 기회이다. 그뿐만 아니라 관리수수료를 낮추고 투명한 징수·분배를 위해 회계자료를 공개하고 있는데, 이는 앞으로의 저작권자들의 권익향상과 음악산업발전에 좋은 영향을 미치리라 생각된다.

4. 저작권자의 전망

그렇다면 우리가 처음에 가졌던 '미래 자녀 직업 1순위=저작권자'에 대한 해답이 어느 정도 보이는가?

살아서 저작권료를 지급받고 사후 70년까지 권리를 보장해주면서 현재 매년 1,200억원 이상의 수입이 발생하고 있는 저작권료를 받을 수 있는 작곡가, 작사가, 편곡가의 직업이 매력적이지 않은가? 아직 그 대답을 하기에는 이르다. 다음 기사를 보자.

"한국음악저작권협회가 발표한 '2013 작곡가 수입 집계'에 따르면 박진영은 2013년 음악 저작권 수입으로 13억 1000만 원을 벌었다. 2013년 저작권 수입 2위는 작곡가 조영수가 9억 7385만원, 3위는 YG프로듀서 테디가 9억 467만원, 4위는 SM엔터테인먼트 소속 가수들의 작곡가 유영진이 8억 3648만원, 5위는 빅뱅 지드래곤이 7억 9632만원 순으로 집계됐다"[42]

---

42 온라인중앙일보(2014.04.09). '저작권료 순위 "박진영이 쓸어담은 돈 액수보니…" 상상초월'.
중앙일보, http://article.joins.com/news/article/article.asp?total_id=14401656&cloc=ol
ink|article|default

"2012년 10월 국회 문화체육관광방송통신위원회 소속 이재영 새누리당 의원이 한국음악저작권협회에서 받은 '저작권 사용료 징수실적'에 따르면 저작권자별 빈익빈 부익부 현상이 심화되고 있는 것으로 분석됐다. 저작권 수입 상위 50%의 회원 1명당 평균 분배금액은 2009년 1,408만원, 2010년 1,469만원, 2011년 1,627만원으로 나타나 지난 3년간 15.6%나 수입이 증가한 것으로 나타났다. 그러나 하위 50%의 회원 1명당 평균 분배금액은 2009년 3만 7,000원, 2010년 3만 2,000원, 2011년 2만 7,000원으로 나타나 지난 3년간 25.6%나 오히려 수입이 감소한 것으로 나타났다. 상위와 하위 50%의 수입의 차이는 2009년 378.6배, 2010년 450.3배, 2011년 588.2배로 매년 벌어지고 있는 추세다."[43]

경쟁이 치열하고 승자가 독식하는 것은 흥행산업인 엔터테인먼트 산업의 특성이다. 20%가 나머지 80%의 수익을 갖는다는 파레토의 법칙보다도 아마 더 심할지 모른다. 그러한 시장에 뛰어드는 것은 분명 매력적이지만 그만큼 위험할 수도 있다는 것을 잊지 말고 자녀의 성격이나 개성, 의지를 종합해서 결정해야 하며, 부모로서 잘 될 때의 상황뿐만 아니라 그렇게 되지 않았을 때에 어떻게 해야 하는지, 어떤 것을 할 수 있는지를 보여주는 것도 필요하다.

히트 작곡가는 되지 못했지만 후학을 키우는 교육자가 되거나 다른 뮤직비즈니스 쪽으로 길을 갈 수도 있기 때문이다. 그래서 음악산업 전체 파이가 커져야 한다. 미국 야구 메이저리그의 엄청난 시장 규모는 프로야구 선수뿐만 아니라 그 주변 산업에 참가한 모든 사람들에게도 열

43 임광복(2012.10.08). 지난해 음원 저작권 수입 1위 14억, 누구?. 파이낸셜뉴스, http://news.fnnews.com/view_news/2012/10/08/201210080100049780003146.html

매가 돌아가는 것을 가능하게 만들어준다.

저작권자들이나 저작권자를 꿈꾸는 사람들은 이번 장을 여러 번 읽으면서 자신의 저작물이 어떻게 유통되고 수익을 벌어들이는지 살펴봐야 한다. 또한 협회나 다른 서비스사들이 제대로 서비스, 징수, 분배를 하고 있는지 살펴보면, 자신들의 권리를 더 잘 찾고 오해를 줄일 수 있으며 그 결과 더욱 창작에 매진할 수 있으리라 믿는다.

5. 저작인접권[44]

저작인접권은 말 그대로 저작권과 아주 밀접하게 관련(인접)되어 있는 권리를 말한다. 넓은 의미의 저작권은 저작물과 관련된 권리 전체를 말하며, 저작권자와 저작인접권자 모두 포함하는 권리의 개념이다. 좁은 의미의 저작권은 저작인접권과 구분하여 저작권자에게만 해당하는 권리를 설명하는 것인데, 종종 헷갈릴 수 있으니 〈그림 4-4〉를 보고 참고하기 바란다.

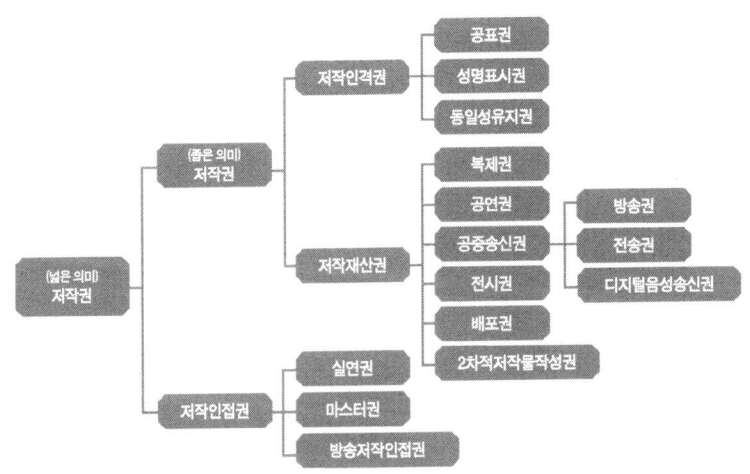

〈그림 4-4. 저작권 분류 종합〉

---

44 저작인격권과 헷갈리지 말것. 저작인격권은 저작자의 명예와 인격적 이익을 보호하기 위한 권리로 저작권의 종류에 저작인격권과 저작재산권이 있음.

🎧 저작인접권자

음악을 만든 작곡가, 작사가, 편곡가들과 함께 음악 저작물을 만드는데 있어서 자본 투자 및 창의적인 기여를 하고 대중에게 전달하는 사람들을 저작인접권자라 부른다. 저작권자들이 노래를 만들어도 부르는 가수·아티스트나 연주자가 없으면 어떻게 우리들이 노래를 들을 수 있으며, 음반제작자[45]가 음악을 실제로 만드는데 자본을 투자하지 않으면 음악을 즐길 수 있는 CD나 다운로드, 스트리밍 서비스를 받을 방법이 없다. 또한 방송 사업자가 없으면 그 음악을 알릴 수 있는 수단이 없게 된다. 더 구체적으로 저작인접권자들을 살펴보자.

실연자: 저작물을 연주, 가창하여 실연하는 자(가수·아티스트, 연주자 등)
음반제작자: 음을 음반(디지털 포함)에 고정하는 데 있어 전체적으로 기획하고 책임을 지는 자이며 보통 기획사를 뜻함
방송사업자: 방송을 업으로 하는 방송국[46]

이들이 없이는 저작권자들이 음악이라는 저작물을 만들어도 우리가 들을 수가 없다. 저작권법을 만들어 저작권자들을 보호하였듯 저작인접권자도 자신이 기여한 바에 대해 권리를 보호 받을 수 있는데 저작권보다는 그 범위가 약간 제한적이다. 저작인접권도 저작권처럼 보호기간

---

45 음을 음반에 고정하는데 기획하고 책임을 지는자를 일컫는 법률적 용어이며, 음반뿐 아니라 음원도 포함하여 음악을 제작하는 자를 뜻함. 제작사, 소속사를 기획사로 통일하기로 2장 '뮤직비즈니스 용어 이해'에서 말하였지만, 저작인접권 파트에서는 법률적 용어로 사용되고 있는 '음반제작자'를 그대로 표기하였음.

46 데이터베이스제작자도 저작인접권자에 속하나, 뮤직비즈니스에서는 해당되는 부분이 없어 제외하였음.

이 매우 길다. 실연권의 경우에는 그 실연을 한 때의 다음 해부터 70년 간, 음반제작자는 그 음반을 발행한 때의 다음 해부터 70년간 보호받을 수 있다.

그렇다면 저작인접권자들의 권리를 좀 더 자세히 살펴보자.

🎧 저작인접권의 종류와 의미

저작인접권에는 가수·아티스트에게 부여되는 실연권과 음반제작자에 게 부여되는 마스터권, 방송사업자에게 부여되는 방송저작인접권 이렇 게 세가지가 존재한다.

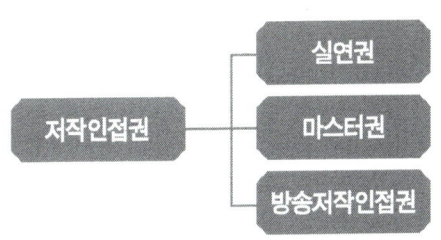

〈그림 4-5. 저작인접권 종류〉

하지만 보통 음반제작자에게 지급되는 권리사용료를 저작인접권료 또 는 인접권료라고 칭하는 경우가 많은데 이는 엄밀히 말하면 틀린 내용 이다. 왜냐하면 저작인접권료라는 것은 전체 저작인접권자들에게 지급 되는 권리사용료를 뜻하기 때문에, 저작인접권료의 지급 대상이 음반제 작자뿐만 아니라 실연자와 방송저작인접권자도 함께 포함된다. 따라서

이 책에서는 혼동을 줄이기 위해 음반제작자에게 부여된 저작인접권을 마스터권, 그에 지급되는 사용료를 마스터권료로 통일하여 사용하며, 저작인접권료는 실연권료와 마스터권료 그리고 방송저작인접권료[47]를 합한 것을 의미한다.

1) 실연권의 저작인격권과 저작재산권

노래를 듣거나 부를 때 보통 그 곡과 함께 가수·아티스트를 떠올리게 된다. 가수·아티스트와 함께 연주자는 저작인접권인 실연권을 가지고 있는데, 이들에게도 저작권자들에게 보장된 권리와 비슷한 방식으로 인격권과 재산권이 존재한다.

① 실연권자의 저작인격권

'저작권의 종류와 의미'에서 저작권자에게는 공표권, 성명표시권, 동일성유지권이 있는 것을 살펴보았다. 마찬가지로 실연권자에게는 공표권을 제외한 성명표시권, 동일성유지권이 있다. 즉, 공표할지 안 할지에 대해서는 저작권자에게만 권한이 있고 나머지 성명표시와 동일성유지에 대해서는 저작권자와 같은 권리를 실연권자도 가지고 있다. 노래를 소개할 때, 곡 제목뿐만 아니라 가수명을 표시하는 것은 당연하면서도, 만일 그렇게 하지 않는다면 저작권법 위반이 되기 때문에 실연권자도 표시하여야 한다. 그래서 음악을 서비스하는 사이트에는 저작권자뿐만 아니라 저작인접권자인 실연자들의 이름이 모두 표시되어 있고, 이러한 근거로 실연자에게도 해당 권리에 대한 실연권료가 분배되게 된다.

---

47 방송저작인접권료는 방송국이 가져가는 수익으로 뮤직비즈니스에서는 제외하였음.

그렇다면 노래연습기에는 왜 작사, 작곡가 이름만 표시될까? 그 이유는 노래방기기에서 나오는 음악의 실연은 해당 실연자들이 한 것이 아니라 노래방기기 제조사에서 별도로 제작한 것이기 때문이다. 즉, 발표된 원곡에 대해서만 실연자들은 저작인접권을 가지고 있기 때문에 노래방기기에는 실연자가 표시되어있지 않다. 다만, 노래를 빨리 찾고 같은 제목의 노래를 구분하기 위해 가수명을 표기하지만 꼭 표시해야 할 의무는 없는 것이다.

② 실연권자의 저작재산권
저작권자에게 주어졌던 저작재산권이 실연자들에게도 그대로 적용되기 때문에 저작권에서 살펴본 복제권, 전송권, 공연권, 방송권이 모두 실연자에게 있다.

실연권자들이 복제권, 전송권을 근거로 음악 이용을 허락할 수도 금지할 수도 있지만, 판매용으로 제작된 음반, 음원의 경우 일단 실연자의 허락을 받아 음악이 제공되었다면 전송, 복제, 배포권에 제약이 있다. 이것은 실연권자의 권리를 제약하기보다는 음반제작자의 권리를 보호하기 위한 요소가 더 크다. 예를 들어, 실연권자의 허락을 얻어 음반제작자가 음악을 제작하여 판매하고 있는데, 실연권자가 판매되는 음악의 사용을 금지하게 되면, 음반제작자는 큰 손해를 볼 수 밖에 없기 때문이다.

실연권자에게 공연권과 방송권은 이용을 금지할 수 있는 권리는 없고 이용에 대한 보상금을 받을 권리만 있다. 이것은 방송사업자를 보호하기 위한 것이다. 예를 들어, 실연자들의 허락을 받고 공연이나 영상을 방송에 내보냈는데, 갑자기 실연권자가 방송금지를 요청하게 되면 방송

이라는 사업을 하는 것 자체가 거의 불가능해지기 때문이다. 다만, 실연
권자들이 방송을 하기 전에 방송국과 맺는 계약서를 통해 해당 공연이
나 실연의 방송 범위를 조정(실시간방송만으로 한정하거나 또는 인터넷을 통한
VOD 금지 등)하는 방법을 통해 무제한적으로 방송되는 것을 제한할 수는
있다.

저작권자들이 권리를 개별적으로 관리하기 힘들기 때문에 한국음악저
작권협회를 만들어 운영하는 것처럼, 실연권자들도 '한국음악실연자연
합회(http://www.fkmp.kr)'를 만들어 운영하고 있다.

2) 마스터권의 저작인격권과 저작재산권

음악을 만드는 데는 일정 규모 자본의 투자가 필요하다. 물론 저렴한
금액으로 음악을 만들 수 있고 컴퓨터와 시스템의 발달로 음악을 제작
하는 비용이 과거에 비해 많이 줄어든 것이 사실이다. 하지만 가수·아티
스트를 발굴하고 음악을 제작하는 데에는 자본이 필요하기 때문에 그것
을 투자한 음반제작자에게는 그에 해당하는 저작인접권이 주어지는 것
이다.

음반제작자는 실연권자와 비슷한 권리를 가지고 있는데, 실연권자에
게 있는 저작인격권이 음반제작자에게는 없다는 점이 다르다. 복제권과
배포권, 대여권, 전송권, 판매용 음반 방송 보상청구권, 디지털음성송신
보상 청구권, 판매용음반 공연보상 청구권이 존재하는데 이는 실연권자
와 같다.

보통 업계에서는 마스터권(master rights) 또는 원반권이라고 부르는데,
음반제작자가 마스터 원본 CD를 소유하고 그 권리를 가지고 있다는 뜻

에서 사용된다. 즉, 그 앨범에 나온 노래를 사용하기 위해서는 저작권자의 허락뿐만 아니라 음반제작자에게도 허락을 받아야 한다. 음반제작자의 역할을 대부분 기획사에서 수행하고 있기 때문에 마스터권에 대한 허락은 보통 기획사에 문의하면 된다.

음반제작자는 가지고 있는 권리 중 복제, 배포, 전송권을 대리중개업체(로엔엔터테인먼트, CJ E&M 등)나 저작인접물 신탁업체(한국음반산업협회)에 맡겨서 유통시키고 있다. 음반제작자는 앨범을 만드는데 집중하고 대리중개업체나 신탁업체는 음악이 사용되는 곳으로부터 사용료를 징수하고 분배하는 역할을 하는 것이다.

저작권료는 한국음악저작권협회에서, 실연권료는 한국음악실연자연합회에서 담당하는 것에 비해 음반제작자의 마스터권료가 하나의 단체로 귀속되지 않은 이유는 음악산업의 역사와 관련이 있다. 과거 음반제작자는 규모가 작고 경영상태가 안정적이지 않아 앨범을 제작하기 위해서는 유통사(대형 음반사)로부터 자본을 투자 받아야 했다. 유통사는 앨범 제작에 투자하는 대신에 그 안정장치로 음반제작자의 저작인접권을 대신 행사(대리 중개)하고 그 수수료를 받게 되었는데, 이는 음반제작자와 유통사 모두에게 이득이 되는 일이었다. 그래서 유통사가 저작인접권 대리중개를 하게 되어 현재까지 이르게 되었는데, 요즘 주식을 상장하여 대규모 자본을 확보한 음반제작자는 개별적으로 대리중개업체를 차리고 운영하여 수직계열화를 통한 수익을 극대화하고 있다.

유통사는 음반제작자의 전송권, 복제권을 대신 행사하여 서비스사들로부터 마스터권료를 수령하고 유통수수료를 공제한 후, 음반제작자에게 지급하고, 보상금의 경우는 한국음반산업협회(http://www.riak.or.kr)가 징수한 후, 수수료를 공제하고 음반제작자에게 분배하고 있다.

그렇다면 실연권료와 마스터권료가 어떻게 징수되어서 실연권자와 음반제작자에게 분배되는지 살펴보자.

🎧 실연권료의 징수와 분배

1) 실연권자 신탁사용료

신탁사용료란 실연자의 전송권, 복제권의 이용에 대한 사용료이다.

전송권 및 복제권은 실연자의 배타적 권리로서 해당 권리를 이용하기 위해서는 한국음악실연자연합회(이하 '음실련'으로 표기)로부터 사전 이용허락을 받아야 한다.

① 전송사용료

온라인 음악사이트에서 음악을 이용자들에게 전달해주기 위해서는 저작권자가 가지고 있는 전송권뿐만 아니라 실연권자가 가지고 있는 전송권도 필요하며, 해당서비스에 대한 수익을 실연권자들에게 지급해야 한다.

한국저작권위원회는 전송권 이용허락 편의를 위해 디지털저작권거래소(www.kdce.or.kr)를 운영하고 있으며, 이용자는 디지털저작권거래소 URL로 접속하여 음악저작물이용신청서를 제출하고, 음실련의 승인절차를 통해 음악저작물을 이용할 수 있다. 그러나 복제권 이용을 위해서는 음실련에 직접 방문 또는 연락을 하여 이용허락신청서를 제출하는 방법으로 복제권에 대한 승인을 받아야 한다.

실연권 전송사용료 규정은 저작권 전송사용료와 계산방식이 비슷하고 통상적으로 저작권의 60%를 적용하고 있다. 다음은 전송사용료에서 대표적인 스트리밍, 다운로드 징수규정 내용이다.

〈종량제 스트리밍〉

1회 스트리밍당 12원의 매출이 발생하여 저작권료는 1.2원(=12원×10%), 실연권료는 0.72원(=12원×6%)으로 곡당 단가를 계산하여 실연권료로 지급해야 한다.

전송사용료 = 0.72원(곡당 단가) × 이용횟수

〈정액제 무제한 스트리밍〉

한 달에 일정 금액을 내고 이용하는 무제한 스트리밍 서비스의 경우 종량제 스트리밍에 비해 50% 할인율을 적용 받아 곡당 단가를 0.36원(=0.72 원×50%)으로 계산한다. 다음 두 가지 방식 중 높은 금액으로 책정한다.

1. 전송사용료 = 0.36원(곡당 단가) × 이용횟수
2. 전송사용료 = 매출액 × 6% × 음악저작물관리비율[48]

〈종량제 다운로드〉

1개의 mp3 음악파일을 다운로드 받을 때, 소비자 가격은 600원이며,

---

48 한국음악실연자연합회 음악저작물관리비율은 70%로 추정되나 정산시기나 서비스에 따라 달라짐.

저작권료는 소비자 가격의 10%인 60원, 실연권료는 소비자 가격의 6%인 36원(=600원×6%)을 징수한다.

전송사용료 = 36원(곡당 단가) × 다운로드횟수

〈묶음 다운로드〉

30곡 이상 다운로드 받을 때는 종량제 다운로드 곡당 단가의 50%를 할인 적용 받아서 곡당 단가는 18원으로 떨어지며, 100곡 이상 받을 때는 곡당 단가가 9원(=16원×50%)까지 떨어진다. 30곡과 100곡 사이는 1곡 추가할 때마다 이전 단가보다 1% 더 할인해준다.

(30곡) 전송사용료 = 18원(곡당 단가) × 다운로드횟수
(100곡 이상) 전송사용료 = 9원(곡당 단가) × 다운로드횟수

〈기간제 다운로드〉

매달 연장해야만 들을 수 있는 음악 파일을 무제한 다운로드하는 서비스를 사용할 경우, 묶음 다운로드 곡당 단가의 38%만 적용하여, 30곡을 다운받았을 경우는 18원에서 6.84원(=18원×38%)으로, 100곡 이상을 다운받았을 경우 9원에서 3.42원(=9원×38%)으로 곡당 단가가 떨어진다. 30곡과 100곡 사이는 1곡 추가할 때마다 이전 단가보다 1% 더 할인해준다.

(30곡) 전송사용료 = 6.84(곡당 단가) × 다운로드횟수
(100곡 이상) 전송사용료 = 3.42원(곡당 단가) × 다운로드횟수

〈결합상품(스트리밍+다운로드)〉

스트리밍 서비스와 묶음 다운로드 또는 기간제 다운로드를 함께 이용하며, 무제한 스트리밍 사용료를 추가로 50% 할인해주게 된다

〈배경음악서비스〉

다음 두 가지 방식 중 높은 금액으로 실연권료를 징수한다.

1. 곡당 12.5원 × 판매횟수 × 음악저작물관리비율
   × 할인율(6개월 이하 기간제한 0.9)
2. 매출액 × 2.5% × 음악저작물관리비율
   × 할인율(6개월 이하 기간제한 0.9)

〈방송물 재전송서비스〉

다음 두 가지 방식 중 높은 금액으로 실연권료를 징수한다.

1. 매출액 × 음악사용료율(1.25%) × 음악저작물관리비율
2. 월정액 30원 × 이용자수 × 음악저작물관리비율

② 복제사용료

복제는 영화, 광고, UCC 등의 영상물에 음악을 삽입하거나, 뮤직비디오, 공연실황 및 이와 유사한 영상물에 음악을 사용하는 것을 말하며 이에 대한 실연자의 권리 사용료를 말한다.

다음은 영화, 광고에 음악을 집어넣으려면 음실련에 지급해야 하는 복제사용료의 기준이다.

사용량에 따른 구분	5초 이상 1분 미만	1분 이상 5분 미만	5분 이상
일반 상업 영화	100만원	200만원	300만원
저예산 독립영화 (순제작비 4억원 미만)	20만원	40만원	60만원
영화제 출품	4만원	8만원	12만원

〈표 4-17. 한국음악실연자연합회 영화 음악 복제사용료〉

구분	지상파TV	라디오	케이블TV	인터넷	극장	기타
1개월미만	75만원	50만원	50만원	15만원	15만원	25만원
3개월미만	125만원	75만원	75만원	25만원	25만원	50만원
6개월미만	175만원	125만원	125만원	35만원	35만원	62.5만원
9개월미만	225만원	175만원	175만원	40만원	40만원	75만원
12개월미만	275만원	225만원	225만원	50만원	50만원	85만원

〈표 4-18. 한국음악실연자연합회 광고 음악 복제사용료〉

뮤직비디오나 공연실황의 경우 다음 계산식으로 복제사용료를 지급해야 한다.

복제사용료 = 출고가 × 음악사용료율(3.5%) × 제작수량 × 할인율[49] × 음악저작물관리비율

단, 다큐멘터리, 드라마, 교양, 시사 등 음악저작물이 부수적으로 수반되는 비디오 등 영상저작물의 경우는 다음과 같이 음악사용료율을 낮게 적용하고 음악이 사용된 시간을 비례하여 복제사용료를 징수한다.

---

[49] 할인율이란 제작, 판매 과정에서 예상되는 반품, 재고, 폐기 등을 감안하여 할인하는 비율을 말하며, 제작자와 상호 협의하여 정함.

복제사용료 = 출고가 × 음악사용료율(2.5%) × (음악저작물 합계사용시간/총
재생시간) × 제작수량 × 할인율 × 음악저작물관리비율

음실련에서는 관리수수료를 공제한 후 실연권자들에게 분배하고 있
다. 관리수수료를 얼마만큼 적용하는지는 공개되지 않고 있다.

2) 실연권자 보상청구권

앞에서 말한대로 실연자는 전송권과 복제권을 이용하여 전송과 복제
를 허락하거나 금지할 수 있지만, 공연권과 방송권은 이용을 금지할 수
있는 권리는 없고 이용에 대한 보상금을 받을 권리만 있다. 이런 보상금
에 대한 보상청구권을 가지게 되는데, 총 세가지 종류의 보상청구권이
존재한다.

① 판매용음반 방송보상청구권

음반은 통상 개인용 또는 가정용으로 사용될 것을 예상하고 판매되고
있는데 방송사업자 등이 이들 음반을 영업용으로 사용하는 것은 2차적
사용이다. 방송사업자가 실연이 녹음된 판매용 음반을 사용하여 방송
하는 경우에는 그 실연자에게 판매용음반 방송사용보상금을 지급해야
한다. 보상청구권이기 때문에 실연자가 음악의 사용을 금지할 수는 없
고 사용에 대한 보상금을 받을 수 있는 권리만 존재한다.

보상금의 계산방식은 다음과 같다.

방송보상금 = 매출액 × 음악사용료율 × 조정계수

음실련에서는 보상청구권이 비배타적인 권리이기 때문에 방송국이나 채널마다 음악사용료율과 조정계수가 다르게 설정되어 공개하지 않는다.

음실련에서는 관리수수료를 20% 이내로 적용하여 실연권자들에게 분배하고 있다.

② 디지털음성송신 보상청구권

저작권의 종류에서 살펴본 대로 '전송'과 '방송' 사이에 있는 개념이 '디지털음성송신'이다. 디지털음성송신에서도 실연자는 음악의 사용을 금지할 수는 없고 사용에 대한 보상금을 받을 수 있는 권리만 존재하게 된다. 보상금의 계산방식은 다음과 같다.

디지털음성송신 보상금 = 매출액 × 음악사용료율 × 조정계수

판매용음반 방송보상금과 같이 음악사용료율과 조정계수는 공개하지 않으며, 음실련에서는 관리수수료를 20% 이내로 적용하여 실연권자들에게 분배하고 있다.

③ 판매용음반 공연보상청구권

공연보상금은 일반 영업장 등 한정된 공간에서 대중들에게 음악을 틀어주는 행위(공연행위)에 대하여, 영업장이 음악실연자(가수·연주자 등)에게 납부하는 보상금이다. 마찬가지로 음악을 공연되는 것을 막을 수는 없고 보상금만 받을 수 있다. 보상금의 계산방식은 다음과 같다.

공연보상금 = 매출액 × 음악사용료율 × 조정계수

판매용음반 방송보상금, 디지털음성송신 보상금과 같이 음악사용료율과 조정계수는 공개하지 않으며, 음실련에서는 관리수수료를 35% 이내로 적용하여 실연권자들에게 분배하고 있다. 판매용음반 방송보상금과 디지털음성송신 보상금의 경우 각 방송국과 서비스사에서 보상금 근거자료를 큐시트와 로그데이터로 받는 반면에, 판매용음반 공연보상금은 각 영업장마다 별도 관리해야 하기 때문에 관리수수료 비율이 비교적 높은 편이다.

3) 실연권료의 실연자 분배비율

대부분 한 곡에 여러 명의 실연자들이 참여하게 되어 다음과 같이 실연자를 구분하여 실연권료를 분배한다.

주실연자: 성악가, 가수·아티스트, 연주자 중에서 그 실연이 전체 실연에서 중요한 역할을 담당한 실연자
부실연자: 악단 또는 합창단의 구성원이거나 반주를 제공하는 성악가, 가수, 연주자[50]

보통 노래에서 가창을 담당하는 가수·아티스트가 주실연자가 되고 반주를 담당하는 연주자들이 부실연자가 된다. 그래서 1곡에 대해 주실연

---

50 대중음악에서는 지휘자를 통해 연주하는 경우가 매우 드물기 때문에 지휘자에 해당하는 부분은 표시에서 제외하였음.

자와 부실연자가 각각 50%씩 실연권의 분배율을 인정받게 된다. 다만 주실연자와 부실연자가 여러 명 참여하였을 경우 참여 인원수로 분배율을 나누게 된다.

예를 들어 A라는 가수·아티스트가 '너를 진짜 사랑해'라는 곡을 가창하고, B·C·D·E·F 총 5명이 반주를 했다면 A는 주실연자로 해당 곡의 실연권 50%를 가지게 되며 각 반주자들은 부실연자로 50%를 5명이 나누게 되어 각 10%씩 실연권 분배율을 갖게 된다. 요즘 피처링[51](featuring) 참여를 많이 하는데 이 경우 피처링 실연자는 주실연자로서 공동실연한 것으로 보아 주실연자의 실연권을 절반 갖게 된다. 또한 보컬이 있는 밴드의 경우 보컬과 밴드는 모두 주실연자로서 공동실연한 것으로 본다.

다음은 또 다른 인접권자인 음반제작자의 마스터권료 징수와 분배에 대해 알아보도록 하겠다.

🎧 마스터권료의 징수와 분배

저작인접권자인 음반제작자는 전송권과 복제권, 판매용음반 방송보상 청구권, 디지털음성송신보상 청구권, 판매용음반 공연보상청구권을 가지고 있다. 음반제작자는 보통 전송권과 복제권에 대해서는 대리중개업체나 신탁관리단체에게 맡기고 있기 때문에 마스터권료를 직접수령하지 않는다. 대리중개업체나 신탁관리단체가 각 서비스사로부터 마스터권료를 대신 징수한 후 수수료를 공제하고 음반제작자에게 지급한다. 반면에 각종 보상금은 직접 수령하고 있다.

---

51 곡의 원래 가수가 아닌 다른 가수가 곡의 특정 부분을 불러주는 것

1) 음반제작자 전송사용료

전송에 대해서는 다음과 같은 요율이 적용되는데 각 대리중개업체마다 모두 다르기 때문에 해당 업체와 계약 시 정확한 요율이 정해진다. 다만, 저작권료가 판매가격의 10%, 실연권료가 판매가격의 6% 수준에서 결정되는 것에 비해, 마스터권료는 스트리밍의 경우 판매가격의 44~50%, 다운로드의 경우 44~60% 범위에서 결정된다.

① 스트리밍 서비스

〈종량제 스트리밍〉

스트리밍 1회당 12원의 매출이 발생하고, 저작권료는 1.2원(=12원×10%), 실연권료는 0.72원(=12원×6%), 마스터권료는 5.28~6.0원(=12원×44%~50%)으로 곡당 단가가 정해진다. 따라서, 종량제 스트리밍 서비스에서 마스터권의 전송사용료는 다음과 같은 식으로 계산된다.

전송사용료 = 5.28~6.0원(곡당 단가) × 이용횟수

〈정액제 무제한 스트리밍〉

한 달에 무제한 스트리밍 서비스를 이용하게 되면 종량제 스트리밍에 비해 곡당 단가는 50% 할인 받게 되어, 마스터권료는 2.64~3.0원(=5.28~6.0원×50%)으로 떨어진다.

다음 두 가지 방식 중 높은 금액으로 마스터권 전송사용료를 책정한다.

1. 전송사용료 = 2.64~3.0원(곡당 단가) × 이용횟수

2. 전송사용료 = 매출액 × 44~50% × 해당 음악 사용 비율[52]

② 다운로드 서비스
〈종량제 다운로드〉

mp3 음악파일 다운로드 1건당 600원의 매출이 발생하고, 저작권료는 60원(=600원×10%), 실연권료는 36원(=600원×6%), 마스터권료는 264~360원(=600원×44%~60%)으로 곡당 단가가 정해진다. 스트리밍(44%~50%)보다 다운로드(44~60%)의 곡당 단가가 높은 이유는 다운로드 서비스의 경우 스트리밍과 달리 서비스사의 비용이 적게 들어 높은 마스터권 요율을 적용하기 때문이다.

전송사용료 = 264~360원(곡당 단가) × 다운로드횟수

〈묶음 다운로드〉

30곡 이상 다운로드 받을 때는 종량제 다운로드 곡당 단가의 50%를 할인 적용 받아서 곡당 단가는 132~180원(=264~360원×50%)으로 떨어지며, 100곡 이상 받을 때는 30곡 다운로드에 비해 50% 할인되어 단가가 66~90원(=132~180원×50%)까지 떨어진다. 30곡과 100곡 사이는 1곡 추가할 때마다 이전 단가보다 1% 더 할인해준다.

(30곡) 전송사용료 = 132~180원(곡당 단가) × 다운로드횟수

(100곡 이상) 전송사용료 = 66~90원(곡당 단가) × 다운로드횟수

---

52 해당 음반제작자가 보유하고 있는 마스터권에 해당하는 음악 사용 비율을 뜻함.

〈기간제 다운로드〉

매달 연장해야만 들을 수 있는 음악 파일을 무제한 다운로드하는 서비스를 사용할 경우, 묶음 다운로드 곡당 단가의 38%만 적용하여, 30곡을 다운받았을 경우는 50.16~68.4원(=132~180원×38%)으로, 100곡 이상을 다운받았을 경우 25.08~34.2원(=66~90원×38%)으로 곡당 단가가 떨어진다. 30곡과 100곡 사이는 1곡 추가할 때마다 이전 단가보다 1% 더 할인해준다.

(30곡) 전송사용료 = 50.16~68.4원(곡당 단가) × 다운로드횟수

(100곡 이상) 전송사용료 = 25.08~34.2원(곡당 단가) × 다운로드횟수

〈결합상품(스트리밍+다운로드)〉

스트리밍 서비스와 묶음 다운로드 또는 기간제 다운로드를 함께 이용하면, 무제한 스트리밍 사용료를 추가로 50% 할인해주게 된다

〈배경음악서비스〉

다음 두 가지 방식 중 높은 금액으로 마스터권료를 징수한다.

1. 곡당 단가 × 판매횟수 × 음악저작물관리비율
   × 할인율(6개월 이하 기간제한 0.9)

2. 매출액 × 음악사용료율(30~50%) × 음악저작물관리비율
   × 할인율(6개월 이하 기간제한 0.9)

곡당 단가는 음반제작자 또는 유통사별로 다르게 적용한다.

대리중개업체나 신탁단체는 서비스사들로부터 위의 계산식대로 징수한 전송사용료에서 유통수수료 15~25%를 공제한 후, 음반제작자에게 지급한다.

2) 음반제작자 복제사용료

음악을 영화나 광고에 삽입할 경우 저작권자와 실연권자에게 허락을 받듯이 음반제작자에게도 허락을 받아야 한다. 확정된 복제사용료는 없고 히트곡 또는 신곡의 여부에 따라 조정되며, 보통 저작권료와 동일한 수준을 받는 경우가 대부분이다.

3) 음반제작자 보상청구권

음반제작자도 방송과 디지털음성송신, 공연에서 음악의 사용을 막을 수는 없지만 사용된 음악에 대해 보상받을 수 있는 권리가 있으며 해당 보상권에 대해서는 한국음반산업협회(이하 '음산협'으로 표기)에서 통합하여 징수와 분배를 맡고 있다.

① 판매용음반 방송보상청구권
방송보상금 = 매출액 × 음악사용료율 × 조정계수

음산협에서는 보상청구권이 비배타적인 권리이기 때문에 방송국이나 채널마다 음악사용료율과 조정계수가 다르게 설정되어 공개하지 않는다.
음산협에서는 관리수수료를 29% 이내로 적용하여 각 음반제작자들에게 분배하고 있다.

② 디지털음성송신 보상청구권

디지털음성송신 보상금 = 매출액 × 음악사용료율 × 조정계수

판매용음반 방송보상금과 같이 음악사용료율과 조정계수는 공개하지
않으며, 음산협에서는 관리수수료를 28% 이내로 적용하여 음반제작자
들에게 분배하고 있다.

③ 판매용음반 공연보상청구권

공연보상금 = 매출액 × 음악사용료율 × 조정계수

판매용음반 방송보상금, 디지털음성송신 보상금과 같이 음악사용료율
과 조정계수는 공개하지 않으며, 음산협에서는 관리수수료를 35% 이내
로 적용하여 음반제작자들에게 분배하고 있다.

6. 요약 정리

1. 저작권의 기본 개념

저작물: 사람의 사상이나 감정을 독창적으로 표현한 창작물(소설, 시, 음악, 연극, 회화, 조각, 사진, 영상물 등)

저작자: 저작물을 만든 사람

저작권: 저작자의 명예와 인격적, 경제적 이익을 보호하기 위한 권리

저작권자: 저작권을 가진 사람, 저작자가 저작권을 양도하거나 상속해 주면 저작자와 저작권자가 달라짐.

2. 저작권의 발생과 소멸

저작권은 저작물을 창작할 때부터 자동으로 발생하며, 저작자의 사망 후 70년까지 보호받음.

3. 음악저작물 이용허락

1) 저작권자와 직접 협의

2) 음악저작권협회 이용허락

3) 법정허락 이용허락

4. 저작권 적용의 예외

학문 및 예술의 발전과 공공의 이익을 위하여 교육 목적 또는 영리를 목적으로 하지 않는 공연, 방송 등 몇 가지 예외의 경우에는 저작물을 허락없이 사용할 수 있음.

5. 저작물의 등록 시 유리한 점

1) 저작권 등록을 하면 일정한 법적 추정력을 부여 받음.
2) 저작권을 양도하거나 상속할 때에도 제3자에 대한 대항력을 갖출 수 있음.
3) 저작권료를 빠르게 분배 받을 수 있음.

6. 저작권 보호의 이유

음식을 먹고 대가인 돈을 지불하듯이 이와 마찬가지로 저작물 사용에 대해 그 대가를 지불하는 것은 자본주의 사회에서 당연한 원칙임. 음악 저작권에 대한 이해와 저작권을 보호하는 것은 단순히 저작권자들만을 보호하는 것에 그치지 않고 우리 사회 전체에 이득이 됨.

7. 저작권 종류

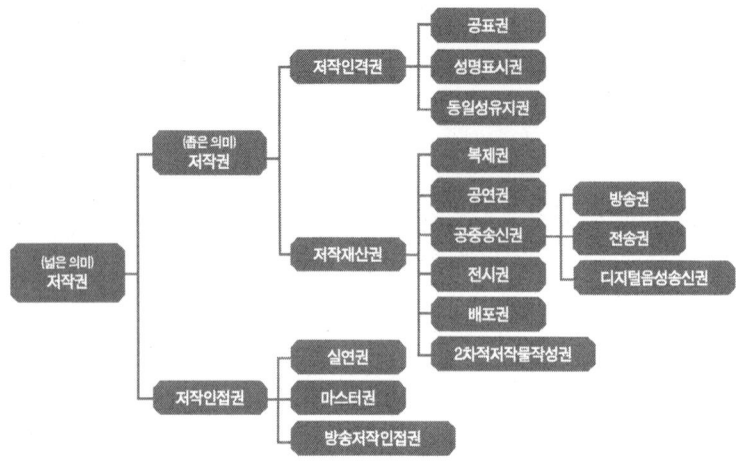

1) 저작인격권: 저작자의 명예와 인격적 이익을 보호하기 위한 권리

   ① 공표권: 저작권자가 저작물을 일반에게 공표하거나 공표하지 않을 권리

   ② 성명표시권: 저작자 자신의 이름을 저작물에 표시할 권리

   ③ 동일성유지권: 저작자가 저작물의 내용이 부당하게 바뀌지 않도록 금지할 수 있는 권리

2) 저작재산권: 저작권자의 경제적 이익을 보호하기 위해 행사하는 권리

   ① 복제권: 다른 사람들로 하여금 복제를 허락하거나 금지할 수 있는 권리

   ② 공연권: 저작권자가 자신의 노래가 공연될 수 있도록 또는 공연되지 않도록 할 수 있는 권리

③ **공중송신권**: 음악을 공중이 들을 수 있도록 무선 또는 유선 통신을 통해 송신하거나 제공하거나 금지할 수 있는 권리.

　· **방송권**: 공중이 동시에 수신할 수 있도록 음과 영상을 보낼 수 있는 권리

　· **전송권**: 공중의 구성원이 개별적으로 선택한 시간과 장소에서 저작물을 이용할 수 있도록 음악을 보낼 수 있는 권리

　· **디지털음성송신권**: 공중이 동시에 수신할 수 있고 공중의 요청에 의하여 개시되는 디지털방식의 음악을 보낼 수 있는 권리이며, 전송을 제외함

④ **배포권**: 저작물의 원본 혹은 그 복제물을 대가를 받거나 받지 않고 일반 공중에게 양도 혹은 대여할 수 있는 권리

⑤ **2차적저작물작성권**: 음원저작물을 번역, 편곡하여 독창적인 저작물로 제작하고 이를 이용하도록 할 수 있는 권리

8. 저작권료 징수와 분배

구분	세부항목	계산식	수수료
공연사용료	연주회	매출액 × 음악사용료율(1~3%) × 음악저작물관리비율	19%이내
	프로스포츠 경기장	입장료 수입 × 음악사용료율(0.2%) × 음악저작물관리비율	19%이내
	유원시설	(입장료 수입+음악사용 놀이기구 이용료 수입) × 음악사용료율(0.11%) × 음악저작물관리비율	19%이내
	영업장	영업허가면적 기준 월정액	22%이내
	호텔	객실 수 기준 월정액	15%이내
	백화점, 마트	영업허가면적 기준 월정액	15%이내

공연사용료	항공기	탑승중·비행중 구분하고 좌석수 비례하여 월정액	15%이내
방송사용료	방송국, 채널별	매출액 × 음악사용료율 × 조정계수 × 음악저작물관리비율	9%이내
전송사용료	종량제 스트리밍	1.2원(곡당 단가) × 이용횟수	9%이내
	정액제 스트리밍	1) 0.6원(곡당 단가) × 이용횟수 2) 매출액 × 10% × 음악저작물관리비율	
	종량제 다운로드	60원(곡당 단가) × 다운로드횟수	
	묶음 다운로드	(30곡)30원(곡당 단가) × 다운로드횟수 (100곡 이상)15원(곡당 단가) × 다운로드횟수	
	기간제 다운로드	〈묶음 다운로드 곡당 단가의 38%만 적용〉 묶음(30곡) : 곡당 단가 11.4원 묶음(100곡 이상) : 곡당 단가 5.7원	
	결합상품 (스트리밍+다운로드)	스트리밍 사용료 50% 추가 할인	
	배경음악서비스	1) 곡당 25원 × 판매횟수 × 음악저작물관리비율 × 할인율(6개월 이하 기간제한일 경우 0.9) 2) 매출액 × 5% × 음악저작물관리비율 × 할인율(6개월 이하 기간제한일 경우 0.9)	
전송사용료	방송물 재전송서비스	1) 매출액 × 음악사용료율(2.5%) × 음악저작물관리비율 2) 월정액 60원 × 이용자수 × 음악저작물관리비율	9%이내
	디지털음성송신 (웹캐스팅) 인터넷 방송국	1) 월정액 75원 × 가입자수 × 음악저작물관리비율 2) 매출액 × 음악사용료율(2.5%) × 음악저작물관리비율	
	디지털음성송신 (웹캐스팅) 매장음악서비스	1) 월정액 800원 × 가입자수 × 음악저작물관리비율 2) 매출액 × 음악사용료율(4%) × 음악저작물관리비율	
복제 및 배포 사용료	음반(카세트, CD)	출고가 × 음악사용료율(9%) × (승인곡수/수록곡수) × 제작수량 × 할인율	9%이내

복제 및 배포 사용료	영상물(DVD)	출고가 × 음악사용료율(7%) × (승인곡수/수록곡수) × 제작수량 × 할인율	9%이내
	노래반주기	곡당단가(신곡 출고가 × 9% / 수록곡수) × 사용관리곡수 × 판매수량	9%이내
	영화 영상물, 광고음악	상업영화, 독립영화의 여부와 함께 영화에 삽입되는 음악 시간 기준	영화 14.5%이내, 광고 14%이내
	영화음악 공연사용료	논의 중	-

비고) 묶음 다운로드와 기간제 다운로드는 연도별 차등 없이 2016년을 기준으로 곡당 단가 계산함.

9. 음악저작권료 작품자 분배 비율

작곡자 = 5/12

작사자 = 5/12

편곡가 = 2/12

10. 저작권자의 전망

저작권의 강화와 함께 음악산업의 발전으로 저작권자의 전망은 매우 밝지만, 흥행산업의 특성상 부익부 빈익빈 상황이 계속 될 수 밖에 없는 것이 현실인 것을 감안해야 함.

11. 저작인접권

저작인접권 : 저작권과 아주 밀접하게 관련(인접)되어 있는 권리.

12. 실연권의 징수와 분배

구분	세부항목	계산식	수수료
전송사용료	종량제 스트리밍	0.72원(곡당 단가) × 이용횟수	비공개
	정액제 스트리밍	1) 0.36원(곡당 단가) × 이용횟수 2) 매출액 × 6% × 음악저작물관리비율	
	종량제 다운로드	36원(곡당 단가) × 다운로드횟수	
	묶음 다운로드	(30곡)18원(곡당 단가) × 다운로드횟수 (100곡 이상)9원(곡당 단가) × 다운로드횟수	
	기간제 다운로드	〈묶음 다운로드 곡당 단가의 38%만 적용〉 묶음(30곡) : 곡당 단가 6.84원 묶음(100곡 이상) : 곡당 단가 3.42원	
	결합상품 (스트리밍+다운로드)	스트리밍 사용료 50% 추가 할인	
	배경음악서비스	1) 곡당 12.5원 × 판매횟수 × 음악저작물관리비율 × 할인율(6개월 이하 기간제한 0.9) 2) 매출액 × 2.5% × 음악저작물관리비율 × 할인율(6개월 이하 기간제한 0.9)	
	방송물 재전송서비스	1) 매출액 × 음악사용료율(1.25%) × 음악저작물관리비율 2) 월정액 30원 × 이용자수 × 음악저작물관리비율	
복제 및 배포 사용료	영상물(DVD)	출고가 × 음악사용료율(3.5%) × 제작수량 × 할인율 × 음악저작물관리비율	
	영화 영상물, 광고음악	상업영화, 독립영화의 여부와 함께 영화에 삽입되는 음악 시간 기준	

비고) 묶음 다운로드와 기간제 다운로드는 연도별 차등 없이 2016년을 기준으로 곡당 단가 계산함.

13. 실연권자 보상청구권

구분	계산식	수수료
판매용음반 방송보상금	매출액 × 음악사용료율 × 조정계수	20% 이내
디지털음성송신 보상금	매출액 × 음악사용료율 × 조정계수	20% 이내
판매용음반 공연보상청구권	매출액 × 음악사용료율 × 조정계수	35% 이내

14. 실연권료의 실연자 분배비율

가창을 담당하는 가수·아티스트가 주실연자가 되고 반주를 담당하는 연주자들이 부실연자가 됨. 1곡에 대해 주실연자와 부실연자가 각각 50%씩 실연권의 분배율을 인정받으며, 주실연자와 부실연자가 여러 명 참여하였을 경우 참여 인원수로 분배율을 나눔.

15. 마스터권의 징수와 분배

구분	세부항목	계산식	수수료
전송사용료	종량제 스트리밍	5.28~6.0원(곡당 단가) × 이용횟수	15~25%
	정액제 스트리밍	1) 2.64~3.0원(곡당 단가) × 이용횟수 2) 매출액 × 44~50% × 음악저작물관리비율	
	종량제 다운로드	264~360원(곡당 단가) × 다운로드횟수	
	묶음 다운로드	(30곡) 132~180원(곡당 단가) × 다운로드횟수 (100곡 이상) 66~90원 (곡당 단가) × 다운로드횟수	
	기간제 다운로드	〈묶음 다운로드 곡당 단가의 38%만 적용〉 묶음(30곡) : 곡당 단가 50.16~68.4원 묶음(100곡 이상) : 곡당 단가 25.08~34.2원	

결합상품 (스트리밍+다운로드)	스트리밍 사용료 50% 추가 할인	
배경음악서비스	1) 곡당 단가 × 판매횟수 × 음악저작물관리 비율 × 할인율(6개월 이하 기간제한 0.9) 2) 매출액 × 30~50% × 음악저작물관리비 율 × 할인율(6개월 이하 기간제한 0.9)	
복제 및 배포 사용료	영상물(DVD)	별도 협의
	영화 영상물, 광고음악	별도 협의

비고) 묶음 다운로드와 기간제 다운로드는 연도별 차등 없이 2016년을 기준으로 곡
당 단가 계산함.

16. 음반제작자 복제사용료

음악을 영화나 광고에 삽입할 경우 저작권자와 실연권자에게 허락을
받듯이 음반제작자에게도 허락을 받아야 함. 보통 저작권료와 동일한
수준을 받음.

17. 음반제작자 보상청구권

구분	계산식	수수료
판매용음반 방송보상금	매출액 × 음악사용료율 × 조정계수	29% 이내
디지털음성송신 보상금	매출액 × 음악사용료율 × 조정계수	28% 이내
판매용음반 공연보상청구권	매출액 × 음악사용료율 × 조정계수	35% 이내

이번 장에서는 저작권과 저작인접권에 대한 설명과 각 권리별로 어떻게 돈을 징수하고 분배하는지 알아보았다. 뮤직비즈니스에서 저작권은 마치 나무의 뿌리에 해당할 만큼 중요한 부분을 차지한다. 뮤직비즈니스가 발전한다는 것은 저작권이 그만큼 잘 보호받는다는 것을 뜻하고, 저작권자인 작곡가, 작사가, 편곡가뿐만 아니라 저작인접권자인 가수·아티스트, 음반제작자 모두가 이롭다는 것을 의미한다. 다음 장에서는 뮤직비즈니스의 주인공인 가수·아티스트에 대해 살펴보겠다.

05
가수·아티스트

뮤직비즈니스의 주인공

Shake my left hand. It's closer to my heart.
- Jimi Hendrix

왼손으로 악수합시다. 그 쪽이 내 심장하고 가까우니.
- 지미 핸드릭스

가수·아티스트는 뮤직비즈니스의 주인공이다. 아무리 작품자가 곡을 멋있게 만들어도 결국 가수·아티스트가 부르지 않으면 소용이 없기 때문이다. 각 나라마다 매니지먼트 시스템이 다르기 때문에 뮤직비즈니스에서 가수·아티스트의 역할이 조금씩 다른데, 다음 장인 '기획사'부분에서 매니지먼트 시스템에 대한 비교를 자세히 하기로 하고, 이번 장에서는 가수·아티스트가 되기 전에 고려해야 하는 것들과 가수·아티스트가 되고 나서 신경 써야 할 것들에 대해 살펴보겠다. 특히, 가수·아티스트와 직접 커뮤니케이션하는 매니지먼트 담당자들이나 뮤직비즈니스의 다른 종사자들이 가수·아티스트를 키우고 관련 활동을 지원할 때, 좀 더 정확한 사실을 공유해서 서로에 대한 이해도를 높이는 데 도움이 되었으면 한다.

1. 가수·아티스트가 되고 싶은 이유

　누구나 한번쯤 가수·아티스트가 되는 것을 꿈꾼다. 큰 감동을 주는 음악을 듣거나, 신나서 나도 모르게 몸을 움직이게 하는 음악을 듣게 되면, 그런 음악을 부르고 연예활동을 하는 가수·아티스트들에 대해 관심을 갖게 되고 결국 자신도 그들과 같은 사람이 되고 싶어한다. 마치 아기들이 자신의 우상인 부모님을 보고 배우는 것처럼 가수·아티스트 지망생들은 그들이 좋아하는 가수·아티스트처럼 되고 싶은 꿈을 꾼다.

　과거 가수·아티스트는 돈을 많이 벌지 못한다는 경제적인 측면이나 '딴따라'로 경시받는 등 사회적인 인식이 좋지 않은 적도 있었지만, 이제는 하나의 산업을 이룬 음악산업에서 중추적인 역할을 하는 존재가 되었다. 인기를 끌게 되면 돈도 많이 벌고, 대중으로부터 특별하게 취급 받아 사회적으로도 대우받는 직업이 되었다. 그래서, 더욱 가수·아티스트를 지망하는 사람들이 늘어나게 되었고, 예전과 달리 부모님들도 자식들의 꿈을 이루는데 물심양면 지원을 아끼지 않는 상황이다.

　이렇게 자신이 좋아하는 음악을 팬들에게 들려주고, 대중이 선망하는 삶을 살고, 돈도 잘 벌고 사회적으로도 인정받을 수 있으니 청소년들의 장래희망에서 1, 2순위를 차지하는 것이 이상하지 않은 현상이다.

2. 가수·아티스트가 될 확률

하지만, 이렇게 좋고 멋있어 보이는 가수·아티스트가 되는 것은 쉽지 않다. 어느 정도 춤과 노래를 타고 난 사람들 말고도, 재능은 부족하지만 노력으로 극복하고자 하는 지망생까지 합치면 무수히 많다. 음악아카데미나 학원에서 몇 달~몇 년 간 노력해서 기획사에 연습생으로 들어가는 것도 어렵지만, 연습생에서 실제 가수·아티스트라는 타이틀을 달고 데뷔하는 것도 확실한 보장이 없다. 그리고 데뷔한다고 해도 대중의 머리 속에 남아 있을 확률도 그리 높지 않다.

가수·아티스트가 되는 것은 종종 프로야구 선수 되는 것과 비교될 때가 있다. 초등학생 때부터 대학생까지 프로야구 선수가 되기 위해 수많은 야구부 활동을 하면서 노력하지만 억대 연봉을 받는 프로야구 선수가 될 확률이 적은 것과 비슷하다. 그래도 야구의 경우 공을 잘 던지고 잘 때리는 것이 비교적 눈으로 쉽게 드러나기 때문에, 각종 대회에 우승하거나 좋은 성적을 내면 상위학교로 진급이 가능하다. 그러나 더 이상 역량이 안된다고 판단되면 탈락하는 시스템이 있기 때문에 계속 프로야구 선수를 꿈꾸어야 할지 아니면 다른 길을 찾아야 할지 그나마 객관적인 판단을 할 수 있다.

하지만, 가수·아티스트의 경우 중고등학교 때 야구처럼 학교에서 준비할 수 있는 시스템이 거의 없다. 그래서, 학업을 모두 마치고 음악학원을 통해 각종 기획사, 방송프로그램 오디션을 준비하게 된다. 그렇게 준비한다고 해서 노래나 춤 실력을 어느 정도 향상시킬 수는 있지만, 야구처럼 경연 대회의 입상 경력이 성공을 보장하지도 않고, 주관적인 요소가 강하기 때문에 언제까지 노력을 해야 하는지 정해진 기준이 없어서 언제까지 준비만 해야 할지 결정하기가 쉽지 않다.

 ## 3. 가수·아티스트의 현실

   어려운 경쟁을 뚫고 긴 시간 준비해서 가수·아티스트로 데뷔를 하게 되면 처음에는 스케줄을 소화하느라 정신이 없다. 하지만, 조금만 지나면 자신이 생각했던 것과 다른 현실에 대해서 심각하게 고민을 한다. 물론 수없이 많은 탈락자들에게는 그런 고민 자체가 '행복에 겨운 푸념'일 수 있겠지만, 가수·아티스트로서의 삶에 대한 진지한 고민이나 사전지식이 없으면 누구나 거칠 수 밖에 없는 통과의례와 같은 것이다.

   그렇지만, 무슨 일이든 실제는 상상하던 것과는 다르다. 우리는 2장에서 가수·아티스트를 '대중음악을 부르거나 연주하는 사람'이라고 정의했다. 하지만, 실제로는 가수·아티스트가 노래와 연주만 하는 것이 아니다. 자본력이 있는 기획사에 속한 가수·아티스트의 경우 요즘은 거의 필수적으로 가수·아티스트가 음악 프로그램이 아닌 TV 드라마나 예능 프로그램에 출연할 뿐만 아니라, 각종 프로그램의 사회(MC), 게스트나 영화에도 출연한다. 어떻게 보면 앨범을 내고 활동하는 것이 부업이고 다른 연예 활동이 주업으로 비춰질 때도 있다. 기획사와 가수·아티스트의 입장에서는 음악 이외의 활동에 참여해서 음악을 알릴 수 있는 기회를 잡을 수 있는 장점이 있고, 방송국이나 미디어 입장에서는 낮은 출연료와 어느 정도 팬을 확보한 신선한 인재를 쓸 수 있는 장점이 있어 상호간의 이해가 잘 맞아 떨어지기 때문에 앞으로도 이러한 현상이 지속될 가능성이 높다.

오히려, 유명한 스타가 되기 위한 기반을 마련하기 위해 가수·아티스트로 활동하는 이들도 있고, 음악만 하고 싶지만 현실과 적당히 타협하는 차원에서 음악의 홍보 수단으로 연예 활동을 하는 가수·아티스트들도 있다. 가수·아티스트가 음악 이외의 다른 활동을 한다는 것 자체가 문제는 아니다. 다양한 매체와 수단을 통해 팬과 가수·아티스트의 소통을 원하는 시대의 변화에 적응하는 것은 반드시 필요하기 때문이다. 또한 대중음악 자체가 순수음악보다는 더 대중과 가까이 호흡하며 존재하는 장르이기 때문인 이유도 있다.

반면에 그런 홍보활동을 하고 싶어도 하기 힘든 가수·아티스트들도 많이 있다. 한두 장의 앨범을 발매하고 여러 행사나 공연 활동을 해도 대중의 관심을 끌지 못하면 결국 음악 외적인 경제활동을 해야만 한다. 각종 아르바이트나 전문 기술이 있는 경우 그것을 활용하여 돈을 벌어 생활을 유지해야 한다. 자신의 역량을 더 키우면서 어떻게든 다시 기회를 잡기 위해 기다리며 노력을 하는 것이다. 다른 비즈니스와 마찬가지로 뮤직 비즈니스도 냉정하다. 아무리 힘들게 만든 음악이라 하더라도 대중의 사랑을 받지 못하면 외면당하는 것이다. 다만, 음악이 대중의 사랑을 받아 많이 이용되었음에도 그 수익이 제대로 분배되지 않는 것은 불합리한 것이며, 그것은 반드시 개선되어야 한다.

4. 그래도, 한번 도전해봐?

가수·아티스트가 되고 싶은 사람은 너무 많아서 경쟁이 치열하고, 설사 데뷔를 해서 활동을 한다고 해도 극소수를 제외하고는 음악활동을 지속하기 힘들다는 사실을 길게 말한 이유는 단 하나이다. 가수·아티스트가 되어 뮤직비즈니스에 뛰어들고 싶다면 그만큼 각오를 단단히 하라는 것이다.

아름다운 장미에 가시가 있듯이, 화려하고 쉽게 보일수록 그 반대로 어려움과 고충이 더 크다. 하지만, 장미에 가시가 있는 것을 미리 알고, 조심해서 찔리지 않게 장미를 잡는다면 장미의 아름다움을 가질 수 있다.

아무리 가수·아티스트가 되는 것이 힘들더라고, 정말 하고 싶으면 일단 도전해 보는 것이 좋다. 너무 하고 싶은데, 도전 할 기회조차 갖지 못한다면 평생 후회하고 마음의 병이 된다. 카이스트 윤태성 교수의 "한번은 원하는 인생을 살아라"에는 다음과 같은 내용이 있다.

"사실 인생은 하나의 산이 아니라 몇 개의 산으로 이루어진 산맥이다. 일생 동안 몇 개의 산을 오르고 또 내려와야 한다. 그러니 그 중에서 한 번쯤은 내가 오르고 싶은 산에 올라야 한다. 정상에 오르지 못해도 좋다. 단지 내가 오르고 싶어서 올라가는 산이 하나쯤 있다는 사실만으로도 우리 인생은 행복할 수 있기 때문이다."

열정을 가지고 '산'을 오르기 위해 노력했지만, 오르다 보니 '이 산이 아닌 가봐'라고 중간에 내려올 수도 있다. 하지만 그것은 실패라고 하기보다는 다음 '산'을 오르기 위한 자양분이 될 수 있다.

물론 '제발 가수·아티스트라는 산에 오르지 않았으면' 하는 지망생들도 간혹 보게 된다. 그 때는 차분하고 예의 바르면서도 약간은 냉정하게 현실적인 이야기를 해준다. 하지만, 서태지와 아이들이 TV 첫 출연했을 때도 심사위원들에게 혹평을 들었던 것을 생각하면 나중에 멋지고 실력 있는 가수·아티스트로 등장해서 깜짝 놀래 킬 수도 있는 것이 세상일이라서 조언에 신중하지 않을 수 없다.

그래도 지망생의 부모님들은 걱정되는 것이 많을 수밖에 없는데 그 중에 가장 큰 것이 '기회비용'이다. 기회비용이란 '하나의 재화를 선택했을 때, 그로 인해 포기한 다른 재화의 가치'를 말하는데, 만일 가수·아티스트가 되기로 선택했을 때, 그로 인해 변호사나 대기업에 취직하는 등 다른 전망 좋은 직업을 선택할 수 없게 되어 포기해야 하는 가치가 너무 크다는 것이다.

하지만, 경쟁이 치열한 현대 사회에서 무언가를 선택하면 다른 것을 포기해야만 하는 것은 당연한 사실이다. 그리고, 가수·아티스트를 포기해도 다른 유망 직업을 가질 수 있다는 보장도 없다. 가장 중요한 것은 자녀의 꿈 또는 도전을 막기에는 각종 경제이론이나 직업 전망에 대한 설득이 거의 소용이 없다는 것이다. 그렇게 막연히 반대하기보다는 현재 뮤직비즈니스에 대한 지식을 알려주고, 한번 도전해볼 수 있도록 기회를 제공한 후, 자녀와 부모님 그리고 주변 분들과 함께 진로에 대해 결정할 것을 권한다. 일단 한번 도전해보면 대부분의 아이들은 금방 자신의 길인지 아닌지 직접 몸으로 느낄 수가 있다. 애초에 음악에 대한 진지한 고민이나 열정이 없이 인기 연예인이 되기 위한 수단으로 가수·아티스트를 생각하고 있다면 너무나 힘들어 금방 '다른 산'을 찾을 것이고, 하면 할수록 자신의 꿈이라고 확신하는 이에게는 구체적으로 어떻게 해야 할지에 대해 고민할 수 있다.

5. 지망생으로 준비할 것

 자신 스스로 재능과 열정에 대해 고민을 하고 부모님이나 주변 사람들과도 상의를 한 후, 가수·아티스트가 되는 것에 도전하기로 했다면 대부분 음악학원에서 실력을 키우면서 각종 오디션을 준비하게 된다. 거기에 추가로 다음에 제시한 방법들을 활용하면 좀 더 빠르고 효과적으로 가수·아티스트에 대한 자신의 진로를 변경하거나 또는 더욱 더 확신할 수 있다.

자신의 음악을 녹음하기

 기술과 소프트웨어의 발전으로 음악을 녹음하는 데 많은 비용이 필요하지 않는다.

 직접 기타나 피아노에 맞춰 노래를 녹음하거나 반주음악(MR; Music Recorded)을 틀어놓고 녹음하는 방법이 가장 저렴하고 쉽게 할 수 있는 녹음 방법이다. 스마트폰이나 개인용 컴퓨터를 이용하면 큰 돈을 들이지 않고도 할 수 있다. 전문 녹음 스튜디오로 가서 전문기의 도움을 받아 자신의 음악을 녹음하는 방법도 있다. 요즘은 몇 십만원이면 전문 녹음 스튜디오에서도 녹음 후 약간의 보정을 받을 수 있다. 작곡에도 관심이 있다면 본인이 음악 제작 소프트웨어를 구매하고 활용법을 익힐 수도 있다.

꼭 본인의 자작곡을 녹음할 필요는 없다. 기존 곡을 녹음하는 것도 괜찮은데 이때는 반드시 본인의 색깔을 입혀야만 한다. 본인의 색깔을 입히라는 말은 기존 가수와 똑같이 부르려고 하지 말라는 뜻이다. 기존 가수의 노래를 잘 모창하는 것은 '노래 잘하는 사람'은 될 수 있어도 대중이 바라고 기다리는 '감동을 주는 가수'는 될 수 없다. 가수가 되기 위한 '재능'이란 노래를 잘 부르는 것이 아닌 '자신만의 음악'을 할 수 있는 것을 뜻한다. 기존 원곡 가수와는 다른 나만의 색을 입히고 노래할 수 있는 사람이 될 수 있는지 스스로 확인해야 한다.

당연한 이야기이지만 사람들은 모두 다르게 태어났다. 다르려고 노력하지 마라. 이미 모든 사람은 다르게 태어났기 때문이다. 본인의 모습을 더 정확하게 탐구하고 본인의 색깔을 명확하게 나타낼 수 있는 방법들을 고민해야 한다. 음악에는 다양한 장르가 있다. 현재 유행하고 있는 음악을 맹목적으로 따르기 보다는 다양한 음악을 시도해보고 유행하는 트렌드를 약간씩 적용하는 것이 보다 지혜로운 방법이다.

🎧 녹음한 음악을 홍보하기

여기서 홍보한다는 뜻은 라디오나 TV에 나오도록 한다는 뜻이 아니다. 그렇다고 음악회사 관계자들에게 이메일을 보내거나 CD를 보내라는 뜻은 더더욱 아니다. 아직도 지망생들이 수많은 CD와 이메일을 보내지만 실제로 그렇게 접수된 음악으로 인해 가수로 데뷔한 경우는 극히 드물다. 만약 기획사의 규모가 크면 실제 신인가수를 발굴하는 사람들에게 직접 전달되는 경우가 드물고, 기획사의 규모가 작으면 한두 사람이 대부분의 업무를 담당하기 때문에 지망생의 음악을 다 들어볼 여유가 없기 때문이다. 만일 기획사가 이메일과 CD대신 온라인을 통해 지망생의 음악을 접수 받는 방법을 마련해놓았다면 담당자가 확실하게 정해져 있고 오디션 결과에 대한 통보를 해줄 확률이 높다. 이렇게 기획사에 음악을 보내는 것도 한 방법이지만, 그렇게 하기 전에 두 가지를 더 준비해 놓는다면 다른 사람들보다 더 좋은 결과를 얻을 확률이 높다.

첫번째는 가족이나 주위 친구들에게 음악을 들려주고, 녹음하는 모습을 영상으로 촬영하여 주변 사람들에게 보여주는 것이다. 우선 다른 사람들의 피드백을 받는 것에 익숙해져야 한다. 물론 가까운 지인들이 좋지 않은 소리를 하게 되면 그것을 받아들이기 더 힘든 경우가 있다. 하지만, 가수·아티스트가 된다는 것은 자신의 음악을 공개적으로 평가 받는 것을 뜻하는데, 언제나 좋은 평가를 받는 것은 불가능하기 때문에 우선 가까운 사람들의 평가부터 익숙해지는 것이 좋다.

두번째는 어느 정도 주위 사람들로부터 인정을 받고 자신감을 얻은 후에, 유튜브 채널이나 페이스북과 같은 SNS(Social Network Service)에 자신의 노래와 영상을 올리는 것이다. 이는 좀 더 객관적인 대중의 반응을 볼 수 있는 장점이 있다. 처음부터 그렇게 해도 되겠지만, 첫번째 가족과 지인들에게 먼저 홍보하는 이유는 조금이라도 더 준비된 모습이 여러 모로 좋기 때문이다. 많은 사람들이 스스로 노래하는 모습을 촬영하거나 녹음해 본적이 없이 마냥 좀 잘한다고 생각한다. 본인도 잘 모르는 본인의 모습을 전체 공개하면 큰 실망이 따를 수도 있으니 단계를 나누어 진행하는 것이 더 안전하다. 일단 유튜브나 페이스북에 공개를 한다는 이야기는 그만큼 더 신경도 많이 쓰게 되고 먼 훗날 데뷔를 할 때 자료 화면으로 사용될 수도 있어서 더 많이 준비할 수 밖에 없다. 하지만, 이런 과정을 거치고 나면 정말 가수·아티스트가 되고 싶은지, 잘 할 수 있는지 보다 명확하게 판단이 가능해진다.

연예인들은 데뷔를 하면 점점 예뻐지고 멋있어 진다. 물론 데뷔 후 시간이 지남에 따라 연예활동이 익숙해지기도 하고 자기 관리를 더 잘하기 때문이기도 하지만, 무엇보다 카메라에 찍히는 것에 익숙해지기 때문이다. 카메라에 찍히는 모습에 대해 지속적으로 피드백을 받고 교정을 받다 보면 어떤 자세와 포즈를 취할 때 가장 예쁘고 멋있는지를 알게 되기 때문이다. 마찬가지로 가수·아티스트가 되기 위해서는 본인의 노래를 녹음해서 자기 스스로 점검하는 것뿐만 아니라 다른 사람들로부터 피드백을 받아야 실력이 늘게 된다.

🎧 팬그룹을 확보하고 스토리 만들기

앞의 방법에서 좀더 범위를 넓히고 조직적인 관리를 하는 방법이다. 여기에서 팬그룹이란 자신의 음악을 좋아한다고 의견을 밝히고 이메일이나 인터넷 게시판으로 연락을 할 수 있는 소규모 그룹을 말하며 공식적인 팬클럽과는 구분하기 위한 표현이다. 물론 페이스북이나 유튜브 또는 인터넷 카페를 이용하여 본인의 음악을 알리고 '좋아요'나 '해쉬태 그[53]를 이용하여 자신의 음악에 관심이 있는 사람들을 확보하는 것은 쉽지 않은 일이다. 하지만 이것은 본인의 음악을 얼마나 대중에게 어필할 수 있는지, 본인의 콘텐츠가 얼마나 관심을 받아낼 수 있는지 알아볼 수 있는 기회이다. 미국에서는 위와 같은 방법으로 가수·아티스트가 적은 규모이지만 팬들을 모아 소규모 활동을 하다가 매니저를 통해 음반사와 계약하여 데뷔하는 경우가 많다. 한국의 경우 매니지먼트 시스템이 달라 이렇게까지 팬그룹을 확보하는 것이 쉽지는 않다. 하지만, 몇몇 가수·아티스트들이 한국에서 비슷한 방법으로 성공을 거두는 걸 보면 결국 뮤직비즈니스가 '가수·아티스트와 팬을 연결해 주는 일'임을 확인할 수 있다.

예를 들어 슈퍼스타 K3에서 유명해진 그룹 '버스커버스커'의 경우 대학생을 포함해 약 20명이 밴드 멤버로 활동하였고, 길거리 공연과 함께 데뷔 전부터 팬그룹을 형성했었다. 버스커버스커의 리더인 장범준의 인터뷰 내용을 보면 더 자세히 알 수 있다.

"인터넷 커뮤니티 공간에 버스커버스커라는 카페가 있었는데 이걸 좀 알리고 싶었고 재미로 그냥 나갔어요. 지역 예선을 치를 때 마침 세 멤버만 시간이 돼 갑자기 꾸려졌어요."[54]

여기에서 스토리를 함께 만들어 나가는 것이 매우 중요하다. 본인의 스토리를 만들라는 것은 사람들에게 불쌍하게 보이라는 뜻이 아니다. 자신의 음악과 콘텐츠를 보다 흥미롭게 사람들에게 알릴 수 있도록 이야

---

53 해시태그(hashtag)는 소셜 네트워크 서비스 등에서 사용되는 것으로, 해시 기호 (#) 뒤에 특정 단어를 쓰면 그 단어에 대한 글을 모아서 볼 수 있는 기능을 말함.

54 장연주(2012.04.01). 1집 정규앨범 낸 버스커버스커 "50세까지 거리의 악사로 남을래요". 헤럴드경제, http://news.heraldm.com/view.php?ud=20120401000276&md=20120401152304_C

기를 기획하여 제시하라는 것이다. 흥미를 끌기 위해 일부러 남들이 재미있어할 만한 것을 만들려고 해서는 안된다. 그것은 음악과 영상의 조회수를 높이는 데에는 도움이 되겠지만, 가수·아티스트가 되기 위한 목적을 이루는 데는 도움이 되지 않기 때문이다. 자신의 음악을 좀 더 효과적으로 보여줄 수 있도록 전달방식이나 표현 방법에 대해 고민해야 한다. 스토리는 나중에 바뀔 수도 있지만, 초기에 적은 수라도 팬들에게 관심을 받기 위해서는 자신의 특색을 좀 더 명확하게 이야기로 풀어내는 것을 고민해야 한다. 예를 들어 단순히 '반항 래퍼'라고 표현하는 것보다, '평소에는 땅만 바라보는 소심한 아이, 무대 위에 올라가면 슈퍼 히어로 래퍼'와 같이 초기에 사람들의 관심을 유도하는 전략이 필요한 것이다. 최소한 자신의 음악은 한번 듣게 만들어야 하는 것이 필요하기 때문이다.

본인의 팬그룹을 1,000~2,000명 만들어 놓은 뒤에 자신의 음악을 음악회사에 전달한다면 관계자들이 관심 있게 볼 수 있다. 오히려 기획사에서 먼저 연락이 올 수도 있는데, 왜냐하면 지망생의 열정을 볼 수 있기도 하고, 일부이긴 하지만 대중으로부터 어느 정도 평가가 되었기 때문에 성공할지에 대한 여부를 좀 더 잘 판단할 수 있기 때문이다. 만일 기획사나 관계자로부터 연락이 올 경우, 가능한 확실한 신분을 가진 회사와 관계자인지 홈페이지나 전화를 통해 확인해야 한다. 알다시피 온라인을 통한 각종 사기와 범죄가 난무하기 때문에 첫 단추를 잘 채울 수 있도록 스스로 조심하고 준비해야 한다.

하지만 만일 팬그룹을 그만큼 모으지 못했다면 어떻게 해야 할까? 본인의 음악에 대한 분석과 홍보를 위한 컨셉에 대해 다시 한번 진지하게 고민해야 한다. 여기에서 단순히 온라인 활동만으로 그치는 것이 아니라 오프라인에서도 활동해볼 것을 추천한다. 실제로 본인의 곡을 인터넷에 올리고 팬그룹들을 위해 거리에서 공연을 해서 많은 공감대를 데뷔 전부터 일으켰던 가수들이 존재한다. 이렇게 공연활동을 작게나마 하는 것은 많은 경험을 얻을 수 있다는 점과 함께 본인이 앞으로 데뷔할 수 있을 지 판단하는데 기준을 제공해준다.

이렇게 팬그룹을 만들 때 꼭 필요한 것은 팬그룹과 의사 소통을 지속적으로 유지하는 것이다. 이메일이나 게시판 공지를 통해 팬그룹과 모임을 갖고, 본인의 음악을 지속적으로 들려주고 가능하다면 간단한 선물이나 상품을 파는 것도 괜찮다. 값싼 스티커나 악세사리를 가수 본인의 이름이나 팬그룹 이름으로 제작하여 제공하는 것이다. 수익을 거두는 것이 목적이 아니기 때문에 기념할 만한 것을 공유하는 것이 목적인데 사실 이 정도까지만 와도 기획사에서 먼저 연락을 취할 정도의 수준이다. 여기에서 말한 방법은 주로 인디음악을 지향하는 가수·아티스트에게 좀 더 효과적이지만, 아이돌 그룹의 일원이 되는 방법에도 어느 정도 통용될 수 있다. 물론 기획사마다 기준이 달라서 기존 활동을 조금이라도 한 것을 좋아하지 않을 수도 있지만 본인의 음악에 대한 열정을 나타내는 데에는 긍정적으로 작용할 수 있다.

6. 뮤직비즈니스에서 가수·아티스트의 의미[55]

가수·아티스트는 뛰어난 감성과 실력으로 좋은 노래를 부르면 그만이라는 생각은 너무 1차원적인 마인드이다. 취미로 부르면서 즐거워하는 것이 아니라 음악으로 먹고 사는 뮤직비즈니스에 뛰어들기 위해서는 뮤직비즈니스에서 가수·아티스트가 어떤 의미를 가지고 있고, 어떤 마음가짐을 가져야 하는지 확실하게 아는 것이 필요하다.

🎧 당신이 비즈니스 그 자체이다

당연한 사실인데 의외로 한번도 생각하지 않은 가수·아티스트 지망생이 대부분이다. 가수·아티스트는 아프거나 다치면 곧바로 그 활동이 중단된다. 물론 기존에 만들어둔 음악과 영상이 있다면 계속 활용될 수 있지만, 이로 인한 수익은 그리 크지 않다.

건강문제뿐만 아니라 사생활에 있어서도 안 좋은 뉴스나 평판이라도 만들어내게 되면 본인에게 마이너스로 작용하여 더 이상 음악활동을 하

---

55 All you need to know about music business 참고

기 힘들다. 소문과 루머를 아예 존재할 수 없도록 만들 수는 없겠지만, 쓸데없는 분쟁이나 오해의 소지가 생기지 않도록 조심해야 한다. 특히, 법을 위반하는 행위는 아무리 작은 잘못도 대중의 관심을 더 크게 끌기 때문에 삼가도록 노력해야 한다. 때로는 부정적인 소문이나 이슈가 홍보의 수단으로 사용될 수도 있지만 이는 가급적 지양해야 한다. 어쩔 수 없이 좋지 않은 소문이 퍼졌다면 행동을 삼가면서 음악 활동에 매진하면서 때를 기다려야 한다. 진심을 가진 말과 꾸준한 행동은 결국 루머를 이겨낼 수 있기 때문에, 힘들게 하는 상황이 생겨도 참고 이겨내야 한다.

주변의 보는 눈과 입이 많아질 수록 가수·아티스트로 살아가는 데에는 생각보다 제약이 많다. 본인이 비즈니스 그 자체이고 본인이 무너지면 자신과 함께 한 수많은 비즈니스 파트너들의 활동도 종료되기 때문에 큰 책임감을 갖고 살아야 하는 것을 각오해야 한다. 만일 그것을 감당할 수 없다면 애초에 가수·아티스트가 되는 것에 대해 심각하게 다시 생각해야 한다. 드물게 '저는 얼굴없는 가수·아티스트로 노래만 하고 다른 활동은 하지 않을 거에요'라고 말하는 지망생도 있다. 하지만, 요즘처럼 스마트폰과 SNS가 광범위하게 활용되는 시대에는 궁금한 걸 못 참는 대중의 시선을 피해 숨을 곳도 없거니와 그런 생각을 가진 지망생을 키워서 데뷔시킬 기획사도 거의 없다.

자신의 몸과 재능 그리고 무엇보다 중요한 시간을 모두 투자해도 성공할 가능성이 낮은 것이 가수·아티스트이다. 거기에다 자기 자신이 비즈니스 그 자체임을 잊지 말아야 하는 책임감도 필수적이다. 나이가 많고 적음을 떠나서 그러한 책임감이 없이 단순히 화려한 모습에 취해서 멋진 사람들과 함께 하고 싶다는 생각을 하고 있다면 음악을 취미로 즐길 것을 권한다.

🎧 당신의 유통기한은 짧다

뮤직비즈니스는 흥행산업이다. 흥행은 유행을 타게 되고, 유행은 생각보다 훨씬 기간이 짧다.

2005년 경향신문 자료에 따른 가요전문채널 m.net-kmtv 가요 순위 차트 50위권내 가수들의 평균 활동기간은 3.68년으로 조사되었다[56]. 워낙 데뷔하자마자 사라지는 그룹들도 많고, 어느 정도 자리를 잡은 아이돌 그룹 멤버 중 일부는 음악이 아닌 연기나 기타 연예활동으로 빠지게 되어 가수·아티스트로 활동하는 기간은 점점 더 짧아지고 있다.

아주 드물지만 짧게는 몇 달만의 준비기간을 거쳐 데뷔하는 경우도 있다. 하지만, 대부분 3~4년의 연습생 기간을 거치고, 연습생 이전 준비기간까지 합치면 훨씬 긴 시간 동안 준비를 해야 한다. 일단 인기를 끌게 되면 그때부터 수익을 거두게 되는데, 인기가 영원하지 않듯이 수익도 영원하지 않다. 각종 오디션 프로그램과 기획사에서 준비한 신인들은 계속 등장하고, 기존 경쟁 가수들의 활동이 계속 이루어지기 때문에 뮤직비즈니스에서 살아남는 것은 정말 힘든 일이다.

즉, 준비한 기간보다 수익을 거두는 기간이 매우 짧다. 그래서 더욱 돈을 벌 수 있을 때, 사람들에게 매력을 발휘할 수 있을 때, 집중해서 최선을 다하는 것이 필요하다.

---

56 김정섭(2005.3.8). '가수들 인기수명 3.68년 뜨기 무섭게 진다'. 경향신문, http://news.khan.co.kr/kh_news/khan_art_view.html?code=960801&artid=200503081736451

🎧 당신만의 색깔이 있어야 한다

가수·아티스트에게는 자신만의 독특한 개성과 특색이 담긴 음악이 필요하다. 하지만, 단순히 특이한 것만이 능사가 아니다. 앞에서 밝힌 바와 같이 이 책에서 다루는 뮤직비즈니스는 대중음악을 대상을 하고 있다. 여러 미디어를 통해 대중으로부터 관심과 사랑을 받아야 존재할 수 있는 음악이다. 즉, 아무리 예술성이나 음악성이 뛰어나다고 해도 대중의 관심으로부터 멀어지면 소용이 없다.

노래를 아무리 잘하고 외모가 출중해도 자신만의 매력이 없고, 기존 가수·아티스트의 모창이나 노래를 잘하는 수준으로는 성공할 수 없다. 자신만의 색깔을 확실하게 가질 수 있도록 항상 고민하고 여러 가지 시도를 해보아야 한다. 마트에는 수많은 제품이 진열되어 있고, 매일 신제품들이 등장한다. 신제품이 만약 기존 제품과 별 차이가 없다면 사람들이 굳이 익숙한 기존 제품을 버리고 신제품을 선택할 필요가 없다. 가수·아티스트의 경우도 마찬가지이다. 다른 기존 가수·아티스트로부터 얻을 수 있는 매력과는 다른 것을 보여주지 않으면 뮤직비즈니스에서 살아남기 힘들다. 따라서 요즘 기획사에서는 자신만의 색깔이 확실한 지망생들을 선호하여 연습생으로 훈련을 시키는 경우가 많다.

7. 기획사와의 계약

가수·아티스트가 되기 위해서는 기획사와 계약해야 한다. 기획사와의 계약 없이 가수·아티스트 활동을 하고 싶다고 해도, 기획사의 '역할'을 하는 누군가는 반드시 필요하다. 기존의 가수·아티스트 중 본인이 기획사를 설립해서 운영하는 경우도 있지만, 대부분의 지망생들에게는 기획사에 연습생으로 뽑히거나 전속계약을 맺는 것이 뮤직비즈니스의 시작이다. 요즘 인기를 끌고 있는 방송국 오디션 프로그램에서 인기를 끌었다고 해도 결국 기획사와 계약을 맺은 후 앨범을 만들고 활동을 하게 된다. 따라서 가수·아티스트에게는 어느 기획사와 어떤 내용의 계약을 맺는지가 성공의 여부와 함께 비즈니스적으로도 가장 중요한 일이다.

🎧 성향에 맞는 기획사 찾기

기존에 나온 음악들을 보면 각 기획사별로 특성이 좀 더 분명하게 나타나있다. 앞에서 말한 대로 '자신만의 색깔'을 기준으로 음악적 성향에 맞는 곳을 선택해야 데뷔하고 성공하는데 유리하다. 음악적 성향뿐만 아니라 다른 요소들도 가수·아티스트와 기획사간에 서로 잘 어울려야 좋다. 기획사마다 개성을 중요시 하는 곳도 있고 규율과 예의를 우선시 하는 곳도 있다. 해당 기획사에 소속된 기존 가수·아티스트가 있다면 그들의 활동과 태도를 통해 기획사의 분위기와 성향을 어느 정도 파악할 수 있을 것이다.

때로는 드물지만 본인이 생각지도 않은 잠재성을 기획사에서 발견하여 이끌어 줄 수도 있다.

이럴 때는 가수·아티스트 본인의 고집보다는 기획사의 의견을 따를 때, 더 좋은 성과를 보이는 경우가 많다. 물론 다양한 케이스가 있기 때문에 무조건 기획사의 말을 따르는 것이 낫다고 말할 수는 없다. 하지만, 음악의 대중적인 성공이라는 측면에서는 가수·아티스트가 본인의 음악을 판단하는 것보다 기획사가 좀 더 객관적으로 판단할 확률이 높다.

무조건 자신을 성공시켜줄 1등 기획사라는 것은 없다. 자기에게 맞는 기획사가 있을 뿐이다. 반드시 대형 기획사에 들어간다고 성공하는 것은 아니기 때문에 자신의 음악 색깔을 알고 그것을 잘 이해해 줄 수 있는 기획사를 선택하는 것이 중요하다. 물론 자신이 원한다고 기획사가 계약하지는 않는다. 기획사에서 자신을 선택할 수 있도록 스스로 준비해야 한다.

🎧 기획사 오디션

지망생 입장에서 기획사를 고르는 경우는 여러 기획사 오디션에 동시에 붙은 경우나, 방송국 오디션 프로그램에서 상위권에 입상했을 때나 가능한 꿈만 같은 이야기이다. 하지만, 대부분의 지망생들은 기획사와 계약을 맺기 위해 오디션에 수없이 지원한다. 앞에서 말한 '지망생으로 준비할 것'을 충실하게 이행했다고 해도 그것은 결국 기획사에 본인을 좀 더 잘 어필하기 위한 것이지, '그 준비'가 가수·아티스트로 데뷔시켜주지는 않는다. 물론 미국과 같이 가수·아티스트 중심의 매니지먼트 시스템에서는 가능한 이야기이지만, 한국과 일본같이 기획사 중심의 매니지먼트 시스템에서는 기획사와의 계약을 맺어야 하고, 그 시발점이 기획사 오디션이다.

기획사마다 정기적으로 오디션을 열거나 비정기적으로 오디션을 공지하여 진행하기도 한다. 요즘은 음악학원들과 학교와 제휴하여 학원에서 우수한 성적을 거둔 학생들을 대상으로 곧바로 최종 오디션을 보는 경우도 많아지고 있다. 아무래도 오디션 지원자들이 많다보니 기획사에서는 그 많은 사람들을 대상으로 오디션을 진행하는 것이 비용과 시간의 제약 때문에 현실적으로 힘들다. 그렇기 때문에 기획사는 학원 및 학교들과 제휴하게 된다. 학원 및 학교들도 학생들에게 기획사의 오디션 기회를 제공하는 것이 큰 장점으로 작용하기 때문이다. 이러한 제휴는 기획사와 학원 및 학교들 모두에게 이득을 준다.

원하는 기획사의 오디션 스케줄과 포맷에 맞게 참석하거나 자료(음성, 영상 등)를 제출하여 끊임없이 기회를 잡기 위해 신경을 써야 하고, 본인의 성장 여부를 체크할 수 있는 기준점으로 삼는 것도 필요하다. 한번에 오디션에 붙는 것은 매우 힘들기 때문에 가수·아티스트가 되기 위해 견뎌야 하는 과정이라고 생각해야 길고 힘든 준비기간을 참는데 도움이 된다.

🎧 계약 전 고려사항

오디션에 통과하고 연습생 계약이나 전속계약을 맺기 전에 다시 한번 확인해야 할 사항이 있다. 마음에 들지 않거나 자신과 맞지 않는다고 생각되는 기획사의 오디션은 아예 보지 않는 것이 좋다. 하지만, 예상외의 경로를 통해 오디션을 보지 않은 기획사에서 먼저 관심을 갖고 계약 체결을 원하는 경우도 있다. 그럴 때 잊지 않고 따져봐야 할 것이 있는데, 기획사와 기획사 대표이다. 어떻게 보면 가수·아티스트의 성공은 본인의 노력과 재능도 물론 중요하지만 누구를 만나는지가 더 중요하다고 볼 수 있는데, 그 중에 가장 중요한 것이 기획사 대표이다.

1) 기획사 히스토리

물론 과거에 어떤 가수·아티스트를 키웠고 성공시켰는지에 대한 히스토리는 고려의 대상이지 결정적인 요소는 아니다. 일부 기획사는 실제로는 작은 인연을 크게 부풀려 말하기도 하고, 그 내용을 확인하기 힘들기 때문에 사실보다 과장해서 말하는 경우도 있기 때문이다. 과거에 큰 영광을 누린 적이 있다는 것은 현재는 그 보다는 못하다는 것을 반증하며, 그렇다고 미래의 성공을 보장하지도 않는다는 것이다. 과거 실패로부터 얻은 소중한 경험을 토대로 다시 열심히 하려는 자세인지 아니면, 과거의 영화에 젖어 기존 방식을 그대로 답습하려는 것인지 판단해야 한다. 기획사 소속 출신 가수·아티스트가 현재 어떠한 활동을 하고 있는 지와 과거 불미스러운 일은 없었는지는 반드시 따져봐야 한다.

그렇다면 기존 경험이 없는 기획사의 경우는 무조건 배제해야 할까? 그렇지 않다. 오히려 과거의 영화에 취하고 옛날 스타일만 고집하는 곳보다는 냉철한 비즈니스 마인드와 함께 소속 가수·아티스트를 띄우기 위한 뜨거운 열정이 넘치는 젊은 기획사가 더 좋을 수 있다. 우리가 알고 있는 유명 가수·아티스트들은 결코 혼자만의 힘으로 성공하지 않았다. 그들을 알리고 성공시키기 위해 보이지 않는 곳에서 땀과 눈물을 흘리며 뛰어다닌 매니저들과 그들을 책임져 준 기획사가 없었으면 불가능한 일이다.

기획사의 규모도 고려해야 한다. 반드시 대형 기획사가 좋은 것은 아니다. 규모가 크면 영향력도 크고 다른 가수·아티스트들과 함께 활동하면서 얻는 장점이 있지만, 기획사의 자원이 한정적일 경우 아무래도 관심이 분산될 수 있기 때문이다. 규모가 작지만 본인을 위해 전력투구할 수 있다면 규모보다는 기획사의 의지가 더 중요할 수 있다.

2) 기획사 대표

규모가 크던 작든 기획사에서 대표의 역할은 절대적이다. 특히 전속계약에 관해서는 회사의 존폐를 좌지우지 하는 가장 중요한 계약이기 때문에 대표가 직접 해당 가수·아티스트와 면담을 하고 마지막까지 심사숙고하여 결정한다. 지망생 입장에서도 대표와 이야기를 나눌 때, 본인과 스타일이 잘 맞는지 아니면 강압적인지 등에 대해 잘 파악하도록 노력해야 한다. 계약을 하기 전 주변 사람들을 통해 평판도 들어봐야 하고, 실제로 기획사에서 일했던 사람들의 이야기를 들어볼 수 있으면 더 좋다.

과거의 뮤직비즈니스 경험이 없는 신생 기획사의 경우는 대표자의 인격과 비즈니스 마인드가 특히 중요하다. 이럴 때는 기획사 대표와 긴 시간 이야기를 나누고, 시간을 두어 계약하기 이전에 수 차례 검증을 해야 한다. 시간과 돈 약속을 얼마나 잘 지키는지, 전화 연결은 잘 되는지, 사회적으로 어떤 활동들을 하는지 등 확인 가능한 것들은 모두 확인하고 결정해야 한다.

물론 그러한 검증의 시간은 반대로 기획사 대표가 가수·아티스트를 평가하는 기간이다. 기획사 입장에서도 그저 끼가 있거나 노래를 잘한다는 이유만으로 전속 계약을 하는 것은 위험하다. 개인의 사생활이 얼마나 잘 관리되는 지와 약속을 잘 지키는지, 그리고 학교 생활과 친구 관계는 어떠한지를 확인해야 하는데, 그렇지 않으면 기획사의 돈과 시간을 아깝게 낭비할 수 있기 때문이다.

🎧 계약서로 맺어진 가족

과거에는 음반이 몇 십만 장, 몇 백만 장 팔려도 이 핑계 저 핑계 대면서 정산을 해주지 않는 기획사들도 있었고, 힘들게 데뷔 시켜서 성공시켰는데 말도 안 되는 이유로 배신하고 기획사를 떠나 버린 가수·아티스트들도 있었다. 이런 상황에서는 비즈니스란 없고, 협박과 갈취, 소송만 난무하게 될 뿐이었다.

하지만, 이제는 협박과 소송이 아닌 계약에 근거한 뮤직비즈니스를 해야 한다. 그렇게 하기 위해서는 계약을 해야 할 때 궁금한 점에 대해서는 서로 묻고 확인해야 하며, 필요하면 변호사의 도움도 받아야 한다. 물론 계약을 하는 지망생 입장에서는 기획사보다 아는 것도 부족하고 약자의 입장일 수밖에 없지만, 뒤에 설명할 계약서 내용에 대해 확실하게 이해하는 것이 필요하다. 그 후에는 전적인 신뢰를 토대로 데뷔 후 성공할 수 있도록 노력해야 한다. 기획사도 일방적으로 계약서를 유리하게 작성할 경우 나중에 불공정 계약으로 가수·아티스트와 계약해지 될 수 있다는 사실을 잊지 말고, 함께 성공하기 위해 서로 합의하에 계약 내용을 작성하고 실행에 옮겨야 한다.

뮤직비즈니스에서 가수·아티스트와 기획사와의 관계는 마치 가족 관계와 같다. 물론 계약 기간에 한정된 가족이지만, 기획사는 가수·아티스트를 키워주고 책임져주며 가수·아티스트들도 기획사를 의지하고 성공을 위해 노력해야만 한다. 하지만 이것을 비즈니스라 생각하지 않고 '내가 힘이 없으니 참아야지' 또는 '내가 그렇게 잘해줬는데 어떻게 나에게 이런 대접을 할 수 있나'라고 감정적으로 대처해서는 안된다. 가수·아티스트와 기획사 모두 계약서에 약속한대로 성공을 위해 힘을 합쳐야만 한다.

만약 실제 가족과 함께 비즈니스를 하는 것은 어떨까? 계약으로 맺어진 가족보다 피로 맺어진 가족이니 더 잘 운영되고 이상적일 것처럼 보인다. 하지만, 실제로는 그렇지 않은 경우가 많다. 가족이면 가수·아티스트를 아끼는 마음은 최고 일 수 있으나 비즈니스를 객관적으로 보기는 힘들기 때문이다. 아무리 실력이 뛰어난 의사도 자기 가족의 수술을 집도하는 경우는 없는 것과 마찬가지이다. 냉정하게 말해서 비즈니스는 서로의 이해가 달라지면 계약을 종료하고 남남이 될 수 있지만 가족은 어떤 일이 있어도 가족임에는 변화가 없다. 가족은 영원한 나만의 편으로 남겨두는 것이 좋다.

8. 전속계약서 해설

　기획사와 가수·아티스트는 서로의 성공을 위해 전속계약을 맺게 된다. 앞에서 말한 바와 같이 가수·아티스트와 기획사는 계약서를 통해 서로 약속을 지키기로 하고 가족과 같은 관계가 된다. 만일 약속을 어기게 되면 가족 관계가 종료되는 것은 당연한데, 종종 약속 내용에 대한 이해가 부족해서 오해가 발생하고, 소송으로 이어져 양측 모두 피해를 입는 경우가 생긴다.

　전속 계약과 관련하여 많은 문제가 발생하자 공정거래위원회에서는 표준계약서를 만들었다. 여기에서는 공정거래위원회에서 제시한 표준 전속계약서에 대해서 살펴볼 것인데, 추가적인 설명이 필요한 부분은 화살표 표시 이후 파란색으로 표시하였으니 참고하기 바란다. 또한, 계약서 내용 중 굵은 글씨로 표시된 부분은 공정거래위원회에서 알리는 중요한 내용이라는 표시이다. 내용 변경 없이 원본 그대로 사용하였음을 밝힌다.

　다만, 표준전속계약서는 참고사항이지 무조건 그대로 해야 하는 것은 아니다[57]. 기획사와 가수·아티스트의 상황에 따라 변경이 가능한 것이고 상호 타당한 이유와 근거가 있을 경우 얼마든지 내용을 수정하거나 추가로 작성할 수 있다는 것을 감안하고 봐야 한다. 실제 기획사마다 계약서의 내용이 모두 다르기 때문에 내용에 대한 확인이 필요하고 변호사를 통해 법적인 확인을 받는 것이 가장 확실한 방법이다. 또한 양측의 생각이 다를 경우 오해가 생기지 않도록 좀 더 명확하게 작성하는 것이 필요하다.

---

57 「대중문화예술인(가수중심) 표준전속계약서」를 사용하지 않은 전속계약의 경우에는 가수와 연예기획사가 따로 내용을 정해 체결한 전속계약에 따라 가수와 연예기획사의 권리·의무가 정해진다. 생활법령정보, http://oneclick.law.go.kr/CSP/common/CnpClsMain.laf?popMenu=ov&csmSeq=530&ccfNo=3&cciNo=3&cnpClsNo=3

대중문화예술인(가수중심) 표준전속계약서

표준약관 제10062호
(2014. 9. 19. 개정)

[프로덕션] _____(이하 '**갑**'이라 한다)[와, 과]

[아티스트] _____(본명 :   )(이하 '**을**'이라 한다)[는, 은]

다음과 같이 전속계약을 체결함에 있어 상호 신의성실로서 이를 이행한다.

> ↱ 아티스트의 이름을 적어놓는 곳이며, 아티스트의 이름을 예명으로 만든 경우, 본명도 함께 기록하여 혼동을 방지한다.

제1조 (목적)

이 계약은 갑과 을이 서로의 이익과 발전을 위하여 적극적으로 협력하는 것을 전제로, 을은 최선의 노력을 통해 자신의 재능과 자질을 발휘하여 자기 발전을 도모함은 물론, 대중문화예술인으로서 명예와 명성을 소중히 하며, 갑은 을의 재능과 자질이 최대한 발휘될 수 있도록 매니지먼트 서비스를 충실히 이행하고 을의 이익이 극대화되도록 최선을 다함으로써 상호 이익을 도모함에 그 목적이 있다.

제2조 (매니지먼트 권한의 부여 등)

① 을은 갑에게 제4조에서 정하는 대중문화예술인으로서의 활동(이하 "연예활동"이라 한다)에 대한 독점적인 매니지먼트 권한을 위임하고, 갑은 이러한 매니지먼트 권한을 위임 받아 행사한다. 다만 을이 갑에게 위 독점적인 매니지먼트 권한의 일부를 위임하는 것을 유보하기로 양 당사자가 합의하는 경우에는 그러하지 아니 하다.

> ↱ 독점적인 매니지먼트 권한 위임은 매우 중요하다. 이는 '갑'인 기획사가 '을'인 가수·아티스트를 대신하는 것의 근거이기 때문이다. 즉, 독점적인 매니지먼트 권한이 없으면 기획사는 가수·아티스트를 대신하여 협상이나 계약을 할 수 없기 때문에 에이전시가 될 수 밖에 없는데, '가수·아티스트'가 비용과 수익을 부담하고 매니저와 에이전시를 고용하는 미국의 매니지먼트 시스템에서나 가능한 일이다. 다만, 특수한 경우 매니지먼트 지역이나 특정 분야를 해당 기획사가 아닌 다른 곳에 맡기는 경우도 있다. 예를 들어 YG엔터테인먼트와 전속계약 중인 '싸이'는 한국과 일본을 제외한 전세계 매니지먼트를 '스쿠터 브라운 프로젝트'사에게

맡겼는데, 이는 싸이가 YG 엔터테인먼트와 계약을 하기 이전부터 쌓아온 경력이 있었고 '강남스타일'의 전세계적인 열풍에 대해 싸이와 YG 엔터테인먼트 모두 지혜로운 선택을 한 것으로 해석된다. 하지만 일반적으로는 독점적이지 않고 '일부 제한된' 매니지먼트 권한만으로 '가수·아티스트'와 전속계약을 맺을 기획사는 없다.

② 갑은 을이 자기의 재능과 실력을 최대한 발휘할 수 있도록 **성실히 매니지먼트 권한을 행사**하고, 갑의 매니지먼트 권한 범위 내에서의 연예활동과 관련하여 **을의 사생활보장 등 을의 인격권이 대내외적으로 침해되지 않도록 최대한 노력**한다.

- 이 부분에 대해 소송이 잦은 편이다. 가수·아티스트 입장에서는 기획사가 자신의 음악활동에 아무런 노력을 하지 않았다고 주장하고, 기획사는 나름 최선의 노력을 했지만 치열한 경쟁 때문에 원하는 만큼 활동을 시켜주지 못하는 상황이 생길 수 있기 때문이다. 특히, 신인의 경우 기획사가 노력을 하였음에도 불구하고 방송 출연이나 앨범 활동이 생각만큼 쉽지는 않다. 그렇기 때문에, 기획사는 결과적으로 홍보활동이나 다른 계약을 성공시키지 못했어도, 어떤 일을 기획하고 추진하고 있는지에 대한 내용을 '가수·아티스트'와 지속적으로 공유하는 것이 좋다. 주변에서 이러한 상황을 악용하여 기획사와 가수·아티스트와의 관계를 음해하는 경우가 의외로 많기 때문이다.

③ 을은 계약기간 중 갑이 독점적으로 권한을 행사하도록 되어 있는 연예활동과 관련하여 **갑의 사전승인 없이** 자기 스스로 또는 갑 이외의 제3자를 통하여 **출연교섭을 하거나 연예활동을 할 수 없다.**

- 기획사의 사전 승인 없이 연예활동을 하는 것은 본인의 뮤직비즈니스를 망치는 가장 확실한 길이다. 아무리 엄청난 기회라는 생각이 들어도 전속계약 기간 동안은 절대 해서는 안될 행동이며, 본인을 통해 섭외나 요청이 들어온다고 해도 매니저나 기획사 담당자에게 넘겨야 한다.

제3조 (계약기간 및 갱신)

① 이 계약의 계약기간은

_____년 _____월 _____일부터 _____년 _____월 _____일까지

(_____년 _____개월)로 한다.

② 제1항에 따른 계약기간이 **7년**을 초과하여 정해진 경우, 을은 **7년**이 경과되면 언제든지 이 **계약의 해지**를 갑에게 통보할 수 있고, 갑이 그 통보를 받은 날로부터 **6개월이 경과**하면 이 계약은 **종료**한다.

→ 과거에는 10년 넘게 계약한 경우도 있었지만, 이제는 대부분의 기획사들은 공정거래위원회
  에서 말한 7년을 넘지 않는 경우가 대부분이다. 어린 나이에 계약을 하는 경우는 데뷔하기
  까지 준비기간이 그만큼 길기 때문에 기획사 입장에서는 전속계약 기간을 길게 할 수 밖에
  없다. 너무 짧게 해버리면 준비하는 데 시간을 전부 소모하고 데뷔 한지 얼마 되지 않아 계
  약 종료를 당하면 손실을 만회할 기회가 없기 때문이다. 본 표준전속계약서에는 나와 있지
  않지만, 보통 전속 계약 기간과 함께 전속계약금을 기획사에서 가수·아티스트에게 지급한
  다. 신인의 경우는 그리 많지 않은 금액이지만, 기존 가수·아티스트가 새로운 기획사와 계약
  을 할 때는 상당한 금액의 계약금을 지불한다.

③ 다음 각 호의 어느 하나에 해당하는 경우에는 제2항의 규정에도 불구하고 **갑과 을**
  이 별도로 서면으로 합의하는 바에 따라 **해지권을 제한**할 수 있다.

  1. 장기의 해외활동을 위해 **해외의 매니지먼트 사업자와의 계약체결 및 그 계약**
     이행을 위하여 필요한 경우

  2. 기타 **정당한 사유**로 장기간 계약이 유지될 필요가 있는 경우

④ 계약기간 중 다음 각 호의 어느 하나와 같이 을의 개인 신상에 관한 사유로 을이 정
  상적인 연예활동을 할 수 없게 된 경우에는 **그 기간만큼 계약기간이 연장**되는 것
  으로 하며, **구체적인 연장일수는 갑과 을이 합의**하여 정한다.

  1. 군복무를 하는 경우

  2. 임신·출산 및 육아, 대학원에 진학하는 경우

  3. 연예활동과 무관한 사유로 인하여 병원 등에 연속으로 30일 이상 입원하는 경우

  4. 기타 을의 책임 있는 사유로 연예활동을 할 수 없게 된 경우

· 일정 기간 동안 연예활동을 하지 못했을 경우 그만큼 계약기간을 연장하는 것이 일반적이
  다. 남자일 경우 군복무가 해당되고 여자일 경우 임신. 출산 등이 해당된다. 대학원의 경우
  는 본인이 연예활동을 중단하고 학업을 원하는 경우에만 해당되며 대학원을 다니면서 연예
  활동을 계속 했다면 계약기간으로 포함하여 계산한다.

⑤ 이 계약의 적용범위는 **대한민국을 포함한 전 세계 지역**으로 한다.

· K-POP의 인기로 매니지먼트 범위를 대한민국만으로 한정하는 경우는 거의 없다.

제4조 (연예활동의 범위 및 매체)

① 을의 연예활동은 다음 각 호의 활동을 말한다.

1. 작사·작곡·연주·가창 등 뮤지션으로서의 활동 및 그에 부수하는 방송출연, 광고 출연, 행사진행 등의 활동
2. 배우, 모델, 성우, TV탤런트 등 연기자로서의 활동(단, 갑의 독점적 매니지먼트 의 대상이 되는 범위에 대하여는 갑과 을이 별도로 합의하는 바에 따른다)

→ 앞에서 말했듯이 매니지먼트 대상 범위를 한정하는 경우는 거의 없으며, 기존 활동을 했었 던 가수·아티스트의 경우 특별한 상황에 따라 별도로 정하는 경우가 간혹 있다.

3. 기타 위 제1호 또는 제2호의 활동과 밀접히 관련되거나 문예·미술 등의 창작활 동 등으로서 갑과 을이 별도로 합의한 활동

② 을의 연예활동을 위한 매체 등은 다음 각 호와 같다.
1. TV(지상파 방송, 위성방송, 케이블, CCTV, IPTV 기타 새로운 영상매체를 포함 한다) 및 라디오, 모바일기기, 인터넷 등
2. 레코드, CD, LDP, MP3, DVD 기타 음원 및 영상물의 고정을 위한 일체의 매체물 과 비디오테이프, 비디오디스크 기타 디지털방식을 포함한 일체의 영상 녹음물
3. 영화, 무대공연, 이벤트 및 행사, 옥외광고
4. 포스터, 스틸 사진, 사진집, 신문, 잡지, 단행본 기타 인쇄물
5. 저작권, 초상권 및 캐릭터를 이용한 각종 사업이나 뉴미디어 등으로 갑과 을이 별도로 합의한 사업이나 매체

→ 거의 대부분의 연예활동을 말하며, 기술과 환경의 변화에 따라 추후 새로운 분야의 활동이 나온다고 하더라도 기본적으로 '가수·아티스트'로서의 활동을 기반으로 새로운 활동을 할 수 있는 기회를 잡았다고 볼 수 있기 때문에 연예활동에 포함된다고 볼 수 있다. 다만, 가수· 아티스트의 성향상 특별한 매체에 활동을 포함하지 않는 경우도 있다. 예를 들어 앨범 제작 과 공연만 하고 싶고 TV 출연을 하기 싫어하는 가수·아티스트가 가끔(아주 가끔) 있는데, 이 럴 경우 해당 매체 활동을 제외하기도 한다. 물론 그렇게 되면 음악을 홍보하는 것이 무척이 나 힘들어지기 때문에 기획사가 엄청난 설득을 하게 되는데 그럼에도 불구하고 어느 정도 팬층을 확보하고 독보적인 음악성을 인정받으면 상호 협의 하에 활동 범위를 제약하는 것에 합의한다.

③ 제1항 및 제2항의 규정에도 불구하고 구체적인 연예활동 범위와 연예활동 매체 등 은 갑과 을이 부속 합의서에서 달리 정할 수 있다.

제5조 (갑의 매니지먼트 권한 및 의무 등)

① 갑은 이 계약에 따라 을에 대하여 다음 각 호의 매니지먼트 권한 및 의무를 가진다.

  1. 필요한 능력의 습득 및 향상을 위한 일체의 교육실시 또는 위탁

  2. 제4조 제1항의 연예활동을 위한 계약의 교섭 및 체결

  3. 제4조 제2항의 매체에 대한 출연교섭

  4. 을의 연예활동에 대한 홍보 및 광고

  5. 제3자로부터 을의 연예활동에 대한 대가 수령 및 관리

  6. 연예활동에 대한 기획, 구성, 연출, 일정관리

  7. 콘텐츠의 기획·제작, 유통 및 판매

  8. 기타 을의 연예활동을 위한 제반 지원

· 기획사는 가수·아티스트가 연예활동을 할 수 있도록 위의 지원과 교육을 진행하고, 출연 교섭 및 계약 체결을 담당한다. 또한 출연료와 음악 수입 등을 수령하여 분배한다.

② 갑은 을을 대리하여 제3자와 을의 연예활동에 관한 계약의 조건과 이행방법 등을 협의 및 조정하여 계약을 체결할 권한을 가지는데, 그 대리권을 행사함에 있어 갑은 **을의 신체적, 정신적 준비상황을 반드시 고려**하고, 급박한 사정이 없는 한 미리 을에게 계약의 내용 및 일정 등을 **사전에 설명**하며, 또 을의 명시적인 의사표명에 반하는 계약을 체결할 수 없다.

· 이 부분도 많은 소송의 대상이 되는 부분이다. 가수·아티스트의 개인적인 상황에 따라 연예 활동을 하기 힘든 경우가 있는데 이럴 때는 기획사와 미리 협의하는 것이 필요하다. 몸이 아 파서 활동이 힘든 가수·아티스트를 무리하게 활동시키는 것도 문제이고, 마찬가지로 힘들게 스케줄을 잡았는데 건강 관리를 잘 하지 못해 불참하는 것 또한 문제이다. 뮤직비즈니스에 서는 가수·아티스트 그 자체가 콘텐츠이자 상품이기 때문에 무엇보다 건강관리에 양측 모 두 신경 써야 한다. 또한 기획사는 모든 일정과 계약을 사전에 가수·아티스트에게 알리고 설 명해야 한다. 가끔 기획사 담당자가 너무 바빠서 미리 이야기 하지 못하는 경우가 생길 수도 있다. 또는 가수·아티스트가 내용을 들었지만, 잊어버려서 말을 듣지 못했다고 하는 경우도 있다. 하지만 요즘은 SNS를 이용하기 때문에 인원이 많은 그룹들도 일정과 계약 내용에 대 해 이야기를 듣지 못하는 경우는 거의 없다.

③ 갑은 을의 연예활동과 관련하여 계약기간 이후에도 효력을 미치는 계약을 교섭·체결 하기 위해서는 **을의 동의**를 얻는다.

· 예를 들어, 계약기간이 2015년 12월 31일까지인데, 10월 1일부터 6개월 자동차 광고 모델로

활동하려고 하면 기획사는 2016년 1월 1일부터는 권한이 없어 문제가 될 수 있다. 이렇게 계약 기간 이후 효력을 미치는 계약의 경우 반드시 가수·아티스트의 동의를 얻어야 한다. 물론 다른 계약들도 가수·아티스트의 동의를 받아야 하지만, 계약 기간 이후까지 영향을 미치는 계약들에 대한 기획사의 계약 남용을 막기 위한 목적으로 확실하게 명시해 둔 조항이다.

④ 을의 연예활동을 제3자가 침해하거나 방해하는 경우 갑은 **그 침해나 방해를 배제하기 위한 필요한 조치**를 취한다.

⑤ 갑은 이 계약에 따른 을의 연예활동 또는 연예활동 준비 이외에 **을의 사생활이나 인격권을 침해하거나 침해할 우려가 있는 행위**를 요구할 수 없고, **부당한 금품을 요구**할 수도 없다.

- 사생활 침해는 있어서는 안된다는 것이 원칙이다. 다만 연예활동과 연예활동을 준비하는 기간에는 어느 정도 사생활에 제약이 있을 수 밖에 없다. 음악을 녹음해야 하는데, 친구와 약속이 있다고 지금은 안된다고 말할 수 없다는 이야기이다. 또한 기획사에서 가수·아티스트에게 앨범 제작비나 다른 비용을 요구해서는 안된다.

⑥ 갑은 **을의 사전 서면동의를 얻은 후** 이 계약상 권리 또는 지위의 전부 또는 일부를 제3자에게 양도할 수 있다.

- 특별하게 가수·아티스트의 '사전 서면 동의'를 받도록 한 이유는 가수·아티스트의 동의를 받지 않고 매니지먼트 권한이 제3자에게 양도된 경우가 많았기 때문에 그러한 상황을 막기 위해서이다.

제6조 (을의 일반적 권한 및 의무)

① 을은 제2조 및 제5조에 따라 행사되는 갑의 매니지먼트 활동에 대하여 **언제든지 자신의 의견을 제시**할 수 있고, 필요한 경우 을의 연예활동과 관련된 자료나 서류 등을 **열람 또는 복사**해 줄 것을 갑에게 요청할 수 있고, 갑은 이에 응한다.

- 요즘은 좋은 의사의 요건으로 '환자와의 친절한 상담'이 매우 중요하게 여겨진다. 일부 의사의 경우 치료만 잘하면 되었지 환자가 검증도 안된 인터넷 검색 내용들에 대해 묻고, 거기에 일일이 답변해주는 것은 비효율적이고 치료에 도움이 되지 않는다고 생각할 수도 있다. 하지만, 유명 의사에게 가서 진료를 한번 받아본 사람은 알 수 있다. 비록 환자가 궁금해하고 걱정하는 것이 과학적인 근거가 없다고 해도, 환자를 안심시키고 가장 바람직한 치료방법을 설명하여 따르도록 하는 것이 치료의 중요한 과정이라는 것을 알기 때문이다. 이와 마찬가지로 가수·아티스트도 궁금한 점에 대해 정확하게 물어보고, 기획사에서도 계약이나 정산

에 대해 좀 더 자세한 설명을 해주고, 서로 협의하는 시간을 갖게 된다면 그러한 신뢰를 바탕으로 더 열심히 모두의 성공을 향해 같은 방향으로 뛸 수 있을 것이다.

② 을은 갑의 매니지먼트 권한 행사에 따라 **자신의 재능과 실력을 최대한 발휘**하여 연예활동을 한다.

→ 때로는 본인이 원하지 않는 컨셉이나 모습으로 연예활동을 하는 경우가 있다. 신인 때는 대부분 그렇다. 본인이 생각한 모습과는 다르게 언론에서 포장되고 기사화되기도 하기 때문에 힘들어하는 경우가 많은데 이는 엔터테인먼트 비즈니스의 특징상 어쩔 수 없는 면이다. 하지만, 유명해지고 자신의 음악성을 인정받으면 그때부터는 좀더 자신이 원하는 대로 연예활동을 할 수 있게 된다. 유명한 가수·아티스트들이 자신의 이미지를 버리면서 활발하게 예능 프로그램도 참여하고 망가지는 모습을 보여주는 것을 보면 '고고하게' 자신이 원하는 것만 해서는 대중의 관심과 사랑을 얻는 것이 힘들다는 현실을 냉정하게 보여준다고 할 수 있다.

③ 을은 연예활동에 지장을 초래할 정도로 **대중문화예술인으로서의 품위를 손상**시키는 행위를 하지 아니하며, **갑의 명예나 신용을 훼손하는 행위**를 하지도 아니한다.

→ 가수·아티스트 한 명의 실수로 기획사와 그 기획사에 소속된 여러 명의 가수·아티스트들이 피해를 입을 수 있다. 특히, 요즘처럼 기획사가 대형화되고 주식 시장에 상장되었을 경우 한순간 잘못된 판단으로 인해 본인뿐만 아니라 일반 투자자들에게 수십~수백억원의 손실을 끼칠 수도 있기 때문이다.

④ 을은 갑이 제5조 제5항의 규정에도 불구하고 **부당한 요구를 하는 경우**에는 이를 **거부**할 수 있다.

⑤ 을은 계약기간 중 **갑의 사전 동의 없이**는 제3자와 이 계약과 동일하거나 유사한 계약을 체결하는 등 **이 계약을 부당하게 파기 또는 침해하는 행위**를 할 수 없다.

→ 이것은 기획사와 가수·아티스트간 독점적 매니지먼트를 침해하는 중대한 위반이다.

제7조 (을의 인성교육 및 정신건강 지원)

갑은 을이 **대중문화예술인으로서 자질과 인성**을 갖추는데 필요한 교육을 제공할 수 있고, 을에게 극도의 우울증세 등이 발견될 경우 을의 동의 하에 **적절한 치료** 등을 지원할 수 있다.

제8조 (상표권 등)

갑은 계약기간 중 본명, 예명, 애칭을 포함하여 을의 모든 성명, 사진, 초상, 필적, 기타 을의 동일성(identity)을 나타내는 일체의 것을 사용하여 상표나 디자인 기타 유사한 **지적재산권을 개발**하고, 갑의 이름으로 이를 **등록**하거나 을의 연예활동 또는 갑의 업무와 관련하여 **이용(제3자에 대한 라이선스 포함)**할 수 있는 권리를 갖는다. 다만 **계약기간이 종료된 이후에는 모든 권리를 을에게 이전**하며, 갑이 지적재산권 개발에 상당한 비용을 투자하는 등 특별한 기여를 한 경우에는 **을에게 정당한 대가를 요구**할 수 있다.

→ 예전에는 예명까지 기획사의 소유였기 때문에 기획사와 계약이 종료되면 이름을 바꿔야 하는 웃지 못할 상황이 연출되기도 했지만 이제는 예명뿐만 아니라 사진, 초상 등의 상표권이 계약 종료와 함께 가수·아티스트에게 넘어간다. 하지만, 그룹명의 경우 개인에게 부여된 것이 아니라 기획사가 기획한 팀에게 주어진 것이고 기획사가 그룹을 만들고 키우는데 모든 제반 권리와 의무를 수행하기 때문에 그룹이 해체되어도 그 권리는 기획사에게 남아있다. 즉, 그룹 멤버들이 기획사를 나와 같은 그룹명으로 활동하는 것은 이전 기획사의 허락이 없이는 불가능하며 이럴 경우 그룹활동의 일정 수익을 넘겨주는 조건으로 그룹명을 사용하는 경우가 대부분이다.

제9조 (퍼블리시티권 등)

① 갑은 계약기간에 한하여 본명, 예명, 애칭을 포함하여 을의 모든 성명, 사진, 초상, 필적, 음성, 기타 을의 동일성(identity)을 나타내는 일체의 것을 을의 연예활동 또는 갑의 업무와 관련하여 이용할 수 있는 권한을 가지며, **계약기간이 종료되면 그 이용권한은 즉시 소멸**된다.

② 갑은 제1항의 권한을 행사함에 있어 을의 명예나 기타 을의 인격권이 훼손하는 방식으로 행사할 수 없다.

→ 초상권과 퍼블리시티권의 차이점은 초상권이 개인의 인격권에 기초한 권리인 반면에 퍼블리시티권은 초상권, 성명권 등의 재산권적 측면에 중점을 두고 있다는 점이다. 가수·아티스트의 초상이나 성명을 가지고 재산적인 이득을 취하면 상호 협의한 분배율을 통해 수익을 분배해야 한다. 만일 전속계약 기간이 끝났는데, 과거에 확보한 초상이나, 사진 등을 활용하면 퍼블리시티권의 침해가 된다.

제10조 (콘텐츠 귀속 등)

① 계약기간 중에 을과 관련하여 **갑이 개발·제작한 콘텐츠**(이 계약에서 "콘텐츠"라 함

은 을의 연예활동과 관련하여 제4조 제2항의 매체를 통해 개발·제작된 결과물을 말한다)는 **갑에게 귀속되며, 을의 실연이 포함된 콘텐츠의 이용을 위하여 필요한 권리**는 발생과 동시에 자동적으로 갑에게 부여된다.

→ 기획사가 제작한 앨범의 저작인접권 중 음반제작자에게 주어지는 마스터권은 기획사에게 있으며 70년간 보호받는다. 또한 계약 기간 중 가수·아티스트가 실연한 콘텐츠에 대해서도 마스터권이 기획사에게 있다. 만일 가수·아티스트가 해당 기획사를 나온 후 똑 같은 음반·음원을 팔았다면 저작인접권(마스터권) 침해가 되는 것이며. 만일 저작권자의 승인을 받고 다시 새롭게 편곡 후 악기연주와 가창을 녹음하여 판매하는 것은 가능하지만 제10조 3항의 제약이 있다.

② 계약종료 이후 제1항에 따라 매출이 발생할 경우, 갑은 을에게 **매출의 _____%를 정산하여 ( )개월 단위로 지급**한다. 다만, 을이 갑에게 지급하여야 할 금원이 있는 경우에는 위 정산금에서 우선 공제할 수 있고, 갑은 을의 요구가 있는 때에는 정산금 지급과 동시에 정산자료를 을에게 제공한다.

→ 계약이 종료되었지만 과거 가수·아티스트가 참여한 콘텐츠이기 때문에 그에 대한 일정 비율의 수익을 기획사가 가수·아티스트와 나누어야 한다는 내용이다.

③ **계약종료 후 1년간** 을은 갑이 을을 통하여 개발·제작한 콘텐츠의 소재가 된 것과 동일 또는 유사한 것을 해당 콘텐츠와 동일 또는 유사한 형태의 콘텐츠(예컨대, 가수가 동일 곡을 재가창한 음반, 디지털파일 등의 녹음물)로 직접 또는 제3자를 통하여 **제작하여 사용하거나 판매할 수 없다.**

→ 기존에 전속계약을 맺었던 기획사의 마스터권과 유사한 콘텐츠의 사용으로 인한 권리침해를 막기 위해 기간을 한정하여 제약을 두고 있다.

④ 이 조항과 관련하여 갑은 대한민국 저작권 관련 법령에 따라 보호되는 **을의 저작권 및 저작인접권(실연권)을 인정**하고, 을은 자신의 저작권 및 저작인접권(실연권) 활용을 통해 **갑의 콘텐츠 유통 등을 통한 매출확대 및 수익구조 다변화**를 기할 수 있도록 적극 협력한다.

→ 마스터권은 음반제작자인 기획사에게 있지만, 실연권은 가창. 연주에 참여한 가수·아티스트에게 그대로 있으며 전속계약이 종료되어도 해당 실연료는 그대로 가수·아티스트에게 지급된다. 그렇기 때문에 기획사가 자신의 마스터권을 활용하여 추가적인 콘텐츠를 만들 때 저작인접권자 중 하나인 가수·아티스트에게 실연권 승인을 받아야 하고 이에 대해 적극 협력한다는 뜻이다.

제11조 (권리 침해에 대한 대응)

제3자가 제8조 내지 제10조에 규정된 권리를 침해하는 경우, 갑은 갑 자신의 책임과 비용으로 그 침해를 배제하기 위한 조치를 취할 수 있으며 을은 이와 같은 갑의 침해배제 조치에 협력한다.

제12조 (수익의 분배 등)

① 이 계약을 통하여 얻는 모든 수입은 일단 갑이 수령하며, 아래 제2항 및 제3항에 따라 분배한다. 단, 을이 그룹의 일원으로 활동할 경우, 해당 연예활동으로 인한 수입에 대해서는 해당 그룹의 인원수로 나눈다.

　· 수익분배에 대한 내용도 주요 분쟁거리 중 하나이다. 특히, 아이돌 그룹의 경우 멤버 수가 많을수록 배분되는 수입이 그만큼 줄어들기 때문에 불만이 많아질 수 있다. 또한 연예활동을 하는 멤버와 그렇지 않는 멤버간의 차이도 크게 벌어지기 때문에 이에 대한 오해나 불신도 커질 수 있다. 하지만, 이것은 뮤직비즈니스의 역사가 오래된 미국이나 일본도 같은 방식으로 운영되고 있고, 결국 인기를 끄는 멤버가 더 많은 수입을 거두는 시장논리로 인해 어쩔 수 없는 부분이 있다. 다만, 기획사에서는 활동하지 않는 멤버들이 소외받지 않도록 자기계발과 함께 다양한 경험을 쌓을 수 있는 기회를 제공하는 등 좀 더 신경쓰는 모습이 필요하다.

② **음반 및 콘텐츠 판매와 관련된 수입**은 각종 유통 수수료, 저작권료, 실연료 등의 비용을 공제한 후 갑과 을이 분배하여 가지는데, 그 분배방식(예: 슬라이딩 시스템)이나 구체적인 분배비율은 갑과 을이 별도로 합의하여 정한다.

　· 음반과 음원을 판매하여 거둔 수익을 일정 비율로 분배하는 조항이다. 앞에서 수차례 말한 바와 같이 예전 음반 위주의 시장에서 음원 위주의 시장으로 바뀌었지만, 음악으로 인한 수익은 아직 충분히 이루어지고 있지 않은 상황이다. 특히, 저작권료와 유통사의 유통수수료, 서비스사의 수수료를 제외한 금액을 기획사와 가수·아티스트가 나누어 갖는 방식인데, 음악으로 인한 수익은 기획사의 배분율이 더 높아 가수·아티스트가 가지고 가는 수입은 적을 수 밖에 없다. 기획사가 높은 비율을 가지고 가는 이유는 앨범 제작시 많은 비용을 투자하였기 때문이며, 이에 대한 위험도 기획사가 모두 부담하기 때문이다. 과거에는 CD가 팔리는 수량에 따라 장당 일정 금액을 분배하는 방식이 주를 이뤘지만, 최근에는 음반시장에서 10만장 이상 팔린 앨범이 많지 않아졌기 때문에(2014년 가온차트 기준 10만장 이상 팔린 앨범은 14개 뿐) 이보다는 비용을 공제한 후 수익의 10~50%로 정하는 경우가 많아졌다. 여기에서의 비용이란 앨범 제작비를 말하며, 음악 제작 및 마케팅 비용, CD·DVD 임가공 비용, 진행비 등을 말한다. 신인의 경우 분배율이 낮고 시장성이 높은 가수·아티스트일수록

분배율이 높은데, 아무리 높아도 50%를 넘는 경우는 거의 없다. 슬라이딩 시스템이란 매출이 높아지는 것에 따라 배분율을 높여주는 형태로 예를 들어 해당 앨범의 매출이 1억원까지는 10%, 1~3억원은 20%, 3억원 이상은 30%의 분배율을 가수·아티스트에게 분배해주는 방식을 말한다.

③ **연예활동과 관련된 수익**에 대한 수익분배방식(예: 슬라이딩 시스템)이나 구체적인 분배비율도 갑과 을이 별도로 합의하여 정한다. 이때 수익분배의 대상이 되는 수익은 을의 연예활동으로 발생한 모든 수입에서 **을의 공식적인 연예활동으로 현장에서 직접적으로 소요되는 비용**(차량유지비, 의식주 비용, 교통비 등 연예활동의 보조·유지를 위해 필요적으로 소요되는 실비)과 **광고수수료 비용 및 기타 갑이 을의 동의 하에 지출한 비용을 공제한 금액**을 말한다.

› 가수·아티스트에게 지급하는 연예활동에 대한 수익 분배율은 음악 판매 수익 분배율보다 높은데, 가수·아티스트가 현장에 직접 돌아다니면서 매출이 발생하기 때문이다. 보통 비용을 공제한 수익의 30~70%를 가수·아티스트에게 분배하는데, 신인일수록 비율이 적고, 특A급의 경우 70% 넘게 가져가는 경우도 간혹 있다. 다만, 이럴 때는 주식이나 기획사의 가치를 올리기 위해 어쩔 수 없이 계약하는 경우이며 70%를 넘을 경우 기획사에게는 실질적인 수익은 없다고 볼 수 있다. 또한 비용을 공제하는 내역에 대해서는 계약서에 상세하게 나열하여 추후 분쟁의 소지를 제거할 수 있도록 한다. 이를 명확히 해 놓지 않으면 가수·아티스트가 생각한 것보다 훨씬 많은 금액이 공제되었다고 불만이 쌓이게 되고 추후 법적 분쟁의 소지가 될 수 있기 때문이다. 어느 내역의 비용까지 공제할 것인지는 각 기획사마다 사정이 다르기 때문에 정답은 없다. 그렇기 때문에 계약시 상세하게 설명을 듣고 서로간의 이해가 충분히 이루어진 후에는 이에 대한 문제를 삼지 않고 연예활동에 전념하는 것이 좋다. 신인때는 힘들어도 참고 활동을 하다가 유명해지고 발언권을 얻은 후 낮은 분배율을 문제 삼아 전속계약을 파기하기보다는 애초에 슬라이딩 시스템을 이용해 계약 조건에 일정 금액 이상의 매출을 거두면 비율을 높이는 조항을 추가하는 것이 양측 모두에게 이롭기 때문이다.

④ 갑은 자신의 매니지먼트 권한 범위 내에서 을의 연예활동에 필요한 능력의 습득 및 향상을 위한 **교육(훈련)에 소요되는 제반비용을 원칙적으로 부담**하며, 을의 의사에 반하여 불필요한 비용을 을에게 부담시킬 수 없다.

› 기획사마다 교육비를 비용에 포함시키는 경우도 있다. 교육 기간이 상당히 길어서 비용이 많이 들게 되는데, 서로의 합의하에 이를 비용으로 포함시켜 추후 수익이 발생할 경우 비용으로 공제하는 방식이다.

⑤ 을은 **연예활동과 무관한 비용**을 갑에게 부담시킬 수 없다.

→ 앞에서 다룬 것처럼 기획사가 가수·아티스트에게 금품을 요청하는 것은 불가능하며, 만일 그런 요청을 하는 기획사와는 계약을 하지 않는 것이 좋다.

⑥ 을의 귀책사유로 갑이 을을 대신하여 제3자에게 배상한 금원이 있는 경우 을의 수입에서 그 배상비용을 우선 공제할 수 있다.

→ 가수·아티스트가 잘못하여 기획사가 제3자에게 배상금을 지급하였을 경우 그만큼을 추후 기획사가 가수·아티스트에게 분배하는 금액에서 제외할 수 있다는 의미이다.

⑦ 갑은 을에게 분배할 금원을 **매월 ( )일자로 정산하여 다음 달 ( )일까지** 을이 지정하는 입금계좌로 지급한다. 단, 매월 정산하기 어려운 부분에 대해서는 을에게 이러한 사실을 알리고 **별도의 정산주기 및 지급일**을 정할 수 있다.

→ 과거 음반과 음원의 수익이 늦게 취합되고 전달될 때에는 6개월이나 1년에 1번 정산한 적도 있다. 하지만, 요즘은 매달 정산하거나 길어도 분기(3개월)에 1번씩 기획사에서 가수·아티스트에게 정산을 해준다. 다만, 음반, 음원이 판매된 시기와 정산되는 시기가 차이가 나기 때문에 가수·아티스트가 최종적으로 그 수입을 분배받는 데에는 시간적 차이가 발생할 수 밖에 없다. 예를 들어 2014년 1월 판매된 음원의 경우 서비스와 유통사를 거쳐 기획사로 취합되고 기획사에서도 각 가수·아티스트 별로 분배하는 시간이 걸리기 때문에 최소 4~5개월의 시간차이가 발생한다. 다만, 음반·음원이 아닌 광고모델이나 행사 활동 수입의 경우 보통 계약금을 미리 받고, 행사 직전에 잔금을 완료 받기 때문에 행사 후 1~2개월 이내에 해당 분배를 받는 것이 가능하다. 다만, 기획사에서 약속한 입금 일자를 지키지 않으면 문제가 되는데, 기획사는 피치 못할 사정이 생겼을 경우에 지체하지 말고 가수·아티스트에게 이해를 구하여야 한다. 그렇지 않고 해당 정산이 이루어지지 않을 경우는 전속계약이 파기될 수 있기 때문이다.

⑧ 갑은 **정산금 지급과 동시에 정산자료**(총 수입과 비용공제내용 등을 증빙할 수 있는 자료)를 **을에게 제공**한다. 을은 정산자료를 수령한 날로부터 **30일 이내에** 정산내역에 대하여 공제된 비용이 과다 계상되었거나 을의 수입이 과소 계상되었다는 등 갑에게 이의를 제기할 수 있고, 갑은 그 정산근거를 성실히 제공한다.

→ 기획사는 정산금 지급에 대한 근거인 정산자료를 가수·아티스트에게 제공해야 한다. 그냥 '얼마 나왔으니 받아라'는 방식은 이제 통용되지 않는 것이다. 이제는 대부분의 정산 자료들이 전산화되고 표준화되었기 때문에 어디서, 얼마나 팔렸는지 그 내용을 상세하게 볼 수 있다. 기획사에서도 유통사나 각 계약사로부터 해당 내용을 구체적으로 받고 각종 회계자료들

도 전산화하여 관리하기 때문에 숨길 필요없이 관련 자료를 제공하여 오해와 불신이 생기지 않도록 노력해야 한다. 이미 일정 규모와 시스템을 갖춘 기획사들은 매달 정산과 관련하여 가수·아티스트에게 설명해주는 시간을 갖는데 매우 바람직한 모습이라고 볼 수 있다. 예를 들어 기획사나 가수·아티스트 본인이 A라는 곡을 B 사이트에서 이용하였는데, 추후 정산자료를 보니 해당 내용이 누락되었으면 문제를 제기하고 추가 정산을 받아야 하며 그러한 과정이 이런 정산 설명회에서 체크될 수도 있기 때문이다.

⑨ 갑과 을은 각자의 소득에 대한 세금을 **각자 부담**한다.

- 세금 문제는 의외로 중요하다. 일반 대중은 가수·아티스트를 좋아하고 따르지만 반면에 아직까지 '놀고 먹는 행운아'들이라는 이미지도 있기 때문에 담당자의 실수로 세금을 누락하였을 경우, 기획사뿐만 아니라 가수·아티스트의 이미지에 큰 타격을 줄 수 있다.

제13조 (확인 및 보증)

① 갑은 을에 대해 계약체결 당시 제5조 제1항의 매니지먼트 권한 및 의무를 행사하는 데 **필요한 인적·물적 자원을 보유하거나 그러한 능력**을 갖추고 있다는 것을 확인하고 보증한다.

- 만일 기획사가 매니지먼트의 능력이 없음에도 불구하고 전속계약을 맺고 전속계약서를 근거로 가수·아티스트에 대한 모든 권리를 갖고자 하는 것을 막기 위한 조항이다. 즉, 매니지먼트 권한 및 의무를 행사할 때 필요한 능력이 없을 경우 해당 조항을 근거로 하여 전속계약을 해지할 수 있다.

② 을은 갑에 대해 다음 각 호의 사항을 확인하고 보증한다.

  1. 이 계약을 유효하게 체결하는데 필요한 권리 및 권한을 보유하고 있다는 것
  2. 이 계약의 체결이 제3자와의 다른 계약을 침해하지 않는다는 것
  3. 계약기간 중 이 계약내용과 저촉되는 계약을 제3자와 체결하지 않는다는 것

- 마찬가지 이유로 만일 가수·아티스트가 다른 제3자와 이미 전속계약을 체결하였거나 미래에 다른 기획사와 이중으로 전속 계약을 체결하는 것을 막기 위한 조항이며, 만일 그럴 경우 해당 기획사는 해당 조항을 근거로 법적 책임을 피할 수 있다.

제14조 (계약내용의 변경)

이 계약내용 중 일부를 변경할 필요가 있는 경우에는 갑과 을의 서면합의에 의하여 변경할 수 있으며, 그 서면합의에서 달리 정함이 없는 한, 변경된 사항은 그 다음 날부터 효력을 가진다.

제15조 (계약의 해제 또는 해지)

① 갑 또는 을이 이 계약상의 내용을 위반하는 경우, 그 상대방은 위반자에 대하여 **14일 간의 유예기간**을 정하여 위반사항을 시정할 것을 먼저 요구하고, 그 기간 내에 위반사항이 시정되지 아니하는 경우에 상대방은 계약을 해제 또는 해지하고, 손해배상을 청구할 수 있다.

→ 계약을 지키지 않으면 그에 대해 해지를 요청하는 것은 당연하다. 다만 가수·아티스트는 본인이 콘텐츠이자 상품이기 때문에 이런 문제 제기 자체가 이미지에 타격을 입는 것이 사실이고 이러한 약점을 기획사가 이용하기도 한다. 하지만, 요즘은 가수·아티스트가 정당하게 문제를 제기하고 그에 대한 해결의 기미가 보이지 않을 경우 소송을 진행하는 것에 대해 대중의 인식이 많이 나아진 상황이다. 하지만, 언론에 노출하기 이전에 먼저 기획사와 협의를 통해 해결하는 것이 바람직하다.

② 갑이 계약내용에 따른 자신의 의무를 충실히 이행하고 있음에도 불구하고, 을이 계약기간 도중에 계약을 일방적으로 파기할 목적으로 계약상의 내용을 위반한 경우에는 **을은 제1항의 손해배상과는 별도로** 계약해지 당시를 기준으로 **직전 2년간의 월평균 매출액에 계약 잔여기간 개월 수를 곱한 금액**(을의 연예활동 기간이 2년 미만인 경우에는 실제 매출이 발생한 기간의 월평균 매출액에서 잔여기간 개월 수를 곱한 금액)을 **위약벌**로 갑에게 지급한다. 이 경우 계약 잔여기간은 제3조 제3항의 규정이 적용되는 경우가 아닌 한, 제3조 제1항에 따른 계약기간이 7년을 초과하는 경우에는 7년을 초과한 기간은 계약 잔여기간에서 제외한다.

→ 여러 가지 이유로 가수·아티스트가 소위 '뜨게' 되면 기존 기획사와의 계약을 종료하고 다른 기획사와 계약을 맺거나 독립하고 싶어한다. 물론 앞은 제15조 1항의 내용처럼 기획사가 계약의 내용을 지키지 않을 경우에는 당연히 계약해지를 요구해야 하지만, 그렇지 않는데도 기존 기획사를 떠나는 행위는 계약을 먼저 어긴 것이 되어 그에 대한 손해배상의 내용이 담겨 있는 조항이다. 따라서 일정 금액의 손해배상 금액을 계약서에 명시하기도 하는데, 보통 '위약금'이 아닌 '위약벌'로 표시한다. 비슷한 의미이긴 하지만, 위약금의 경우 설정된 금액이 과도할 경우 감액이 가능하지만, 위약벌은 감액이 불가능한 차이가 있기 때문이다. 물론 그렇다고 위약벌을 말도 안되게 많이 설정하는 것은 인정받을 수 없고 투자금의 몇 배에 해당

하는 양측이 수긍할 수 있는 금액을 설정해야 한다.

③ 계약 해지일 현재 이미 발생한 당사자들의 권리·의무는 이 계약의 해지로 인하여 영향을 받지 않는다.

- 즉, 과거 서로 약속한 내용은 계약이 해지되어도 인정하고 수행해야 한다는 뜻이다. 예를 들어 2014년 12월 31일 계약이 해지 되었는데, 2015년 3월 15일 특정 행사에 참여하기로 약속하였고 그에 대한 정산금도 지급하였다면 행사 당일 가수·아티스트는 계약 해지된 상태이지만 행사에 참석해야 할 의무가 있고 기획사는 그 행사에 대한 정산을 해줄 의무가 있는 것이다.

④ 을이 중대한 질병에 걸리거나 상해를 당하여 **연예활동을 계속하기 어려운 사정**이 발생한 경우 이 계약은 종료되며, 이 경우에 갑은 을에게 손해배상 등을 청구할 수 없다.

- 어떠한 병에 걸리거나 상해를 당했는지에 따라 달라지지만 만일 이런 일이 발생하면 양측이 협의하여 진행하게 된다. 다만 병에서 완쾌되거나 다시 연예활동을 하기 원할 경우 기존 기획사와 어떤 식으로 관계를 맺을 것인지 확실하게 정하는 것이 좋다. 왜냐하면 병으로 인한 계약 종료는 연예활동을 더 이상 하지 못한다는 어쩔 수 없는 상황을 가정한 것이기 때문이다.

제16조 (비밀유지)

갑과 을은 이 계약의 내용 및 이 계약과 관련하여 알게 된 **상대방의 업무상의 비밀**을 제3자에게 정당한 사유 없이 **누설할 수 없으며** 이를 비밀로 유지한다. 이 비밀유지의무는 계약기간 종료 후에도 유지된다.

- 대부분의 계약이 마찬가지이지만 비밀 유지는 계약의 기본조건이다. 이 책에서 밝히는 요율이나 조건도 법에 명시되었을 경우는 정확하게 기록하였지만, 그렇지 않은 경우 정확하게 밝히지 않은 이유이기도 하다. 다만, 예외가 되는 경우는 법정에서 공개되거나 국회에서 보고서로 제출되는 경우 또는 기사화되어 공개되는 경우가 있는데 그러한 경우는 극히 드물다.

제17조 (분쟁해결)

① 이 계약에서 발생하는 모든 분쟁은 갑과 을이 **자율적으로 해결하도록 노력**한다.

② 제1항에 따라 해결되지 않을 때에는 다음 중 _____ 에 따라 해결한다.

  1. 중재법에 의하여 설치된 **대한상사중재원의 중재(仲裁)**

    - 중재란 분쟁을 해당 분야의 전문가들(법조계 법조경력 10년이상 변호사, 실무경력이 10

년 이상인 자, 대학교수로 5년 이상인 자 등)의 판정에 의해 해결하는 제도이다[58]. 이는 소송보다 비용과 시간이 적게 들고 가수·아티스트의 사생활이 언론기관 등에 알려지는 것을 피할 수 있는 장점이 있다. 또한 소송 당사자들이 직접 중재인을 선택할 수 있기 때문에 공정한 판정을 기대할 수 있다. 하지만, 아직 한국에서는 중재에 대한 인식이 그리 높지 않기 때문에 많이 사용되지 않고 있는데 소송 그 자체가 양측에게 부담이 되기 때문에 앞으로는 좀 더 많이 활용될 것으로 기대된다.

2. 민사소송법 등에 따른 **법원에서의 소송(訴訟)**

→ 보통 대부분의 기획사가 서울에 있기 때문에 서울지방법원으로 지정하여 계약서에 명시한다. 전속계약서에서는 중재 또는 소송 둘 중 한 가지 방법을 정하여 분쟁을 해결한다.

제18조 (아동·청소년의 보호)

① 갑은 아동·청소년 연예인의 신체적·정신적 건강, 학습권, 인격권, 수면권, 휴식권, 자유선택권 등 기본적인 인권을 보장한다.

② 갑은 연예매니지먼트 계약을 체결하는 경우 연예인의 연령을 확인하고 아동·청소년의 경우 영리 또는 흥행을 목적으로 과다노출 및 지나치게 선정적으로 표현하는 행위를 요구할 수 없다.

③ 갑은 아동·청소년 연예인에게 과도한 시간에 걸쳐서 대중문화예술용역을 제공하게 할 수 없다.

→ 요즘은 어린 미성년자들과 계약이 많아지고 있기 때문에 이들에 대한 관리가 특별히 더 필요하다. 미국과 같은 경우는 이들을 보호하기 위해 법적인 세부조항을 정해놓기도 하는데, 한국은 아직 그만큼 수준에는 이르지 못한 상황이다. 문화적인 차이가 있기 때문인데, 앞으로는 기획사가 미성년자인 가수·아티스트를 더욱 보호해야 한다.

제19조 (부속 합의)

① 갑과 을은 이 계약의 내용을 보충하거나, 이 계약에서 정하지 아니한 사항을 규정하기 위하여 부속 합의서를 작성할 수 있다.

② 을이 그룹의 일원으로 연예활동을 하는 경우에 제8조(상표권 등) 내지 제10조(콘텐츠 귀속 등)의 규정은 별도의 합의로 정할 수 있다.

---

58 중재의 의미. 대한상사중재원, http://www.kcab.or.kr/jsp/kcab_kor/arbitration/arbi_01_03.jsp?sNum=0&dNum=0&pageNum=1&subNum=1&mi_code=arbi_01_03

그룹의 일원이 되게 되면 각자 별도의 계약을 맺은 것 이외에 추가적으로 필요한 사항이 생긴다. 이에 대해서는 별도 부속 합의서를 만들어 적용하게 된다.

③ 제14조에 따른 계약내용 변경 및 제1항에 따른 부속 합의는 이 계약의 내용과 배치되거나 위반하지 않는 범위로 한정한다.

이 계약의 성립 및 내용을 증명하기 위하여 계약서 2부를 작성하고, 갑과 을이 서명 날인 후 각 1부씩 보관한다.

계약체결 일시 :　　　년　　　월　　　일

계약체결 장소 :

갑 : 프로덕션

주 소 :

회사명 :

대표자 :　　　　　　　　인

을 : 아티스트

주 소 :

생년월일 :

성 명(실명) :　　　　　　인

[개인인감증명서 첨부]

을의 법정대리인(을이 미성년자인 경우)

을과의 관계 :

주 소 :

생년월일 :

성 명(실명) :　　　　　　인

[개인인감증명서 첨부]

→　계약체결 일시는 매우 중요하다. 모든 법적 근거에 기준이 되는 일자이기 때문에 공란으로 두면 안되고 특정일을 명시해야 한다. 그리고 법적 분쟁을 줄이기 위해 반드시 인감도장과 인감증명서를 첨부하도록 한다.

〈 첨 부 〉

1. 부속 합의서

→　계약서에 추가적인 약속사항을 정할 때, 부속 합의서를 만들기도 한다. 특히, 전속계약은 개인별로 하지만 여러 명이 그룹활동을 할 때는 공통적으로 적용되는 부분을 부속 합의서에 넣는 경우도 있다.

9. 참고해야 할 모범거래기준

추가적으로 공정거래위원회에서는 '연예매니지먼트 산업의 모범거래기준' (2012.10.31, 공정거래위원회 서비스업감시과)를 제정하였다.

연예매니지먼트 산업의 불공정한 계약관행, 과도한 인권침해 등을 예방하여 모범적인 거래관행을 유도하고 분쟁 발생 시 분쟁해결을 위한 자율적인 가이드라인으로 활용하는 계기가 될 것을 기대하는 취지로 공지하였는데 요약하면 다음과 같다.

🎧 매니지먼트사[59]의 기본 정보[60], 재무상태 공개

현재 연예매니지먼트업의 경우 관할 세무서에 사업자등록을 하는 것 이외에 특별한 허가 또는 신고절차가 필요하지 않아 무자격자가 사업에 뛰어들거나 부실한 관리로 인해 사회적 문제를 야기하고 있다. 유명 매니지먼트사나 연예인의 매니저를 사칭하여 각종 명목의 비용을 징수하

---

59 매니지먼트사는 기획사를 뜻하나, 여기에서는 공정거래위원회에서 제시한 용어인 매니지먼트사를 그대로 사용하였음.

60 공개해야 할 기본 정보사항 : 매니지먼트사 및 대표에 관한 기본적 정보(명칭, 주소, 경력 등), 시설 및 인력에 관한 정보

거나 취업을 빙자한 사기사건을 막기 위한 것과 부실한 관리로 인하여 각종 회계비리를 막기 위해 기획사의 기본 정보와 재무상태를 공개하도록 하였다.

🎧 수익공정화 및 제작업 겸업사를 위한 준수사항 구체화

기획사의 대형화로 인하여 제작업을 겸하는 기획사가 출현함에 따라 자사 제작물에 소속 연예인을 무상 또는 강제 출연시키는 사례도 발생하고 있어 이를 막기 위한 조치이다. 예를 들어 소속 연예인의 수입 및 비용을 연예인별로 분리하여 관리해야 하고, 2인 이상 함께 활동하는 경우(댄스가수그룹 등)에는 연예활동 별로 관리해야 한다. 또한, 자사 제작물에 출연시키는 경우에 가수·아티스트의 사전 동의를 받으며, 동의하지 않았음을 이유로 불이익을 주면 안된다.

🎧 연예인에 대한 과도한 의사결정 제한금지 등 금지의무를 부과함

강력한 연예인조합의 존재 등으로 연예인의 지위가 보장되는 미국 등 선진국에 비하여, 국내는 상대적으로 기획사가 우월적 지위에 있어 기획사에게 일정한 행위를 금지하도록 하는 등 거래상대방을 보호할 필요가 있어서 가수·아티스트의 의사결정을 과도하게 제한하지 않도록 정하였다.

10. 아이돌 그룹

아이돌 그룹은 K-POP의 인기를 퍼트린 주역이자 대중의 관심을 한 몸에 받고 있고 있다. 어떤 사람들은 아이돌 그룹의 인기가 다양한 음악이 사라져버린 원인이라고 주장하지만, 그것은 정확한 인과관계를 추론한 것이 아니다. 실제로는 변화하는 음악산업 환경과 뮤직비즈니스의 발전 과정에서 나타나는 현상이라고 보는 것이 더 정확하다. 앞으로 뮤직비즈니스가 발전함에 따라 아이돌 그룹은 더 진화하고 다른 음악 장르나 가수·아티스트들도 더 넓게 사랑을 받을 것이다. 마지막으로 현재 가장 큰 이슈인 아이돌 그룹에 대해 몇 가지 살펴보고자 한다.

K-POP 인기의 선두주자

다양한 개성을 가진 멤버들이 모여 색다르고 다채로운 매력을 발산하는 그룹활동은 한국뿐만 아니라 전세계적으로 인기를 끌고 있다. 특히, 시장 규모가 작아 다양한 음악이 공존하기 힘든 한국에서는 수입원이 다양한 아이돌 그룹 활동이 대세임을 부정할 수 없다. 특히, 기획사에서 연습생 시절부터 수년간 트레이닝을 받아 결성된 아이돌 그룹의 경우 전세계적으로 K-POP 인기를 주도하고 있다. 음악만으로 수익을 거둬들이기 힘든 환경에서 드라마, 영화 등 다양한 분야로 활동 범위를 넓혀서 수익을 다변화하고, 그룹 멤버들의 다양한 개성을 활용한 매력 발산을 통하여 음악활동을 좀 더 장기화할 수 있는 장점도 존재한다. 하지만, 그에 못지 않게 멤버간 문제나 수익 분배 등 여러 가지 문제가 발생하였는데, 전 세계적으로 인기를 끌고 있는 K-POP이 한때의 추억으로 남게 될 수 있기 때문에 이에 대한 적극적인 관리와 문제 해결이 필요하다.

🎧 아이돌 멤버간 문제

예전의 그룹 활동보다도 현재의 아이돌 그룹 활동은 훨씬 다양한 특성을 가지고 있다. 예를 들어 과거에는 음악적인 색깔이 비슷한 멤버들이 서로 호감을 가지고 뭉치거나 어릴 적부터 친구로 지내다 자연스럽게 그룹으로 형성된 형태가 대부분이었다. 하지만 지금은 의도적으로 기획하여 다양한 성격과 노래, 랩, 댄스 등을 특화 시킨 멤버들로 구성하기 때문에 쉽게 하나로 동화되기 힘들다.

데뷔하기 전에 알 수 없는 미래를 꿈과 비전이라는 하나의 목표를 향해 달려가다가 실제 데뷔를 하고 어느 정도 인기를 끌게 되면 각자의 추구하는 음악과 스타일이 달라서 멤버들 사이에 문제가 생기는 경우가 대부분이다. 거기에 팬과 인기라는 요소까지 더해지게 되면 문제가 더 크고 심각해진다.

그룹명과 앨범에 대한 권리는 기획사에게 있기 때문에 문제가 생기면 아무리 힘들더라도 그룹을 탈퇴하는 것은 기획사는 물론이고 본인이나 다른 그룹 멤버들 모두에게 피해가 가기 때문에 가능한 참는 것이 좋다. 더 이상 참기 힘든 문제가 생기면 확실하게 의사표명을 하되, 기획사 내부에서 해결할 수 있는 방법을 마지막까지 찾는 것이 바람직하다.

🎧 멤버간 계약기간 및 분배율

그룹의 멤버가 지속적으로 바뀌는 컨셉의 그룹도 있고 '헤쳐 모여' 방식의 다양한 유닛 활동과 그룹활동을 병행하는 등 다양한 형태의 그룹이 활동하고 있다. 아이돌 그룹의 계약은 대부분 멤버 개별적으로 이루어진다. 이를 두고 기획사에서 일부러 멤버들의 개별적인 활동을 제한하기 위해 의도적으로 계약 기간을 다르게 하는 것으로 오해하는 사람들이 의외로 많다. 하지만 실제로는 수많은 후보들 중에 데뷔 2~3개월 전에 그룹의 조합이 완성되는 때도 있다. 개별 전속 계약을 체결하는 일자와 기간이 모두 다르기 때문에 멤버 별 계약 기간이 다른 경우가 대부분이고 분배율이나 조건들 역시 약간 상이한 경우도 많다.

여기에서 말하는 분배율이란 그룹 활동으로 벌어들인 수입을 1/n로 나누는 기본 분배율이 다르다는 뜻이 아니다. 예를 들어 5명 그룹 활동으로 기타 비용을 제외하고 1,000만원 수익을 거두었다면 멤버 각각 200만원씩 나누어 갖는 것이 기본 분배율이다. 개별 계약으로 분배율이 다른 경우는 예를 들어 5명 멤버 중 1명은 기존 연예인으로 활동하던 경력이 있을 경우 다른 신인 멤버들보다 높은 개별 활동 분배율을 가질 수 있으며, 멤버 1명이 중국 에이전시를 통해 캐스팅 되었을 때, 중국 내 개별 활동에 대한 분배를 다른 멤버들과 다르게 적용하는 경우도 있다는 뜻이다.

🎧 어린 시절 스타가 되는 것

영화 '미세스 다웃파이어'에서 7살에 데뷔한 마라 윌슨(Mara Wilson)의 고백은 많은 시사점을 준다. 7살만큼은 아니지만 충분히 자아가 성숙하기 이전 청소년기에 데뷔하는 가수·아티스트들의 경우 그들의 가치관이나 사회경험을 충분히 쌓기 전에 많은 사람들의 관심과 애정을 받게 된다. 대중은 그들의 얼굴을 TV에서 봤고, 그들을 좋아한다는 이유만으로 마치 자신의 친구나 이웃처럼 엄격한 잣대를 가지고 평가를 한다. 또한 가수·아티스트들이 다른 사람들의 모범이 되어야 한다고 믿는 것은 어린 스타들이 정상적으로 사는 것을 거의 불가능에 가깝게 만드는 요인들이다.[61] 물론 이것은 당연히 감당해야 할 몫이다. 다만 이것들을 감당할 수 있는지에 대해서 가수·아티스트와 부모님이 먼저 생각해보는 것이 필요하다.

사회의 관심과 많은 팬들의 애정을 받기만 하고, 그에 대한 일정 부분 책임감을 가지지 않겠다는 것은 마치 물건 값을 치르지 않고 공짜로 물건을 갖겠다는 이야기와 다를 바가 없다. 멋진 음악을 만들고 알려서 사람들에게 사랑을 받는다면 어쩔 수 없이 유명해진만큼 대가를 치러야 한다. 가수·아티스트를 포함하여 연예인은 법적으로도 공인으로 인정받는다. 왜냐하면, "일반인보다 언론에 노출되는 빈도가 높고, 대중으로부터 주목을 끌기 위해 자발적이고 적극적으로 언론에 접근하며, 때로는 선정적으로 보도되기도 하지만 이를 통해 유명세를 타게 되고, 나아가서는 언론에 접근하여 반박도 용이하게 할 수 있기 때문"[62]이다.

---

61 Mara Wilson(2013.05.28). 7 Reasons Child Stars Go Crazy (An Insider's Perspective). Cracked. http://www.cracked.com/blog/7-reasons-child-stars-go-crazy-an-insiders-perspective_p2/#ixzz3NOFHetfU

62 전희락(1994). 언론의 명예훼손에 관한 세례연구 보도와 명예훼손. 한국언론연구원

# 11. 요약 정리

1. 가수·아티스트가 되기에는 엄청난 경쟁을 뚫어야 하고 기약 없이 때를 기다리며 준비해야 하며, 그럴 각오를 미리하고 도전해야 함.

2. 가수·아티스트 지망생으로 준비할 것

그저 주위 사람들이 잘한다는 평가나 자기 스스로 자아도취되지 않도록 자신의 음악을 세상에 선보이고 객관적으로 평가 받아야 함.

1) 자신의 음악 녹음하기

2) 녹음한 음악을 홍보하기

3) 팬그룹을 확보하고 스토리 만들기

3. 뮤직비즈니스에서 가수·아티스트의 의미

자신만의 색깔있는 음악을 들려줄 수 없다면 직업이 아닌 취미로 노래를 부르는 것이 좋음.

1) 당신이 비즈니스 그 자체이다.

2) 당신의 유통기한은 짧다.

3) 당신만의 색깔이 있어야 한다.

4. 기획사와의 계약

자신을 가수·아티스트로 만들어줄 수 있는 기획사를 찾고 계약해야 함. 마치 남남이던 부부가 결혼이라는 법적 절차를 통해 가족이 되는 것처럼 가수·아티스트는 기획사를 신중하게 선택하고 계약을 맺어야 함.

1) 전속계약서

가수·아티스트는 자신의 권리를 지키는 것과 함께 의무를 충실히 수행해야 함.

2) 참고해야 할 모범 거래기준

5. 아이돌 그룹

어린 시기에 데뷔하기 때문에 가수·아티스트 본인뿐만 아니라 주위의 배려와 이해가 필요함. 아이돌로 데뷔하는 가수·아티스트는 미리 발생할 문제점에 대해 준비하고 지혜롭게 대처하여 인기에 도취되지 않고 자신의 음악을 탐구하고 발전시키는 노력이 필요함.

이번 장에서는 가수·아티스트가 되기 전에 고려해야 하는 것들과 가수·아티스트가 되고 나서 신경 써야 할 것들에 대해 살펴보았다. 다음 장에서는 뮤직비즈니스에서 기획사가 차지하고 있는 의미와 시스템 비교, 역할들에 대해 살펴보겠다.

06
기획사

음악제작, 뮤직비즈니스의 중심

"자기 혼자 빛나는 별은 없어. 별은 다 빛을 받아서 반사하는 거야."
- 영화 '라디오스타'에서

　뮤직비즈니스 초기에는 가수·아티스트와 매니저 단 둘이 시작하는 경우가 많았다. 가수·아티스트는 음악을 만들거나 부르고, 매니저는 그 음악이 대중에게 들려지고 사랑 받을 수 있도록 보이지 않는 곳에서 방송국, 공연장 등 어디든 달려가고 뒷바라지를 했다. 또한 매니저는 음반제작자의 역할도 수행하여 음악을 제작할 수 있도록 돈을 투자하던가 아니면 외부로부터 돈을 투자 받아왔다. 하지만, 그 때는 계약이라는 개념이 잘 지켜지지 않고, 불공정 계약도 많았다. 차라리 앨범이 실패하면 힘든 시기를 함께 했던 좋은 관계로 후일 함께 하는 사이가 될 수 있지만, 성공하면 수익 분배 등의 문제가 생기고 각종 소송으로 인해 다시는 얼굴을 보지 않는 원수관계가 되어버리기도 했다.

　아직까지 가수·아티스트보다는 기획사의 파워가 더 큰 것이 사실이다. 그렇지만, 최근에는 가수·아티스트가 점점 대형 스타화 되고 본인만의 브랜드를 갖게 되면서 무게의 추가 조금씩 넘어가고 있는 실정이다.

가수·아티스트가 중심인 미국은 물론이거니와 한국보다 더욱 기획사 중심의 뮤직비즈니스 구조를 가진 일본의 사례를 봐도 엔터테인먼트 산업에서 스타의 중요성이 점점 더 강화되기 때문이다.

하지만, 아무리 가수·아티스트의 힘이 커진다고 해도, 매니저와 음반제작자를 포함한 기획사 없이는 성공할 수 없다. 가수·아티스트가 뮤직비즈니스의 주인공이라면, 기획사는 그런 주인공들을 만들어내고 수익을 창출할 수 있는 음악을 제작하는 뮤직비즈니스의 중심이기 때문이다.

기획사는 배부르게 돈을 벌고, 가수·아티스트는 착취를 당하는 걸로 많은 이들이 오해하고 있다. 일부 기획사들이 계약을 어기거나 불합리하게 분배한 것이 언론에 크게 보도되어 더욱 그러한 오해가 커졌다. 하지만 지금은 법으로 그런 일이 생기지 않도록 가수·아티스트를 보호하고 있고, 계약에 의거한 공정한 분배가 이루어져야 한다는 사회적인 공감대가 형성되어 과거처럼 기획사가 불법을 저지르기 힘들어졌다. 게다가 수없이 많은 제작자들이 실패를 했고, 그로 인해 엄청난 금전적 손실을 본 것을 잊어서는 안된다. 물론 자본주의 사회에서 공정한 경쟁을 통해 사업에 성공하거나 실패하는 것은 당연히 받아들여야 하는 것이지만, 가수·아티스트의 성공을 위해 많은 자본과 노력을 기울인 기획사를 두고 막연히 착취하는 대상으로 보는 것은 바람직하지 않다.

이번 장에서는 매니지먼트 시스템을 미국과 일본의 사례와 비교하고, 앨범의 제작과정과 기획사의 역할 그리고 기획사의 수입과 지출의 내역에 대해 살펴보면서 기획사가 왜 뮤직비즈니스의 중심인지 알아보겠다.

1. 매니지먼트 시스템 비교

각 나라마다 법과 사회 구조가 다르기 때문에 그에 따른 엔터테인먼트의 역사도 다르고 엔터테인먼트 산업의 구조인 매니지먼트 시스템도 다르다. 매니지먼트 시스템이 여러 가지 의미로 쓰이지만 이 책에서는 가수·아티스트와 매니저, 음반제작자 등 뮤직비즈니스에 참여하는 주체들간의 관계로 한정 지어 설명하겠다.

🎧 미국 매니지먼트 시스템

세계에서 가장 큰 뮤직비즈니스 시장을 가지고 있는 미국은 역사도 오래되어 여러 시스템이 변화하면서 현재의 모습을 갖추게 되었다. 미국은 가수·아티스트가 중심으로 가수·아티스트가 직접 자신의 매니저와 변호사, 에이전시와 계약을 맺고 그들을 고용하는 방식으로 운영된다. 이에 반해 한국 기획사의 경우는 하나의 회사 안에 가수·아티스트, 개인 매니저, 비즈니스 매니저, 에이전시가 모두 합쳐진 것으로 볼 수 있다.

역사적으로 볼 때, 미국은 1920년대에는 대형 프로덕션에 가수·아티스트가 소속되는 방식으로 운영되다가, 1960년대 매니지먼트와 에이전시가 법적으로 분리되면서 어수선한 시기를 거치고 1980년대부터는 현재와 같은 가수·아티스트 중심의 체계가 확립되었다. 갑자기 역사를 들먹인 이유는 미국의 매니지먼트 시스템이 오랜 시간 시행착오를 거치고 자본주의와 엔터테인먼트 산업의 발전이라는 사회적인 토양 위에 만들어진 것을 강조하고 싶어서이다. 간혹, 우리나라의 뮤직비즈니스, 더 크게는 엔터테인먼트 산업이 미국보다 낙후된 이유를 매니지먼트 시스템의 낙후성으로만 바라보는 경우가 있는데, 이는 상대적으로 짧은 역사를 가진 우리나라의 특수성을 이해하지 못했기 때문이다.

미국의 매니지먼트 시스템을 좀 더 자세히 살펴보면 다음과 같다.

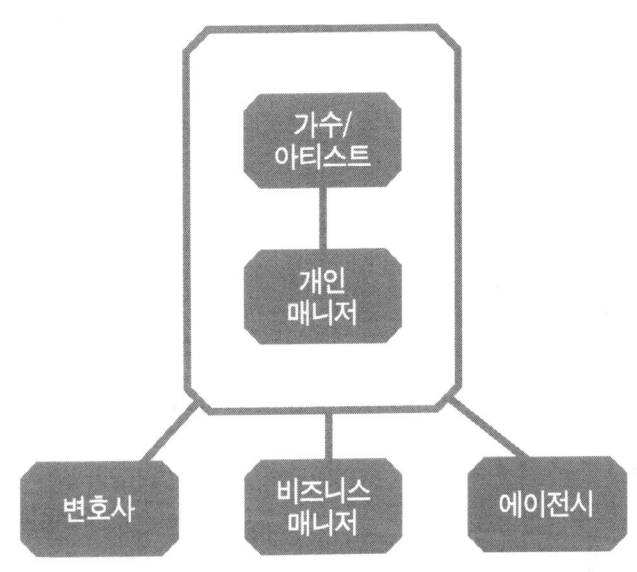

〈그림 6-1. 미국 매니지먼트 시스템〉

1) 개인 매니저(personal manager)

가수·아티스트와 외부 세상 사이에 중간자 역할을 한다. 누구를 매니저로 만나는지가 뮤직비즈니스에서 성공하는 가장 중요한 요소라고 할 수 있다. 싸이가 전세계적인 인기를 끈 이유는 물론 '강남스타일'의 음악과 싸이의 매력적인 캐릭터가 주요 원인이지만, 스쿠터 브라운(Scooter Braun)이라는 유명 매니저와 계약을 맺은 것도 큰 역할을 했다. 스쿠터 브라운이 세운 SB Management (http://scooterbraun.com/music)회사는 저스틴 비버(Justin Bieber)와 아리아나 그란데(Ariana Grande)와 계약을 맺고 있으며, 2014년 11월 2NE1의 멤버 CL과도 계약을 맺어 조만간 CL의 세계적인 활동이 기대되고 있다.

다음은 개인 매니저의 주요 역할이다.

① 모든 활동의 주요 결정 : 앨범 제작, 음반회사와의 계약 등
② 가수·아티스트 홍보 관리
③ 비즈니스 매니저(business manager), 변호사(attorney), 에이전시(agency) 구성

그야말로 가수·아티스트가 음악 활동에 전념할 수 있도록 모든 비즈니스 활동에 관해 관여하고 결정한다. 가수·아티스트의 뮤직비즈니스에 있어 가장 중요한 역할을 맡기 때문에 가수·아티스트 매출의 보통 15~20%를 수수료로 가지고 간다. 각종 비용을 공제하기 이전에 매출에서 수수료를 가져가기 때문에 상당히 많은 수치이지만, 하는 역할을 보

면 그럴만한 하기 때문에 시장에서 평균적으로 그 정도의 금액이 책정된 것이다. 가수·아티스트의 성공에 있어 본인의 음악성과 재능도 중요하겠지만 그것을 비즈니스화하는 것은 결국 개인 매니저의 몫이다. 가수·아티스트는 음악을 하는데 최적화된 사람이지 돈을 버는 데에는 그리 뛰어나지 않다. 만일 가수·아티스트가 음악보다 돈을 버는 데 더 뛰어나다면, 차라리 기업을 경영하는 것이 본인의 재능을 더 잘 활용하는 것이기 때문이다.

2) 비즈니스 매니저(business manager)

비즈니스 매니저는 가수·아티스트가 벌어들이는 수입을 관리하고 통제하며 각종 비용 처리와 투자, 세무 업무를 담당한다. 우리가 생각하는 계약 비즈니스(음반회사와 계약하거나 광고 계약 등)는 개인 매니저가 담당하고 비즈니스 매니저는 돈을 다루는 업무에 특화되었다고 생각하면 된다.

돈을 다루는 업무이기 때문에 믿을 수 있는 사람을 뽑아야 하는데, 1순위로 떠올릴 수 있는 것이 가족이다. 하지만 이것은 상당히 위험한 발상이다. 단지 가족이라는 이유로 믿을 수 있어서 자리에 앉히는 것은 효율적이지 않을 뿐만 아니라 조직에 큰 문제를 가져올 수 있기 때문이다.

비즈니스 매니저가 되기 위해 자격증은 필요 없지만 회계 처리에 대한 전문가일 수록 유리하고 비즈니스 마인드도 갖추어야 한다. 그러나 가족이 비즈니스 매니저일 경우 가수·아티스트 관련 업무를 추진할 때 일을 객관적으로 처리하기 힘들고, 가수·아티스트가 비즈니스 매니저의 잘못을 따지는 것도 쉽지 않기 때문이다.

가수·아티스트는 개인 매니저와 협의하여 비즈니스 매니저에게 수수료(보통 5%)를 지급할지, 월급이나 시급으로 임금을 지급할지를 비즈니스 매니저의 역량에 따라 의논하고 결정한다.

3) 변호사(attorney)

모든 계약 과정에서 변호사의 도움을 받는다. 특히, 미국은 계약서가 책처럼 수십 장으로 이루어져있기 때문에 이에 대한 검토를 허술히 했다가는 각종 소송과 손해가 눈덩이처럼 불어날 수 있는 환경을 가지고 있다. 한국처럼 문제가 생길 때만 변호사를 찾는 것이 아니라, 미국에서는 모든 계약과 결정에 앞서 변호사의 법률적 검토가 선행된다. 즉, 계약서 없이는 가수·아티스트가 움직이지 않기 때문에 변호사는 그러한 계약서의 내용을 검토하고 가수·아티스트와 끊임없이 협의(법적인 문제뿐만 아니라 어떻게 하면 위험을 최소화하고 이익을 최대화할 수 있는지)를 해야 하는 중요한 역할을 담당하고 있다.

변호사들은 대부분 시급을 받는데, 시급의 수준($150~$600)이 상당히 높다. 그래서 간혹 기간을 한정하여 월급으로 수수료를 주는 경우가 있는데 이때도 금액은 상당히 비싸다. 하지만, 이러한 법률적 비용을 아끼기 위해 변호사를 고용하지 않는 것은 비용을 아끼기 위해 자동차에 에어백을 설치하지 않는 것보다도 더 어리석은 일이다.

4) 에이전시(agency)

에이전시는 공연이나 투어 스폰서쉽, 광고 출연, TV 방송 등에 가수·아티스트가 출연할 수 있도록 섭외 활동을 하고 있다. 또한 에이전시는 가수·아티스트의 음악활동(음반 발매, 저작권 등)에 대한 권한은 없다. 미국에서는 기획사[63]가 에이전시를 겸업 할 수 없게 되어 있다. 즉, 기획사는 별도의 에이전시를 통해서만 연예활동을 할 수 있기 때문에 대형 매니지먼트사의 횡포를 막도록 법에 규정하였다. 수수료는 보통 해당 매출의 10% 이내로 정해지는 편이고, 가수·아티스트의 음악인 활동에는 수수료를 지급하지 않는다.

🎧 일본 매니지먼트 시스템

미국이 가수·아티스트 중심의 시스템이라면 일본은 철저하게 기획사 중심의 시스템이다. 가수·아티스트가 기획사(일본에서는 보통 사무소事務所라고 부름)에 소속되어 있으며, 기획사에서 월급을 주는 형태로 구성되어 있다. 모든 가수·아티스트의 수입을 사무소가 취합하여 활동 실적에 따라 월급을 준다. A급 가수·아티스트는 벌어들이는 수입에 비해 적게 분배받고, 신인급 가수·아티스트는 기획사에 벌어들이는 수입이 없어도 매달 월급을 지급받아 생활하는데 일정 부분 지원을 받는다. 즉, 많이 버는 가수·아티스트의 수입을 적게 버는 가수·아티스트에게 분배하여 기획사가 하나의 큰 공동 생명체 형태로 운영되는 것이다. 그렇지만 인기와 실적에 따라 월급은 큰 차이를 보이고 있으며 A급의 경우 월급을 수천만원에서 수억원을 받는 경우도 있지만 유명하지 않으면 한 달에 100만원이 되지 않는 월급으로 생활고를 겪는 이들도 많다.

---

63 미국에서의 기획사는 한국이나 일본과는 달리 가수·아티스트와 개인 매니저가 중심으로 이루어진 조직이며, 경우에 따라 비즈니스 매니저와 변호사를 외부 인력으로 사용하는 경우도 있고, 내부에 두는 경우도 있음.

미국과 달리 기획사가 에이전시의 업무를 동시에 겸하고 있으며, 일본에서 기획사의 권한은 막강하여 기획사간 이동이나 탈퇴가 많지 않은데, 이는 일본 엔터테인먼트 업계 특성에만 기인한 것이 아니라 일본의 사회적인 특성을 고려할 때 어느 정도 이해가 되는 부분이다.

일본 엔터테인먼트 업계는 월급제를 통해 한탕주의가 아닌 평생직업이라는 의식이 강하기 때문에 가수·아티스트의 활동기간이 길며, 보수를 문제 삼아 기획사를 옮기는 경우엔 방송사를 비롯한 연예시장에서 철저하게 외면당한다.[64]

물론 이에 대한 변화의 목소리도 일본 내에 존재해서, 특 A급 가수·아티스트에게 보다 많은 인센티브를 계약한다든지 신인 가수·아티스트에게도 무한정 월급을 주지 않는 등 약간의 변화가 지속적으로 일어나고 있는 상황이다.

🎧 한국 매니지먼트 시스템

한국은 미국과 일본의 중간적인 시스템을 가지고 있다. 미국은 수익과 비용을 가수·아티스트가 책임지고 담당하지만, 일본은 수익과 비용을 기획사에서 모두 담당하고 있다. 한국은 수익은 가수·아티스트에게 분배하고 비용은 기획사에서 부담하는 방식이다. 물론 가수·아티스트에게 분배하기 이전에 비용이 발생하였을 경우 그 비용을 제하는 경우도 있다. 하지만, 대부분의 기획사가 연습생 기간 모든 비용을 회사가 부담하

---

64 김학진(2001). 한국문화산업의 스타 시스템에 관한 연구. 중앙대학교 대학원.

는 한편 데뷔 이후는 연습생 시절 비용과 상관없이 활동 실적을 기준으로 수익분배를 하기 때문에 한국에서는 기획사의 위험부담이 상당히 큰 편이다. 또한 한국에서는 일본과 달리 계약기간이 종료되면 기획사를 옮기는 것이 자유롭기 때문에 기획사의 위험도는 더 커진다고 볼 수 있다.

1) 매니저의 역할

한국에서는 매니저의 역할이 매우 중요하다. 기획사의 대표들 중 매니저 출신이 많은 것을 보면 방송 프로모션이 중요한 한국에서는 매니저가 중추적인 역할을 맡고 있다는 것을 알 수 있다.

가수·아티스트에 대해 이사급 매니저는 음악의 방향을 함께 고민하고 앨범을 기획하며 계약 관련 업무를 주로 한다. 실장급 매니저는 가수·아티스트의 개인적이고 공적인 문제들을 다루고 매니지먼트 중요 사항을 정리하며, 로드 매니저(현장 매니저) 는 가수·아티스트와 항상 붙어 다니며 현장 상황을 관리한다.

미국의 경우 가수·아티스트가 개인매니저(personal manager)와 비즈니스 매니저를 고용하고 공연이나 광고 계약을 대신해서 수행해주는 에이전시가 분리 되어 있지만 한국에서는 이사급 매니저가 개인 매니저와 에이전시의 역할을, 실장급 매니저와 현장매니저가 가수·아티스트와 동행하며 가수·아티스트 개인 신상관리와 활동 관리를 수행하고 있다. 각 기획사의 규모에 따라 한 명의 매니저가 여러 역할을 담당하는 경우도 있고 여러 명의 매니저들이 일을 나누어 진행하는 경우도 있다.

2) 로드매니저

가수·아티스트와 항상 동행하는 매니저이며, 매니저 일을 처음 시작할 때 기본적으로 하게 되는 업무이다. 업계가 어떻게 돌아가고 어떤 일을 할 때는 무엇을 준비해야 하는지 실제로 현장에서 부딪혀 가며 배우게 된다. 연습생 또는 신인 아이돌 그룹의 경우 함께 숙소생활을 하는 경우도 있으며, 학교와 집 그리고 회사와 방송국까지 바쁘게 운전을 하고 다니기 때문에 운전실력이 중요한 요건이다.

로드매니저의 일은 생각보다 많고 중요하다. 항상 가수·아티스트의 스케줄과 동선, 현장상황을 보고해야 하고 방송이나 인터뷰가 어떻게 진행되는지 미리 숙지하여 가수·아티스트에게 알려주어야 한다. 항상 가수·아티스트를 대신하여 움직이기 때문에 바쁠 수 밖에 없는데 업무비 지출이나 해당 영수증까지 꼭 챙겨서 회사에 보고해야 한다. 이렇게 로드매니저는 뮤직비즈니스가 어떻게 돌아가는지 가장 밑바닥에서 직접 배우고 느끼기 때문에 나중에 유명한 기획사 대표가 되거나 또는 작사가, 작곡가가 되는 경우도 볼 수 있다.

3) 1인 기획사

기존 기획사와의 문제가 있거나 본인의 추구하는 바가 따로 있을 때, 가수·아티스트는 1인 기획사를 차리기도 한다. 하지만 이는 안정적인 팬층을 확보하고 본인의 음악색깔이 확실한 특 A급 가수·아티스트가 아니면 유지 자체가 힘든 상황이다. 한 때, 1인 기획사가 유행처럼 번진 적도 있지만 기획사를 운영해본 가수·아티스트들이 고개를 절로 흔드는 것을 본적이 한두 번이 아니다.

일반적인 기획사에서는 한 사람이 여러 가수·아티스트의 일을 봐줄 수가 있다. 예를 들어 세무·회계 담당자가 여러 명의 가수·아티스트의 재무활동을 관리하는 것이 가능한 것이다. 그리고 기획사 입장에서는 가수·아티스트의 활동기간을 고르게 분포시켜서 효율을 극대화할 수 있지만, 1인 기획사는 그렇게 되기 힘들다. 물론 여러 명의 가수·아티스트가 있을 때보다 자신에게만 회사의 관심이 집중될 수 밖에 없지만 그러한 회사의 운영이 가능하도록 많은 매출을 올리는 것이 쉽지 않기 때문이다.

그렇다면, 다음은 어떤 과정을 거쳐서 앨범을 기획사에서 제작하는지에 대해 살펴보자.

2. 앨범 제작 과정

다음과 같은 순서로 앨범이 제작된다.

앨범 기획

가수·아티스트의 성격에 따라 앨범 기획이 달라질 수 있다. 가수·아티스트가 직접 곡을 만들면 만들어진 곡 중에 어떤 컨셉의 곡을 발표할지 회사측과 논의를 한다. 회사의 사정에 따라 다르지만, 중요한 타이틀 곡 선정이나 컨셉은 보통 대표와 실장급 매니저와 상의한다. 만일 외부로부터 곡 수집을 할 경우 가수·아티스트의 컨셉에 맞춰 앨범을 기획한다.

1) 컨셉 회의

가수·아티스트의 특성과 트렌드를 고려하여 전체적인 흐름을 논의한다. 요즘은 컨셉이 해당 가수·아티스트의 성공을 좌우하는 가장 큰 요소이다. 기존 가수·아티스트와는 어떻게 차별성을 보이면서, 대중에게 매력을 끌 수 있는지에 대한 고민이 가장 힘들면서 중요하기 때문에 많은 인원이 참여하여 고민한다. 예를 들어 섹시 컨셉이라 하더라도 세부적으로 가수·아티스트의 성향이나 외모의 특성을 고려하여 다양하게 포지셔닝할 수 있고, 기존 가수·아티스트가 보여주는 섹시 컨셉과는 약간 색다르게 보일 수 있는 특징을 잡아내는 것이 필요하다. 성공한 가수·아티스트의 컨셉을 그대로 따라하는 것은 실패의 지름길이기 때문이다.

2) 곡 수집 및 타이틀곡 선정

보통 A&R 담당자를 통해 데모곡들을 수집하고 가녹음(진짜 가창을 녹음하기 이전에 테스트 가창 녹음)하여 타이틀곡과 수록곡을 정한다. 타이틀곡을 선정할 때는 가수·아티스트의 의견뿐만 아니라 다양한 회사 내부 의견을 참고하지만, 결국 기획사 대표가 최종 결정을 내린다. 물론 그에 대한 책임도 모두 대표가 담당한다. 다만, 곡의 녹음이 끝난 후에 타이틀곡이 변경될 수도 있고, 기획사에 따라서 곡 녹음이 마스터링까지 끝난 후에 타이틀 곡을 선정하는 경우도 있다.

곡 녹음

작곡가나 편곡가가 작업을 끝낸 MR(반주 음악)을 녹음실로 가져온다. 컴퓨터로 만들어진 음악이 대부분이기 때문에 주요 악기들의 연주는 사람이 연주한 버전으로 바꾸어 좀더 곡의 특색을 살릴 수 있도록 한다. 발라드냐 락이냐에 따라 다르지만 주로 기타, 베이스, 드럼을 전문 연주자의 음악으로 덧입히는 경우가 많으며 비용이 많이 들지만 바이올린이나 첼로 같은 현음악을 덧붙일 때는 클래식 연주자들을 불러서 녹음하기도 한다.

기타나 베이스, 드럼의 경우는 연주자들의 실력이 뛰어나고 솔로로 작업한 것을 그룹사운드로 묶기 수월한 관계로 별도 악보 없이 가사지(가사만 적힌 종이)에 코드 표시만 되어 있으면 다양하게 변주해서 반주를 녹음한다. 이때, 작곡가나 편곡가와 의견을 교환하면서 여러 가지 버전의 반주를 저장해 놓고 각 악기 별로 최적의 표현이라고 판단되는 부분을 묶어서 하나의 트랙을 묶게 된다.

하지만, 클래식 악기를 쓸 경우에는 별도의 현악기 편곡가를 통해 악보를 그려서 준비해 놓아야 한다. 곡의 분위기나 성격을 연주자들에게 설명해주고 합주를 통해 녹음이 이루어지기 때문에 악보가 없으면 시간은 시간대로 소비하고 원하는 퀄리티의 음악이 나오기가 힘들다.

각 악기 별로 한 프로(1 pro) 정도 녹음을 하는데, 여기에서 프로란 프로그램(program)의 줄임말로 녹음실의 사용단위를 말하며, 한 프로는 4시간을 뜻한다. 하지만, 한 프로 예약했다고 하더라도 실제 사용시간은 보통 3시간 30분정도이다. 왜냐하면, 이전에 작업하던 팀과 이후에 작업할 팀이 교대하는 시간도 필요하고 작업데이터를 옮기는 시간도 필요하기 때문이다. 물론 녹음실마다 사용단위를 1시간씩으로 짧게 해주는 곳도 있지만 전문 녹음실의 경우 4시간=한 프로를 기준으로 한다. 요즘은 어느 정도 규모가 되는 기획사에서는 자체 녹음실을 두어서 녹음실 비용 걱정 없이 장시간 녹음실을 사용할 수 있기도 한데, 자체 녹음실을 오픈하여 자사 가수·아티스트의 녹음용으로 사용하거나 비는 시간에는 다른 사람들에게 녹음실을 대여하여 복합적으로 운영하는 곳도 있다.

실제 악기의 반주가 녹음된 MR에 가수·아티스트가 노래를 부르기 전에 보통 연습생이나 가창자를 통해 가이드곡을 녹음한다. 이때, 작사가 완료되어 가사가 있을 경우는 그에 맞춰 노래를 부르지만 아직 가사가 나오지 않았을 때는 의미없는 소리(나나나~, 라라라~ 등)나 한글도 영어도, 일본어도 아닌 외계어로 부른다. 가수·아티스트의 경우 가이드곡을 듣고 녹음에 임하면 더 정확하고 빠르게 곡을 이해하고 노래할 수 있다. 위의 각 악기 녹음과 보컬 녹음은 녹음실 컴퓨터에 각 채널로 구분되어 녹음되며 레코딩 엔지니어가 녹음실 기계(보통 콘솔이라고 부름)를 다루고 작곡가나 편곡가의 지도(보통 '디렉'을 본다고 함, direct)를 통해 녹음이 이루어진다.

믹싱(Mixing)

녹음된 많은 채널들(악기와 보컬 모두 별개의 채널로 존재함)을 스테레오로 들을 수 있도록 2채널(Left/Right) 사운드로 믹스 다운(Mix Down)하는 과정을 거치게 되는데 이를 믹싱한다고 부른다. 스테레오란 2개의 스피커에 서로 다른 소리를 냄으로써 사운드를 보다 실제적으로 느낄 수 있게 해준다. 반대되는 개념은 모노 사운드인데 모노와 스테레오는 음질차이가 아니라 소리가 한군데에서 나오는지 두 군데에서 나오는지의 차이이다. 이어폰이나 헤드폰을 통해서 스테레오 사운드를 들으면 왼쪽 귀에서는 드럼 소리가 나오고 오른쪽 귀에서는 기타 소리가 들리는 식으로 소리가 별도로 나오는 것을 들을 수 있다. 참고로 5.1채널이라는 것은 영화관이나 홈씨어터에서 스피커 구성을 말하는데, 스피커가 5개가 아니라 6개로 구성되어 있다. 음악을 듣는 감상자 기준으로 앞에 왼쪽, 오른쪽 각 1개씩, 중앙에 1개, 우퍼(저음 전용) 1개, 뒤에 왼쪽, 오른쪽 각 1개씩 총 6개의 스피커가 존재하고 우퍼를 0.1로 표시하여 보통 5.1채널이라고 부른다. 스테레오 사운드보다 훨씬 사운드가 현장감 있고 풍성하게 들리는데 영화용으로 사용할 뿐 대중음악에서는 스테레오 방식으로 믹싱한다.

각 악기의 사운드와 가수·아티스트의 보컬 사운드를 하나로 묶어서 서로 조화를 이룰 수 있도록 조정하는 작업이며 상당히 집중도가 높고 전문성이 필요한 업무이기 때문에 믹싱 엔지니어의 실력이 곡의 완성도에 큰 영향을 미친다.

🎧 마스터링(Mastering)

마스터링이란 공장에서 CD를 찍어내기 위해 원본으로 사용하는 마스터 CD를 만드는 마지막 작업을 말한다. 예전에는 마스터 CD에서 음원을 추출하였으나 어느 컴퓨터나 소프트웨어를 써서 추출하느냐에 따라 음질이 미묘하게 차이가 나기 때문에 요즘은 대부분 마스터링 스튜디오에서 mp3 음원도 별도로 추출하여 기획사에 준다.

마스터링은 믹싱 작업이 끝난 사운드를 여러 장비를 이용하여 마지막 보완 작업을 하는 것이 주 목적이다. 또한 여러 곡이 앨범에 들어갈 경우 각 곡마다 사운드를 고르게 조정해주고 곡간 여백의 시간을 두어 한 장의 완성된 마스터 CD를 만들어낸다.

마스터링 작업이 잘 끝나게 되면 사운드는 더 크고 명확하게 들린다. 그렇기 때문에 상당히 공을 많이 들이는 부분이다. 예를 들어 댄스음악의 경우 더 사운드가 크게 들릴 수 있도록 해주고 발라드는 좀더 극적인 효과를 높여준다. 음식에 있어서 마지막에 '간'을 맞추는 것처럼 마스터링은 음악에 있어 마지막으로 효과를 주는 역할을 한다. 스튜디오에서 '더 땜핑 좋게 만들어달라'라는 이야기를 많이 듣는데 좀 더 쿵쾅거리는 베이스, 드럼의 소리가 크게 들리면서 신나는 사운드를 요청할 때 이런 표현을 쓴다. 또한 마스터링 엔지니어는 미세한 음질의 차이를 느끼고 잡음을 잡아내는 능력이 있기 때문에 최종적으로 음악을 점검할 수 있는 시간이기도 하다.

조금 과장해서 말하자면 누가 어디에서 마스터링을 하느냐에 따라 최종 성공과 실패에 영향을 미치는 사운드 결과물이 나오기 때문에 과거에는 미국이나 일본에서 마스터링 작업을 의뢰하기도 하였다. 과거에는 해외 마스터링 스튜디오의 설비와 기술이 뛰어났지만 요새는 큰 차이를 느낄 수 없을 만큼 한국의 마스터링 기술의 수준이 높아진 것이 사실이다.

🎧 헤어 디자이너, 메이크업 디자이너, 코디네이터 섭외

정해진 컨셉에 맞는 헤어디자이너, 메이크업 디자이너, 코디네이너를 섭외하여 일정 기간 계약한다. 기획사마다 전속 디자이너를 두는 경우도 있지만, 대부분 앨범 단위로 계약을 한다.

🎧 자켓 사진 작가 섭외 및 촬영

원하는 컨셉에 강점이 있는 사진작가를 통해 사진촬영 후 앨범 자켓에 활용할 사진을 고르고 홍보용으로 사용할 이미지도 최소 5장 이상은 따로 정해놓고 통일된 컨셉을 가장 효과적으로 프로모션할 수 있도록 준비한다.

🎧 자켓 디자이너 섭외 및 제작

보통 자주 함께 작업하는 디자이너나 기획사 내부 디자이너를 활용하기도 하는데 가끔 여러 명의 자켓 디자이너에게 작업을 의뢰하고 괜찮은 시안을 선택하기도 한다. 앨범의 컨셉을 가장 잘 나타낼 수 있는 자켓을 선정한다.

🎧 안무가 섭외 및 안무 결정

타이틀 곡에 맞는 안무가를 섭외하여 가수·아티스트가 연습하고 최종 안무를 결정한다.

🎧 뮤직비디오 감독 섭외 및 촬영

곡의 분위기에 맞는 뮤직비디오 감독에게 의뢰하여 뮤직비디오를 촬영하는데, 보통 일정이 빠듯한 경우가 많다. 뮤직비디오의 촬영일로부터 최종 완성본을 언제 받을 수 있는지 항상 체크해야 한다. 왜냐하면 편집에 소요되는 시간이 의외로 많이 걸리기 때문인데, 간혹 앨범 발매 일정보다 뮤직비디오를 늦게 발표하면 프로모션에 차질을 빚을 수 있기 때문이다.

그렇게 되면 비싸게 뮤직비디오를 찍었지만 그 효과가 반감되는 사태가 벌어질 수도 있다. 제작된 뮤직비디오는 방송국 심의와 인터넷 음악 사이트 심의를 사전에 받아야 하므로 이에 대한 시간도 미리 체크해놓아야 한다. 방송국 심의는 1주일, 음악사이트 심의는 2~3일 전에 받는 것이 좋다.

앨범 자료 유통사 전달

판매용 음반과 마스터 음원을 음악 유통사에 넘긴다. 기획사마다 CD를 직접 생산하여 유통사에 넘기는 경우에는 유통사의 물류 창고에 입고 시켜야 하고, 음원과 기타 앨범 자료가 미리 빠짐없이 전달되도록 해야 한다.

앨범을 제작하는 과정은 거의 매번 숨가쁘게 진행된다. 한번도 여유있게 제작되는 앨범을 본적이 없는데, 빠른 시간 안에 효율적으로 제작하기 위해서는 앞으로도 어쩔 수 없이 계속 그럴 것으로 예상된다. 다만, 전체적인 제작 과정을 고려하면서 다음 과정에서 빠트리면 안되는 것들을 잊지 않고 챙긴다면 조금이라도 더 효과적인 제작이 이루어질 수 있을 것이다.

3. 앨범 홍보 활동

기획사는 힘들게 만든 앨범을 방송과 각종 행사를 통해 홍보활동을 하게 된다.

🎧 음악 방송

수많은 가수·아티스트가 쏟아져 나오기 때문에 방송 스케줄을 잡는 것이 점점 어려워지고 있다. 어렵게 방송을 잡았다면 방송국 시스템에 맞춰 다음과 같이 스케줄을 소화하게 된다.

1) 드라이 리허설(Dry Rehearsal)

의상이나 헤어, 메이크업 없이 가수·아티스트가 무대의 동선과 음악 상태를 확인하는 리허설이다. 우스개 소리로 머리만 드라이로 말리고 하는 리허설이라 드라이 리허설이라 부른다고 하는데, 사실 'Dry'에는 '적나라한, 꾸밈없는'의 뜻이 들어 있어서, 아직 화장이나 머리를 손질하지 않고 연습하는 것이기 때문에 드라이 리허설이라고 부른다.

2) 카메라 리허설(Camera Rehearsal)

본 방송과 똑같이 진행되는 리허설이다. 그래서 카메라 리허설 전에는 모든 준비를 끝내놓아야 한다. 매니저나 다른 기획사 직원이 카메라 리허설을 별도로 찍어서, 카메라 리허설 후 대기실에서 피드백을 주고 받을 때 사용한다. 마이크 상태와 카메라 동선을 사전에 숙지해서 실제 방송 때 연습한 대로 최고의 효과를 낼 수 있도록 실전이라고 생각하고 리허설에 참여해야 한다.

3) 사전녹화

가수·아티스트의 다른 스케줄이 있거나 아직 신인이어서 생방송으로 하기에 쉽지 않을 경우 사전 녹화를 진행하여 위험을 줄이고 무대 경험을 쌓는다.

4) MR, AR 사용

라이브로 방송할 때는 MR(Music Recorded 반주음악)을 사용하고, 목 상태가 좋지 않거나 힘든 고음 영역이 불안할 경우 AR(All Recorded 가창까지 모두 녹음된 음악)을 쓰는데, 요즘은 MR에 AR을 섞어서 고음 부분만 AR을 적용한 것을 많이 쓴다. 또한 방송 시간이 짧기 때문에 노래 전체 버전을 부르기 힘들고 2분 30초나 3분짜리로 줄인 버전을 요청 받을 때도 있기 때문에 이에 맞는 버전을 헷갈리지 말고 준비해야 한다.

또한 손으로 들고 하는 핸드 마이크 사용과 머리에 부착하는 헤드셋의 여부에 따라 춤을 추는 정도나 동작에 차이가 있기 때문에 사전에 숙지하고 있어야 한다. 또한 AR을 사용하면서 애드립이나 멘트를 할 때는 오픈 마이크를 사용하는 것도 유의해야 혹시 모를 방송사고도 막을 수 있다.

🎧 행사

앞에서 살펴본 바대로 가수·아티스트와 기획사는 음반, 음원 수익만 으로는 유지되기 힘들다. 그래서 주 수입원은 행사와 광고인데, 광고의 경우 A급 가수·아티스트에게 몰리는 경향이 많기 때문에 대부분 기획사 에서는 행사가 가장 큰 수입원이다. 따라서 행사 스케줄을 어떻게 잡는 지, 개런티는 얼마나 받아야 하는지, 이동 가능한 동선인지 항상 파악하 고 있어야 한다. 행사 최종 결정은 이사급 매니저가 진행하나, 요즘 대형 기획사들의 경우 행사나 광고의 진행을 별도의 담당자를 통해서 하는 경우도 많다. 행사 시 다음의 유의사항을 반드시 지켜야 한다.

1) 계약서 내용 확인

행사 장소와 시간, 목적을 확인하여 가수·아티스트에게 악영향을 미 치는 행사에는 참석하지 않도록 해야 한다.

2) 이동 동선

다른 행사나 방송 때문에 늦어질 가능성이 높은 경우 가능하면 순서 조정을 요청해야 한다. 특히 주말이나 퇴근 시간과 겹칠 경우 여분의 시 간을 고려해야 한다.

3) 입금 유무

계약금(50%)이나 잔금(50%)이 미리 들어오지 않을 경우 행사에 참석하지 않는다고 계약서에 표시해야 한다.

4) 행사 가창 곡수 및 시간

가수·아티스트가 몇 곡을 얼마 동안이나 부를지 파악해야 한다. 또한 MR(Music Recorded 반주음악)이나 AR(All Recorded 가창까지 모두 녹음된 음악)을 미리 행사장에 보내거나 항상 소지하여 만약의 사태를 대비해야 한다.

🎧 해외 공연, 팬미팅

요즘은 K-POP의 인기로 많은 가수·아티스트가 해외에서 공연을 하고 있다. 해외 공연은 가수·아티스트들뿐만 아니라 기획사에서도 팬층을 넓히고 새로운 수익원이 될 수 있기 때문에 앞으로도 더 신경써야할 부분이다. 앞에서 다룬 행사 스케줄에서 챙겨야 할 내용에 추가하여 다음 내용에 유의해야 한다.

1) 여권, 비자

여권의 유효기간이 지났는지 몇 달 남았는지 확인하여 미리 연장해두어야 한다. 특히, 남자의 경우 군대 미필자이면 추가로 국외여행허가서를 준비해야 한다. 또한 해당 국가마다 공연비자를 받아야 하는 경우도 있어 나라별로 확인을 해야 한다.

2) 일정 및 동선 체크

보통 해외 현지 프로모터와 기획사 사이에 에이전시를 끼고 해외 공연, 팬미팅이 이루어진다. 그럴 경우 에이전시를 통해 현지 상황과 분위기를 미리 문의해서 확인해야 한다. 정치적이나 사회적인 이슈나 문제가 있을 경우 그에 맞춰 행동해야지 분위기를 너무 거스르게 되면 아무리 외국인 가수·아티스트라 해도 좋지 않다.

3) 숙박

체류기간 동안 호텔의 상황과 경비, 보안을 체크해야 한다. 간혹 극성 팬들의 경우 가수·아티스트가 묶는 호텔에 함께 머무는데 일반 투숙객인 것처럼 옆방을 잡아서 곤란한 상황을 연출할 수도 있기 때문에 가수·아티스트가 예약한 방을 중심으로 경비세우고 항시 체크해야 한다.

또한 전압(110V/220V)을 확인해서 헤어나 의상을 급하게 말릴 때 변압기를 사용할 수 있는지 여부도 파악해야 한다. 예전에는 무전기로 서로 통신하곤 했는데, 요즘은 카카오톡이나 라인 같은 SNS를 통해 무료로 서로 연락을 할 수 있기 때문에 SNS 사용을 권장한다.

공연 전에는 음주를 가능하면 피하고 공연이 끝나도 예상치 못한 사고를 막기 위해 과도한 음주는 피하는 것이 좋다. 공연이 끝나서 기분이 좋다고 수영장을 이용하고 싶어하는 가수·아티스트들이 많은데 특히 음주 수영은 정말 하지 않았으면 좋겠다. 호텔 전체를 전세내지 않는 한 다른 투숙객에게도 조용히 쉴 수 있도록 배려하는 것이 좋기 때문이다.

4) 사전 답사

가능하면 선발대로 1~2명을 먼저 현지에 보내고 사전 답사로 현지 동선과 상황을 미리 파악하는 것이 좋다. 이 또한 현지 프로모터나 에이전시와 협의하면 별도의 비용 없이 이용할 수 있다.

5) 기자회견(press 미팅)

가장 중요한 것 중에 하나인데 의외로 사소하게 생각하는 담당자들이나 가수·아티스트를 볼 때가 있다. 물론 대부분의 가수·아티스트들과 기획사 관계자들은 현지 기자들에게 친절히 대하고 충실히 답변을 하지만, 문화가 다르기 때문에 오해가 생길 수도 있고, 장점보다는 문제점을 부각시키고 싶은 언론의 속성상 의도적으로 부정적인 면을 끄집어 내는 경우도 있다. 현지 프로모터와 에이전시로부터 관련 내용을 도움 받아 언론에 대하는 준비도 미리 하는 것이 좋다. 잘 훈련된 아이돌 그룹의 경우 현지어로 간단한 인사나 대화를 할 수 있게끔 준비하는 데 매우 바람직한 현상이며, 그러한 준비는 많으면 많을 수록 좋다. 반대 입장에서 생각해보면 외국 유명 가수·아티스트가 한국에 와서 잘하지는 못하지만 최선을 다해서 한국어로 인사하고 자신의 의사를 표현할 때, 대중의 시선이 얼마나 좋아지는지 알 수 있다.

6) 체크리스트

해외 공연이나 팬미팅 시 준비해야 하는 것들을 표로 정리하면 다음과 같다.

구분	체크사항
공연명, 장소, 일시	기본적인 것이지만 가수·아티스트뿐만 아니라 담당자 모두 숙지해야한다. 가수·아티스트의 경우 공연 중 팬들에게 '이번 ○○공연 정말 좋아요!' 라고 외쳤는데 그만 과거 공연명이나 다른 국가의 공연명을 말하는 바람에 팬들의 빈축을 사는 경우도 의외로 많다. 여러 국가에 공연을 다니고 지난 번 공연명이 입에 익숙하다 보니 자신도 모르게 실수하기 쉽다. 또한 공연 장소도 확실하게 알고 있어야 투어그룹과 잠시 떨어져있어도 금방 합류할 수 있다. 전화기도 고장나서 꺼져있고 투어 인원 중 한 사람이라도 미아가 되어 버리면 그 때부터 정말 모든 게 망가져버리기 시작한다.
투어인원 및 비상연락망	솔로 가수·아티스트의 경우도 최소 4~5명이 움직이게 되고 아이돌 그룹의 경우 인원에 따라 20~30명이 움직이기 때문에 누가 있고 없는지를 체크하는 것이 상당히 중요하다. 국내에서야 길을 잃어버릴 가능성이 없지만 해외에서는 잠깐 한눈을 팔면 미아가 되어버린다. 심지어 치안이 불안한 국가로 갔을 경우는 갑자기 장례식 분위기가 될 수도 있으니 유치원생들 소풍 가는 것처럼 서로를 챙겨야 한다.
항공일정	투어인원이 많다보면 해외 현지에 한꺼번에 가는 것이 아니라 각각 따로 움직이는 경우가 많다. 별도로 체크하고 비행기 편까지 프린트하여 정리해 놓는 것이 좋다. 또한 항공사나 좌석(이코노미·비즈니스 클래스)에 따라 수하물 규정이 다른데, 가수·아티스트의 의상과 헤어, 메이크업 관련 짐이 상당히 많기 때문에 짐 관리를 잘해야 한다. 또한 귀국 시 현지 팬들의 선물도 어느 정도 가져와야 하기 때문에 가방에 여유 공간을 마련해 놓고 전체 짐의 개수를 세고 표시해 놓아야 짐을 찾는 시간을 줄일 수 있다. 또한 입국 신고서 작성법을 미리 교육하면 비행기 내 또는 공항에서 지체 시간을 줄일 수 있다.
현지 이동 동선	숙소와 공연장, 식당의 동선을 미리 공유하면 프로모터, 에이전시간 커뮤니케이션 효율을 높일 수 있다. 원칙적으로 투어 인원의 개인적인 활동을 금지(개인 관광이 아니니까)하는데, 피치 못할 일이 있을 경우 책임 담당자의 허락 하에 일을 보고 그룹에 합류할 수도 있기 때문에 동선 공유가 필수적이다.
세부 스케줄	공연이나 팬미팅, 기자 회견 등의 일정을 미리 공유해야 그것에 맞춰 가수·아티스트는 준비할 수 있다. 만약 변경될 경우 전체 연락망을 통해 변경된 사항을 공유해야 한다.

〈표 6-1. 해외공연이나 팬미팅시 체크리스트〉

해외 활동은 가수·아티스트뿐만 아니라 기획사에게도 큰 기회이자 어려움이기도 하다. 집 떠나면 다 고생이라고 했던 것처럼 해외에 나가 음악을 알리고 공연을 하고 오는 것은 좋지만 그렇게 하는 데는 많은 에너지가 소모된다. 특히, 해외 팬들의 경우 국내 팬들에 비해 가수·아티스트를 직접 볼 수 있는 확률이 낮기 때문에 그만큼 더 열성적인 모습을 보인다. 기획사 입장에서는 감사한 팬들이기도 하지만, 미연의 사고를 방지하기 위해 그만큼 더 노력을 많이 해야 한다.

간혹 가수·아티스트를 보호하기 위해 무리하게 팬들을 제지하는 행동을 할 수 밖에 없는데 최대한 그러한 상황이 발생하지 않도록 미리 조심해야 하겠지만, 만일 그런 일이 생기면 빠르게 대처해서 문제가 확산되지 않도록 해야 한다. 결국 이러한 문제를 방지하는 역할(예기치 않은 사고에 대처하는 법)을 기획사의 이사급 매니저가 담당하는데 해당 매니저의 경험과 역량이 크게 작용하는 부분이라고 볼 수 있다.

# 4. 광고 계약

행사와 함께 큰 수익원이 광고 촬영이다. 물론 돈을 벌 수 있다고 아무 광고나 막 출연하는 것은 말도 안되는 일이다. 가수·아티스트의 특성과 제품, 서비스가 맞는지 확인을 해야 하고 앞으로의 방향성도 고려대상에 포함해야 한다. 물론 신인일 때는 어디라도 광고를 찍어서 홍보에 도움이 되었으면 하는 마음뿐이지만, 어설픈 광고 출연은 향후 잘못된 이미지로 고착화될 수 있기 때문에 주의해야 한다.

광고주와 제품뿐만 아니라 반드시 콘티를 확인하는 것이 필요한데, 가수·아티스트의 컨셉과 이미지에 손상을 입히는 콘티가 의외로 많이 제시되기 때문이다. 왜냐하면 광고주나 광고회사의 경우 목표는 해당 제품의 홍보와 판매를 높이는 것이지 가수·아티스트의 향후 이미지까지 고려하지는 않기 때문이다. 광고 계약서에 해당 콘티의 내용을 서로 협의하에 결정한다는 문구를 반드시 집어넣어야 안전하다. 광고주는 출연료를 주는 입장에서 요구사항을 관철하고 싶고 기획사는 어느 정도 한계를 두고 싶기 때문에 계약 전에 조율이 필요한 사항이다.

5. 콘서트 기획

앨범을 몇 개 내고 활동을 하면 기획사에서는 가수·아티스트의 콘서트를 기획하게 된다. 팬 서비스 측면과 함께 팬과 가수·아티스트와의 관계가 더욱 단단해 질 수 있기 때문이다. 팬의 입장에서 사랑하는 가수·아티스트의 노래를 직접 눈앞에서 함께 모여 들을 수 있다는 것은 팬으로서 느낄 수 있는 가장 큰 기쁨이 아닐까 싶다.

기획사 입장에서도 그동안 키워왔던 가수·아티스트의 역량을 콘서트에 다 보여줘서 뮤직비즈니스를 하는 보람을 가장 크게 느낄 수 있는 시간이기도 하다. 가수·아티스트의 경우는 자신의 꿈이 이루어지는 순간이니 더 이상 말할 필요가 없다.

하지만, 콘서트만으로는 기획사가 수익을 거두기 힘들다. 실제 수익이 발생하는 것은 야광봉, 티셔츠, 노트·파일 등 문구류와 같은 MD상품의 판매로 이루어진다. 특히 야광봉의 구매가 절대적으로 많은데 야광봉을 통해 팬들은 가수·아티스트의 콘서트를 수동적으로 관람하는 것에서 그치지 않고 콘서트의 구성원으로 적극적으로 참여할 수 있기 때문이다. 물론 소리를 지르고 박수를 쳐서 콘서트에 참여하지만 자신들이 흔드는 야광봉으로 인해 가수·아티스트가 감동을 받고 그러한 감동이 팬들에게 전해지는 짜릿한 느낌을 얻기 때문이다.

아이돌 그룹뿐만 아니라 다른 가수·아티스트 공연에서도 싸인 CD, 머그컵, 쇼핑백 등의 MD 상품을 팔고 그것을 통해 기획사와 가수·아티스트는 수익을 얻는다. 콘서트는 대부분 공연기획사와 손을 잡고 협의하여 진행하며 대형 기획사의 경우 직접 콘서트를 운영하는 경우도 있다.

6. 가수·아티스트 생활 관리

 학사관리

요즘은 어린 나이에 데뷔하는 가수·아티스트들이 많이 늘었기 때문에 기획사는 아직 학생인 이들의 학교 생활을 관리하여 문제가 생기지 않도록 해야 한다. 많은 학교들이 학생의 꿈을 인정해주고 최대한 활동을 지원해주려고 노력하지만, 정해진 규정은 가능한 지키도록 노력해야 한다. 그러기 위해서는 평소에 학교 담임 선생님께 인사를 자주 드리고 활동에 대한 내용을 공유해준다면 보다 적극적인 지지를 이끌어 낼 수 있을 것이다. 활동에 따라 결석, 조퇴를 해야 하면 미리 공문서를 보내서 사후에 문제가 생길 소지를 원천 차단하는 것이 좋다.

특히, 고3때는 대학을 진학하는 데 도움을 받을 수 있기 때문에 성적과 함께 학사일정을 잘 챙기는 것이 좋다. 물론 요즘은 대학들이 유명 가수·아티스트들을 유치하면 학교 이미지에 좋기 때문에 유명해지는 것이 대학교에 입학하는 데에도 어느 정도 영향을 미치고 있는 것이 사실이다.

만일 가수·아티스트가 대학생일 경우에는 중고등학생보다는 편리한데 참석이 가능한 강의 위주로 수강신청하고 등록금 내는 기간을 놓치지 않고 납부를 해야 학교에서 제적당하지 않는다. 넋 놓고 '개인이 알아서 하겠지'라고 가만히 있어서는 안 되는데, 특히 남자 멤버의 경우 군문제가 있기 때문에 시기를 놓쳐서는 나중에 큰일이 생기므로 주의해야 한다.

🎧 사생활 관리

앞의 '가수·아티스트'에서 말한 대로 가수·아티스트는 이미 공인이어서 사생활의 침해는 어느 정도 감수해야 한다. 하지만, '가수·아티스트'가 아닌 '개인으로서의 사생활'는 보장받아야 하는데 이 둘 사이의 경계가 모호하기 때문에 각종 가십이나 소문이 난무하게 된다. 특히, 유명해질수록 주변에서는 경제적인 이득을 얻기 위해 가수·아티스트를 이용하려는 사람들이 많아지게 되고 시기하는 무리도 생기게 된다. 그렇기 때문에 가수·아티스트는 자신을 보호해줄 기획사의 힘이 필요한 것이고 기획사도 가수·아티스트를 보호하기 위해서는 일거수일투족을 알고 있어야만 한다.

앨범 홍보 활동에서는 반드시 매니저와 동석을 해야 하지만, 개인 사생활에서는 최소한의 동선을 회사에 공유하는 것이 좋다. 그래야 만일의 사고가 발생할 경우 그에 맞는 대처를 할 수 있기 때문이다. 물론 이러한 사생활에 대한 공유가 과도한 수준을 넘어서는 안 된다는 것을 양측 모두 인지해야 하며, 만일 기획사가 과도하게 가수·아티스트의 사생활을 침해하고 있다면 이것은 당연히 법적으로 다룰 문제이다. 하지만, 자신의 기본적인 정보(위치, 행동)등을 공유하는 것은 가수·아티스트로서는 당연히 지켜야 할 의무이다.

만약 사실이 아닌 심각한 루머가 퍼질 경우에는 정확한 내용 파악 후,

신속하게 대응이 필요하다. 언론에도 빠르게 내용을 제공해야지 의심성 기사들이 줄어든다. 안 그러면 계속 소문만 퍼지고, 확실하게 입장을 밝히지 않으면 나중에 사실이 아닌 것으로 밝혀졌다 하더라도 사람들 사이의 인식은 이미 고정화되는 경우가 많다. 또한 반드시 변호사와 상의를 하여 추가적인 법적인 문제 소지를 줄이는 데 노력하는 것이 필요하다.

7. 기획사 수입

　가수·아티스트의 활동에 따라 구분하여 기획사의 수입을 다음과 같이 간단히 정리하였다. 가수·아티스트와 기획사간의 수입의 분배에 대한 자세한 내용은 '가수·아티스트' 부분의 전속계약서의 해당 조항부분에서 이미 설명하였으니 참고하기 바란다.

🎧 음악활동

　가수·아티스트를 통한 기획사의 수입은 크게 음악활동과 비음악활동으로 나눌 수 있다[65].

1) 음반, 음원 수입

　앨범을 발표하는 것으로 가수·아티스트의 활동이 시작되는데, 기획사의 수입도 시작되는 지점이다. 이 앨범이 대중에게 인기를 끄는지의 여부에 따라, 다른 모든 수입 활동의 레벨과 규모가 결정되기 때문에 음

---

65 '연예산업 수익구조 연구 보고', 2012, 정경훈, 문화체육관광부

반, 음원의 성공이 무엇보다 중요하다. 하지만, 음반, 음원으로 인한 수익은 가수·아티스트뿐만 아니라 기획사에게도 크리 크지 않다.

2) 행사

기획사의 가장 큰 수입원은 행사이다. 앨범이 발매 되면, 각종 기업이나 지역 축제 등 행사활동 요청이 들어온다. 앨범의 인기가 높을수록 행사비를 높게 지급 받을 수 있는데, 출연할 때마다 3~4곡을 부르고 수백 ~수천만원을 벌 수도 있기 때문에 스케줄이 허용하는 한 많은 행사에 참여하려고 노력한다. 일정이 겹칠 경우에는 다소 무리한 스케줄이 생길 수도 있는데, 이로 인해 가수·아티스트와 기획사간 마찰이 생기기도 한다.

3) 공연(콘서트)

공연은 가수·아티스트에게나 기획사에서나 팬들과 함께 할 수 있는 축제이자 선물로서의 의미가 있는 활동이다. 실제 공연 매출인 티켓 수입만을 통해서는 수익이 거의 생기지 않고, 공연장에서 판매하는 MD 상품을 통해 수익을 거둔다.

4) 음악방송

음악방송을 통해서는 수입보다 지출이 많아 수익은 마이너스이다. 출연료는 팀당 20~30만원 수준인데, 1명당이 아니라 팀당으로 지급되기 때문에 방송 출연을 위한 메이크업이나 헤어 스타일링, 의상비 그리고 백 댄서 비용까지 합치면 지출이 더 많게 된다.

🎧 비음악활동

1) 광고

광고 출연도 큰 수입원 중에 하나이다. 하지만, 인기 가수·아티스트에게 편중될 수 밖에 없고 음악의 인기뿐만 아니라 외모와 대중의 호감도에 의해 영향을 받는다.

2) 드라마, 영화 출연

연기 활동을 통해 앨범을 발매하지 않는 비시즌에도 지속적으로 활동할 수 있다. 출연당 수익을 올리는데, 광고와 마찬가지로 외모와 인기가 어느 정도 있는 가수·아티스트만 해당되는 내용이다. 다만, 연기력에 대한 논란이 있지만, 지속적으로 대중에게 노출될 수 있고 출연한 드라마와 영화가 성공을 거두면 가수·아티스트 활동을 하는데도 홍보 면에서 큰 도움이 된다. 특히, K-POP의 인기로 해외 진출 시 유리한 점을 차지할 수 있다.

3) 예능 출연

예능 프로그램의 경우 고정 출연을 하지 않는 이상 일정 수준 이상의 수익을 거두기는 쉽지 않고, 가수·아티스트 활동을 홍보하는 측면으로 활용된다.

4) MD(merchandise)상품

공연장에서 팔리는 야광봉이나 티셔츠와는 별개로 달력이나 머그컵 등의 MD 상품의 판매에 대해서도 기획사와 수익을 나눈다. 하지만, 특정 인기 그룹을 제외하고는 그 규모가 그리 크지는 않다.

5) 기타 수입

가수·아티스트의 초상권을 활용한 사업이나 기타 행사(공연 제외)에 참석하는 것으로부터 수입이 생긴다. 예를 들어 요즘 인기 있는 SNS에 가수·아티스트의 이모티콘을 만들어 유료로 판매하는 경우가 이에 해당한다.

8. 기획사 지출

기획사에서 비용이 지출되는 것은 항상 지출되는 경상비와 앨범 활동에 따라 발생하는 활동비, 콘텐츠 제작비 그리고 육성비가 있다.

🎧 경상비

항상 연속적으로 반복하여 지출되는 일정한 종류의 경비를 뜻한다.

1) 인건비

가수·아티스트가 활동을 하게 되면 로드매니저나 관련 기획사 직원이 동행하게 된다. 이들에 대한 인건비가 지속적으로 소요되는데, 앨범을 발매하지 않고 활동을 하지 않는 시기에는 제외하기도 한다.

2) 임대료

기획사 사무실이나 녹음실 임대료가 해당된다.

3) 운영관리비

사무실 운영비와 사무기기, 컴퓨터와 같은 비용을 말한다.

4) 해외 활동 경비

해외 활동을 할 경우, 대부분 해외 프로모터를 통하기 때문에 별도 지출할 일이 많지 않다. 하지만, 시장 확대 차원에서 해외 프로모터 없이 기획사에서 자체적으로 해외 활동을 할 경우 비행기 티켓부터 각종 비용이 많이 소요된다.

🎧 활동비

1) 스타일리스트비

스타일리스트는 가수·아티스트의 의상과 각종 소품들을 담당한다. 스타일리스트를 회사 직원이 아닌 프리랜서로 고용할 때는 인건비도 활동비에 추가하기도 하는데 이는 회사 운영방식이나 회계처리 기준에 따라 다르다.

2) 헤어메이크업비

보통 방송 출연이나 행사 전에 헤어샵에 가서 헤어메이크업을 받는데, 이에 대한 비용이 지출된다. 의상비와 마찬가지로 인원이 많으면 그만큼 비용이 늘어나게 된다. 헤어 디자이너와 메이크업 담당자가 방송국이나 행사장에 함께 이동하여 무대에 올라갈 때까지 챙겨야만 하기 때문에, 이들에 대한 인건비도 활동비에 추가하기도 한다. 만일 회사에 정직원으로 근무할 경우 경상비의 인건비로 처리된다.

3) 차량비

이동 시 사용하게 되는 차량과 기름값이 차량비로 소요된다. 차량을 리스하였다면 리스비용이 지출되고, 일시불로 구매한 차량의 경우 매달 감가상각비를 제하는 방식으로 비용을 계산하거나 그냥 기름값과 고속도로 통행료만을 차량비로 계산하기도 한다.

4) 식비

활동 시 가수·아티스트와 관련 담당자 모두의 식사비를 계산하여 처리한다.

🎧 콘텐츠 제작비

1) 작곡·작사·편곡비

유명 작곡가, 작사가의 경우는 곡비를 주는 경우가 있고, 신인의 경우는 곡비 없이 진행하는 경우가 많다. 편곡가의 경우는 대부분 작업비를 준다.

2) 세션, 녹음비

음악 반주 녹음에 참여하는 세션(반주자)에게 녹음실 한 프로(1 pro, 약 3시간30분)당 비용을 지급하며, 반주자의 등급에 따라 A급 반주자일 경우 업계 최고 대우를 해주는 방식으로 계산한다. 특히, 오케스트라 반주가 필요할 때는 현악기 팀을 동원하여 세션비가 많이 들어가게 된다. 녹음실 임대 비용과 믹싱 기사, 마스터링 비 등을 포함하여 녹음비를 계산한다.

3) 뮤직비디오비

앨범의 성공을 좌지우지 할 만큼 요즘 들어 그 중요성이 더 높아졌기 때문에 그만큼 비용이 많이 들어가고 전체 제작비에서 차지하는 비중이 높아졌다. 뮤직비디오 감독비와 촬영에 필요한 각종 비용 그리고 만약 해외에서 촬영될 경우 체제비와 교통비까지 모두 포함된다.

4) 의상제작비

무대 의상의 경우 직접 제작하거나 주문 제작하기 때문에 비용이 많이 들어간다. 특히, 아이돌 그룹의 경우 인원수도 많고, 한 곡당 몇 세트의 의상을 준비하느라 의상비가 많이 소요된다. 무대 의상이 아닌 연예 활동 의상의 경우는 대부분 의류 업체, 신발 업체로부터 협찬을 받아서 비용이 발생하지 않는 방향으로 진행한다.

🎧 육성비

1) 교육비

가수·아티스트의 노래, 춤, 패션 등의 교육비가 지출된다. 특히, 신인이나 연습생의 경우 기존 가수·아티스트보다 해당 교육비가 더 많은 비중을 차지한다.

2) 숙소비

가수·아티스트가 숙소 생활을 할 때, 그에 대한 임대료가 비용으로 지출된다. 여러 명이 함께 생활 할 때는 인원 수만큼 나누어 부담한다. 식비와 가스, 전기세 등이 포함된다.

3) 기타

가수·아티스트의 피부 관리비나 의료비가 들고, 필요하다면 성형수술비도 지원하는데, 성형의 경우 가수·아티스트 본인이 직접 부담하기도 한다.

 **9. 요약 정리**

1. 매니지먼트 시스템 비교

미국 - 가수·아티스트가 중심이 되어, 개인 매니저와 비즈니스 매니저, 변호사 그리고 에이전시를 고용하고 계약관계로 일의 성과에 따라 수수료를 지급하는 방식으로 운영.

일본 - 철저한 기획사 중심 시스템으로 이루어지며, 기획사에 소속된 가수·아티스트는 성과에 따라 매달 월급을 받음. 소속된 가수·아티스트들이 평생 직업을 활동할 수 있는 기반을 마련해주지만, 반면에 가수·아티스트는 마음대로 기획사를 옮기는 것이 힘듦.

한국 - 미국과 일본의 중간적인 성격. 데뷔 초기 가수·아티스트에게는 기획사 중심의 시스템이지만, 계약이 종료되면 다른 기획사로 옮기거나 1인 기획사를 차리고 활동하는 것이 가능함.

2. 앨범 제작 과정

기획사에게 앨범 제작은 수익 창출의 시작점이자 가장 기본적인 활동.

1) 앨범 기획

2) 곡 녹음

3) 믹싱

4) 마스터링

5) 헤어 디자이너, 메이크업 디자이너 섭외

6) 자켓 사진 작가 섭외 및 촬영

7) 자켓 디자인 제작

8) 안무가 섭외 및 안무 결정

9) 뮤직비디오 촬영

10) 앨범 자료 유통사 전달

3. 앨범 홍보 활동

1) 음악 방송

2) 행사

3) 해외 공연, 팬미팅

4. 가수·아티스트 생활 관리

가수·아티스트는 사회적으로 '공인'임. 개인의 사생활은 당연히 보호되어야 하지만, 가수·아티스트 본인 뿐만 아니라 소속사와 투자자 그리고 팬들에게까지 큰 영향을 미치기 때문에 개인의 동선이나 기본적인 사항은 회사와 공유해야 함.

1) 학사 관리

2) 사생활 관리

5. 기획사 수입과 지출

수입은 음악활동과 비음악활동으로 나뉘며, 대부분 행사가 수입의 가장 큰 비중을 차지함. 지출은 지속적으로 소요되는 경상비와 활동에 따라 지출되는 활동비, 콘텐츠 제작비, 육성비 등이 있음.

이번 장에서는 매니지먼트 시스템을 비교하고, 앨범의 제작과정과 기획사의 역할 그리고 기획사의 수입과 지출의 내역에 대해 살펴보았다. 다음은 뮤직비즈니스에 자본을 투자하고 소비자인 팬들에게 음악을 전달해주는 유통사에 대해 알아보겠다.

07
유통사

음악투자, 유통, 라이선스

Risk comes from not knowing what you're doing.
- Warren Buffett

위험은 자신이 무엇을 하는지 모르는 데서 온다.
- 워렌 버핏

 저작권자인 작사가, 작곡가, 편곡가를 통해 음악이 탄생하고, 기획사
가 가수·아티스트를 통해 음악을 제작하면, 유통사는 서비스사에게 음
악을 전달해 주어 소비자인 팬들이 이용할 수 있게 해준다. 유통사는
자본이 부족한 기획사에게 투자를 하고, 기획사를 대리하여 음악을 유
통하는데, 그 때 발생하는 유통수수료가 유통사의 가장 기본적인 수익
모델이다. 또한 유통사는 앨범 프로모션과 라이선싱을 통한 수익 극대
화를 위해 노력하는데, 이번 장에는 음악의 투자와 유통, 라이선스를 담
당하는 음악 유통사[66]에 대해 알아보겠다.

 2장에서 살펴본 뮤직비즈니스의 가치사슬(Value Chain)을 참고하면서
기획사와 유통사가 어떻게 연결되는지 알아보겠다.

음악으로 연결해주는 일

〈그림 7-1. 뮤직비즈니스의 가치사슬〉

---

66 과거에는 음반사로 불렀으나, CD, DVD를 뜻하는 음반의 제한적인 의미로 유통사로 통일
  하여 말함.

1. 기획사가 투자를 받는 이유

🎧 부족한 음악 제작비

기획사는 유망한 가수·아티스트를 섭외하여 음악을 제작하고 가수·아티스트의 연예활동과 매니지먼트를 담당하는 곳이다. 따라서 음악을 제작하는 비용뿐만 아니라 가수·아티스트를 교육하고 훈련시키는 비용이 많이 들어간다. 하지만, 수익은 가수·아티스트가 데뷔하여 앨범 활동을 한 후에야 발생하기 때문에 초기 자본금이 의외로 많이 들어간다. 유통사(음반사)가 기획사에게 음악 제작비와 운영비를 투자하고 음악에 대한 수익을 나누어 갖는 사례는 역사적으로도 수십년간 지속되어왔다. 즉, 부족한 음악 제작비를 채우기 위한 것이 기획사가 유통사를 통해 투자를 받는 첫번째 이유이다.

🎧 강력한 홍보, 프로모션

유통사는 자신이 담당한 수많은 앨범들을 시장에 유통하고 있다. 그렇게 많은 앨범들 중에 음악소비자가 어느 앨범을 더 많이 구매하고 듣게 될지 정확하게 예측하는 것이 쉽지 않다. 또한 음악소비자들에게 알릴 수 있는 홍보처와 방법이 그리 많지 않고 제한되어 있다. 음반 판매장에 비치된 홍보 매대와 P.O.P.(Point Of Purchase)[67]에 앨범에 대한 소개와 가수·아티스트의 이미지가 나와 있는 것을 볼 수 있으나 그 수는 굉장히 제한적이다. 또한, 음악사이트에 들어가면 새롭게 나온 앨범과 추천곡, 추천 검색어, 이벤트와 같은 홍보 노출을 볼 수도 있다. 하지만, 노출할 수 있는 앨범에는 한계가 있고 다른 유통사들과도 경쟁을 해야 하기 때문에, 유통사에서는 앨범이 성공하지 않을 경우 재무적으로 상당한 타격을 입을 수 밖에 없어, 투자 앨범들의 프로모션을 먼저 생각할 수 밖에 없다. 기획사 입장에서는 제작비가 부족하지 않음에도 불구하고 유통사의 강력한 홍보, 프로모션을 이끌어내기 위해 투자를 받는 경우가 있다.

🎧 기타 재정적 이유

기획사는 음악 제작을 이미 다 끝냈는데, 기타 문제를 해결하기 위해 목돈이 필요한 상황이 종종 생긴다. 규모가 크지 않은 기획사의 경우 그러한 자금적 문제가 해결되어야 앨범을 출시할 수 있기 때문에 유통사로부터 자금을 빌리고, 그 대신 음악에 대한 유통권을 넘겨준다. 간혹 주식 시장에서 자금을 조달 받는 대형기획사의 경우도 일시적인 자금 흐름 문제로 인해 유통사에게 투자를 요청하는 경우도 있다.

---

67 흔히 광고판으로 불리우며, 상품에 주목하게 만들어 상품을 판매하는데 직접적인 역할을 함.

2. 유통사가 투자를 하는 이유

🎧 안정적인 수익률

음악을 유통하는 것은 뮤직비즈니스에서 예외적으로 상당히 안정적인 분야이다. 음악 유통이 안정적인 이유는 음악을 제작하는 기획사와 음악을 소비하는 소비자 사이에서 지속적인 유통수수료를 얻을 수 있기 때문이다. 음악을 제작할 경우 성공하면 큰 수익을 거두지만 실패할 경우 한 푼도 건질 수 없는 위험을 가지게 된다. 음악을 소비자에게 판매하는 도소매상이나 음원 서비스사 입장에서도 지속적으로 소비자들의 구매를 이끌 수 있으면 좋지만 소비자가 한 순간 다른 매장이나 서비스를 선택할 경우 위험한 상황을 맞이할 수 밖에 없다.

하지만 음악 유통은 여러 기획사들로부터 다양한 음악을 공급받고 음악서비스사에게 음악을 판매한다. 유통을 통해 유통수수료를 얻기 때문에 초기 시스템 구축에 자금을 투자하고 일정 규모의 유통량을 확보하면 안정적인 수익을 얻을 수 있다. 물론 기획사가 앨범을 크게 히트치면 거둘 수 있는 수익률만큼 높지는 않지만, 낮은 수익률이라 하더라도 앨범 유통의 수가 많게 되면 그 전체 수익은 무시 못할 정도의 수준이기 때문이다. 3대 직배사(소니뮤직, 워너뮤직, 유니버설뮤직)가 유통에 대한 독점권을 가지고 전세계 음악시장을 주름잡고 있는 현재 상황을 감안하면 음악 유통의 위력을 실감할 수 있는 것이다.

그리고, 음원시장의 성장으로 인한 롱테일 효과도 유통사가 안정적인 수익을 거둘 수 있는 이유 중 하나이다. 롱테일 효과는 먼저 파레토 법칙을 알면 더 쉽게 이해가 된다. 파레토 법칙이란 '원인의 20%가 결과의 80%를 만든다'로 간략하게 요약될 수 있다. 예를 들면 뮤직비즈니스에서 상위 20%의 앨범이 전체 매출의 80%를 차지하는 것을 말한다. 파레토 법칙은 중요한 원인으로 작용하는 20%에 집중한 이론이라면, 롱테일 효과는 상위 20%가 아닌 그 외 80%에 집중한 현상을 설명하였다. 즉, 인터넷기술의 발달로 인해 상위 20%에 속하지 않는 하위 80% 상품이라 할지라도 기간을 길게 늘어뜨릴 경우 그 매출은 상당히 클 수 있다는 뜻이다.

음반 위주의 음악시장에서 판매량 하위 80%의 앨범이 계속 팔리는 것은 재고나 제품 파손 등의 물리적인 문제로 쉽지 않았다. 하지만 음원 중심의 시장에서 과거 앨범을 듣는 것이 어렵지 않아졌고, 다양한 소비자들이 값싸게 음악을 이용할 수 있기 때문에 새로운 출시 앨범보다 매출이 크지 않지만 과거 앨범들도 꾸준히 매출을 올리는 현상이 나타나게 되었다. 그렇기 때문에 유통사는 롱테일 효과로 인해 지속적인 매출을 올릴 수 있게 되었다.

유통사는 안정적인 수익률을 거둘 수 있는 구조이지만, 음반시장에서 음원시장으로 변화함에 따라 예전보다 수익률과 영향력이 떨어지게 되었다. 왜냐하면 음반의 경우 제작 단가는 매우 싼 반면에 가격은 높게 형성되어 수익률이 높았고, 물류의 관리가 중요했기 때문에 소규모 자본으로는 유통업계에 진입하는 것 자체가 힘들어서 독과점이 가능했었기 때문이다. 하지만, 이제는 음원 중심의 시장으로 수익률이 떨어졌고, 음원에 대한 유통에는 예전만큼 자본이 많이 필요하지 않게 되어 유통사 간의 경쟁이 심화 되었다. 그래서, 유통사는 비교적 수익률이 높은 기획사의 영역으로 진출하는 계기가 되었다.

🎧 기획사 지분 투자

음악 유통이 안정적인 수익률을 올릴 수 있다면 너도 나도 뛰어들지 않을 수 없다. 그래서 유통사들은 서로 경쟁을 하게 되고, 보다 시장성 높은 앨범들을 공급받기 위해 기획사에서 제작하는 앨범들에 대해 촉각을 곤두세우고 투자를 진행한다. 또한 3대 직배사가 예전부터 그래왔듯이 한국의 유통사들도 괜찮은 실력과 가수·아티스트를 보유한 기획사에 지분투자 방식으로 회사 자체에 투자를 하기도 한다. 회사에 투자를 한다고 해도 경영권을 갖기 위한 것이 아닌 해당 기획사에서 제작하는 앨범에 대한 유통권을 확실하게 보유하기 위한 목적이 대부분이다.

또한, 투자한 기획사의 운영에 대해 상시 모니터링을 통해 사업 부실을 예방할 수 있다. 그리고, 앨범 발매시기를 조율할 수 있어, 동일한 유통사에서 여러 개의 앨범을 출시할 경우 내부 경쟁을 피할 수 있는 장점도 있다. 특히, 유통사는 신규 유망 기획사에게 초기에 상대적으로 적은 금액으로도 지분 투자를 하게 되면 그 성과를 매우 크게 얻을 수 있다. 또한 다른 문화콘텐츠(영화, 게임, 애니메이션 등)에 비해 투자규모가 작고, 그만큼 많은 앨범들에 투자할 수 있기 때문에 일정 규모의 자금이 있으

면 포트폴리오 관리가 가능하다. 그래서, 일부 유통사의 경우 금융사와
함께 펀드를 조성하여 운영하기도 한다.

3. 앨범투자

유통사가 기획사에 투자할 경우, 앨범에 대한 개별 투자가 대부분이며 기획사 지분 투자는 그리 흔하지 않다. 그래서, 별도로 '기획사 지분 투자'라는 말 대신 '기획사 투자'라 함은 기획사에서 발매하는 앨범에 대한 개별 투자를 의미한다. 물론 여러 개의 앨범을 대상으로 한번에 투자할 경우도 있지만, 그럴 때에도 회사 자체가 아닌 다수 앨범으로 한정된 투자방식을 의미한다.

🎧 투자 대상 앨범 심사

앨범 투자를 위해 유통사의 투자 담당자가 외부에서 정보나 소식을 듣고 기획사에 직접 투자를 제안하는 경우와 기획사가 유통사로 투자의 뢰를 해오는 경우로 나눌 수 있는데, 투자하는 유통사보다는 투자를 요청하는 기획사의 수가 훨씬 많기 때문에 아무래도 기획사에서 관련 자료를 들고 와서 유통사 담당자와 미팅을 하는 경우가 대부분이다. 지명도가 높은 가수·아티스트를 보유하고 있는 기획사의 경우는 아이디어와 기획안만 있으면 협의가 가능하지만 그렇지 않은 신인이나 과거 실적이 좋지 않은 가수·아티스트를 보유하고 있는 기획사의 경우 다음과 같은 자료를 미리 준비해야 한다.

1) 출시예정 곡 또는 데모곡(작곡가, 작사가 리스트)

음악 투자에서 가장 중요한 요소이지만, 절대적인 요소는 아니다. 왜 냐하면 음악이 대중적으로 성공을 거두는 데에는 음악이 가장 중요하지 만, 이외에도 다른 요소들도 반드시 필요하기 때문이다. 또한 투자를 요 청하는 기획사가 자기들이 가져온 음악을 스스로 나쁘다고 하는 경우는 절대 없기 때문에 유통사 입장에서는 음악 이외에 다른 요소들도 살펴 봐야 한다. 하지만, 귀에 확 꽂히는 음악이면 다른 좋지 않은 조건들을 모두 뛰어넘기도 하는 경우를 가끔 보게 된다.

2) 뮤직비디오 또는 연습실 안무 영상

요즘 들어 더욱 중요하게 부각되는 요소는 사람들의 눈을 끄는 영상이 다. 기획사는 어떻게 하면 수없이 쏟아지는 음악들 중에서 자신의 음악 을 매력적으로 어필할 수 있을지 고민해야 하는 데 그러한 컨셉을 가장 명확하게 보여줄 수 있는 것이 뮤직비디오나 안무 영상이기 때문이다.

3) 가수·아티스트 프로필

기획사에 소속된 가수·아티스트를 가장 매력적으로 어필할 수 있는 프로필을 제시해야 한다. 물론 이미 확실한 인지도를 가지고 있는 경우 는 프로필 자체가 없이도 상관없지만 그렇지 않은 경우 전문 사진작가 를 통해 사진을 촬영하고, 공을 많이 들여 프로필을 만드는 것이 좋다.

아무리 매력적인 가수·아티스트라 하더라도 내용이 부실하거나 편집이 엉성한 프로필은 가수·아티스트의 수준을 떨어트릴 수 있기 때문이다.

4) 앨범 기획안 및 연예활동 계획(방송 출연, 드라마 촬영 등)

보통 달력으로 표시된 활동 스케줄을 작성하여 유통사에 제출한다. 요즘은 음악만으로 가수·아티스트를 홍보하는 것은 부족하다. 적극적으로 다른 방송에 출연하고 활동을 해야 한번이라도 더 음악이 소비자에게 노출 될 수 있기 때문이다. 아무래도 예능이나 드라마에 해당 가수·아티스트가 출연하면 해당 출연자의 음악을 들어줄 확률이 높기 때문인데, 앞으로도 이러한 추세가 지속될 것으로 보인다.

유통사에서도 음악 자체에 대한 시장성을 중요하게 살펴보지만 가끔은 그보다도 기획사의 해당 가수·아티스트의 연예활동에 더 중요한 포커스를 맞출 때가 많다. 예를 들어 가수·아티스트가 미니시리즈에 출연한다든지 시청률이 높은 예능 프로그램에 고정 출연하여 홍보효과를 거둘 수 있는 경우는 투자에서 우선순위를 둘 수 있다. 특히, 드라마나 예능에 출연하여 포털사이트 실시간 검색순위에 오르게 되면 음악 온라인 사이트에서 노출되는 것보다 몇십배 홍보효과를 거둘 수 있기 때문에 투자 검토 시 중요한 고려 대상이 될 수 있다.

그래서, 유통사는 방송국에서 영향력이 큰 매니저를 보유하거나 그런 역량을 갖춘 기획사에 투자를 한다. 요즘은 2~3개 앨범만으로 승부가 나지 않고 지속적인 앨범 발매와 방송 노출 이후 어느 정도 가시적인 성과가 드러나기 때문에 매니지먼트 역량이 검증된 기획사에 투자를 하는 경우가 많은 것이다.

5) 회사소개서(유명하지 않은 회사일 경우)

뮤직비즈니스는 사람을 대상으로 사람에 의해 움직이는 곳이다 보니 진입장벽이 꽤 높은 편이다. 다시 말하면 기존 업계에 있는 사람들끼리는 협업도 많고 이동도 잦은 반면에 새로 진입하려는 사람에게는 높은 방어막을 세우는 경우가 많다. 그래도 만일 다른 분야에서 사업을 해온 것이 있다면 그것을 내세워서 회사의 역량을 보여줘야 하고, 그것이 힘들다면 뮤직비즈니스에서 소위 '이름'이 있는 사람들을 영입하여 전문성을 보여주는 것도 좋은 방법이다. 새롭게 뮤직비즈니스에 뛰어드는 업체들은 보통 업계에서 유명한 사람들을 영입하여 뮤직비즈니스에 입문하는 회사들이 대부분인데 처음에 누구와 협력하고 어떤 조언을 받느냐에 따라 신고식을 호되게 치르거나 곧바로 시장에서 사라지기도 한다.

6) 투자 요청 금액 및 투자 대상 앨범 종류

유통사는 기획사에서 구체적인 투자 요청 금액 없이 '가능한 많이 주세요'라는 요청을 받게 되는 경우가 의외로 많다. 물론 터무니없이 많은 금액을 요청하는 경우도 문제이지만, 아무런 근거 없이 투자금을 요청하는 경우는 투자 받기 더 힘들다. 향후 뮤직비디오 작업이나 연예 활동을 위한 추가적인 금액이 얼마만큼 필요하다는 내역을 작성하고 활동 계획을 밝히면 유통사 입장에서는 리스크를 줄일 수 있는 방안을 검토할 수 있기 때문에 투자의 성공률이 더 높아질 수 있다.

🎧 투자 심사

유통사의 투자 담당자는 기획사와 여러 차례 미팅을 갖고 기획사로부터 받은 자료들을 정리하여 투자 심사를 진행한다. 예전에는 유통사의 대표나 임원이 임의적으로 투자를 지시하는 경우가 많았지만, 이제는 여러 명의 투자 심사위원을 두어서 집단 의사 체제를 함께 병행하기도 한다.

한두 명의 전문가가 전적으로 투자를 판단하는 것과 여러 사람이 토의를 거쳐 투자를 판단하는 것은 각각 장단점이 존재한다. 뮤직비즈니스에서는 한 명의 뛰어난 프로듀서, 한 명의 제작자, 한 명의 매니저가 다른 수십 명의 전문가들을 능가하는 경우가 많다. 오랜 시간 동안 쌓인 노하우와 실력(소위 말하는 '감')을 가진 한 명의 전문가는 탁월한 통찰력을 통해 모두가 'No'라고 말함에도 불구하고 성공으로 만드는 것을 많이 볼 수 있다. 음악소비자를 감동시키는 것은 그 음악 자체이고, 가수·아티스트와 그 음악이 어떻게 감동을 만들어 낼 것인지에 대한 절대적인 법칙은 없기 때문이다. 만일 그러한 결정을 단 한 명이 해낸다면 그 사람의 의견대로 일관되게 진행하는 것이 성공으로 가는데 좀 더 확실한 방법이다. 하지만 이렇게 한 명이 모든 판단을 하게 되면 어쩔 수 없이 한쪽으로 치우친 선택을 할 수 밖에 없고 비즈니스 측면에서는 상당히 위험한 결과를 초래할 수도 있게 된다.

반면에 여러 명의 투자 심사위원이 있을 경우는 보다 객관적이고 다양한 관점에서 앨범 투자를 심사할 수 있는 장점이 있다. 한두 명의 독단적인 의견에 이끌리지 않도록 심사 시스템을 구축해 놓으면, 혹시 심사 기준에 맞지 않는 앨범임에도 불구하고 친분관계 등에 의해 투자가 잘못 집행되는 것을 막을 수 있기 때문이다. 또한 한 명이 심사를 하게 되면 놓칠 수 있는 많은 법적, 경제적 문제에 대해 검토할 수 있는 좋은 점도 있다.

여러 명이 심사를 하게 되면 비교적 보수적인 스타일의 투자가 이루어지는 경우가 많다. 누가 봐도 성공가능성이 높은 앨범들에 대한 투자만 여러 명의 심사위원을 통과할 수 있기 때문에 다양한 컨셉을 가진 신인들의 경우는 투자를 받기 힘들어지는 단점이 있다. 유통사에 따라 투자 심사 시스템이 각기 다르지만 여러 명이 심사를 함께 하는 공동 투자 심사와 한 명의 전문가를 통한 투자 심사 그리고 두 가지 방법을 병행하는 방법 등 다양한 형태로 투자를 심의하게 된다.

☊ 투자수익률

유통사에서 최종 투자 결정을 하기에 앞서 예상 매출에 따른 투자 수익이 얼마만큼 발생하는 지에 대해서 마지막으로 검토한다. 유통사의 수익은 예상매출에서 투자금을 제외하면 발생한다고 생각할 수 있는데, 유통사 입장에서는 단순히 투자금만 회수하기 위한 목적으로 투자하지 않는다. 일정 비율 이상의 수익율이 예상되어야 투자를 결정할 수 있는데 그 때 고려할 사항은 유통수수료(투자금에 대한 이자비용, 물류대행료, 마케팅비용 포함)이다.

예를 들어 1억원의 매출이 예상되고, 8천만원의 투자금을 요청 받았고, 유통수수료는 20%로 가정할 때, 투자를 하는 것이 좋은지 생각해보자. 단순히 생각하면 8천만원 투자하고, 1억원을 벌었으니 유통사는 2천만원의 수익이 발생한 것처럼 보인다.

하지만, 우선 1억원의 매출에서 유통수수료 20%를 제외해야 한다. 그럼, 8천만원이 남는데 이것은 원래 투자했던 금액을 다시 회수한 것이니 결국 유통사는 유통수수료 20%인 2천만원이 추가적으로 들어온 금액의 전부이다. 하지만, 유통수수료에는 여러 가지 비용이 추가적으로 들어 있다. 유통하면서 발생한 물류대행료와 마케팅 비용, 시스템 비용 그리고 관련 담당자들의 인건비가 있다. 게다가 투자금 8천만원에 대한 이자비용도 생각해야 한다. 요즘 은행 금리가 많이 떨어졌지만, 최소한 은행에 8천만원을 넣어두었다면 발생했을 이자비용만큼은 더 벌어야 유통사는 손해를 보지 않게 된다.

각종 유통관련 비용들과 이자비용을 제외하게 되면 벌어들인 유통수수료가 온전히 남아있기 힘들어진다. 그렇기 때문에 단순히 매출과 투자금액의 차이나 유통수수료만으로 앨범의 투자수익률을 계산하면 안 된다.

하지만 더욱 큰 위험은 예상 매출이 1억원이 난다고 아무도 보장할 수 없다는 것이다. 대부분의 앨범 투자는 예상 매출보다 저조한 성과를 거둔다. 물론 이것은 뮤직비즈니스가 흥행산업이라는 기본적인 특성 때문에 어쩔 수 없는 측면도 있기 때문에 어느 정도 감안해야 한다. 앨범 투자에 있어서도 흥행에 성공한 앨범이 다른 투자 실패 앨범의 손실을 채우는 구조이기 때문이다.

그렇다고 투자 담당자는 흥행산업이라는 이유로 앨범 투자 실패를 핑계 댈 수만은 없다. 그래서, 발매 시기와 투자금 회수 기일 엄수, 그리고 목표수익률과 부실채권에 대한 대책 등 여러 가지 투자 성공률 향상과 투자 안전장치를 강화할 수 있도록 노력해야 한다. 물론 투자 담당자의 업무는 쉽지 않은 일이지만 뮤직비즈니스에 있어 핵심이 되는 업무 중 하나이고, 기획사와 유통사 사이에서 중간자적인 입장으로 많은 것을 배울 수 있는 기회로 삼아야한다.

🎧 투자금 지급

투자 담당자는 회사 내부의 검증과 심사를 통해 투자하기로 결정되면 계약서에 상호 날인하고 투자금을 지급하게 된다. 투자금의 지급은 계약서에 나온 일정에 맞춰 이루어지게 되는데 혹시 유통사 내부의 자금 사정에 문제가 있을 경우, 투자 담당자는 신속히 이와 같은 사실을 기획사에 알려서 양해를 구해야 한다.

당연하고 기본적인 내용이지만 계약서와 관련 서류를 반드시 챙겨야 한다. 상호 날인한 계약서를 주고 받을 때, 반드시 그 증거가 남을 수 있도록 등기우편으로 보내는 것이 안전하다. 간혹 급해서 퀵서비스로 보내서 배송 사고가 생기면 난처한 경우가 생길 수 있기 때문이다. 또한 기획사 대표의 인감증명서나 사업자등록증도 확실하게 챙겨서 추후 법적인 문제가 생길 경우에 대비해야 한다. 그런 법적인 문제가 생기지 않으면 좋겠지만, 투자 담당자의 주요 업무 중 법적 문제를 다루는 것이 의외로 많은 부분 차지한다. 앨범이 성공하면 성공한대로 계약 위반의 요소가 발생하기도 하고, 실패하면 투자금을 회수해야 하는 복잡한 문제들이 많이 생기는데 결국은 법적으로 해결하는 경우가 많기 때문이다.

4. 앨범 계약의 종류

유통사에서는 기획사와 앨범 계약 체결 시 투자계약 또는 유통 계약을 맺는다. 투자계약을 맺을 경우 앨범 유통 내용을 포함하고 있으며, 펀드사로부터 투자 받지 않는 한, 유통을 제외한 투자 계약이란 존재할 수가 없다. 유통사가 투자만 하고 다른 유통사에게 유통을 맡길 이유가 전혀 없기 때문이다. 또한 유통사의 경우 유통수익률이 점점 떨어짐에 따라 자체적으로 가수·아티스트를 보유하여 직접 앨범을 제작하기 시작했다. 그로 인해 앨범 관련 계약은 크게 자체제작, 공동제작, 선급투자 그리고 일반유통 4가지 종류가 있고, 360 계약처럼 특수한 형태의 계약도 생기게 되었다.

자체제작 계약

기획사가 유통사를 설립하거나 유통사가 기획사를 만들어 두 개의 조직이 하나의 회사에 있는 경우 음악제작팀 또는 A&R부서에서 음악을 기획, 제작하고 그것을 음악유통팀 또는 영업관련 부서에서 음악 유통을 담당한다. 사실상 같은 회사에서 이루어지는 일이기 때문에 계약서를 체결하지는 않는다. 하지만, 앨범의 수익에 따라 가수·아티스트에게 분배하고 관련 유통 수수료를 공제해야 하기 때문에 별도 계약으로 분류하여 관리해야 한다. 로엔엔터테인먼트, CJ E&M과 해외 직배사인 소니BMG, 유니버설 등이 기획사와 유통사의 기능을 모두 가지고 있다. 또한 SM엔터테인먼트, YG엔터테인먼트, JYP엔터테인먼트와 기타 기획사들이 지분 투자하여 KMP라는 유통사를 만들었다가 2013년 6월 KT뮤직에 합병되었기 때문에 해당 기획사들과 유통사 KT뮤직과의 관계도 자체제작 유통계약으로 볼 수 있다. 자체제작의 경우 하나의 회사에서 음악 제작과 유통을 동시에 진행하기 때문에 회사 입장에서는 수익성이 가장 크고, 그에 따라 위험성도 가장 큰 계약의 한 종류이다.

공동제작 계약

공동제작에는 계약 조건에 따라 수많은 형태가 있다. 음악에 대한 저작인접권(마스터권)을 누가 갖느냐로 구분하는데, 자체제작의 경우 기획사와 유통사가 동일회사이기 때문에 당연히 그 기획사에 마스터권이 있게 된다. 공동제작의 경우는 마스터권을 기획사와 유통사가 공동으로 나눠 갖는 것을 말하며, 보통은 절반씩 나눠 갖는데 조건에 따라 일부 지분을 한쪽에서 더 많이 가질 때도 있다.

마스터권은 음악을 제작하는 자(기획사)에게 주어지는 기본적인 권리로 기획사가 마스터권의 일부를 유통사에 주면서까지 공동제작을 하는 경우는 기획사와 유통사의 양쪽 필요에 의해서이다. 기획사는 마스터권의 일부를 유통사에 주는 대신 해당 제작비를 리스크없이 모두 유통사로부터 투자받기 때문에 좀 더 안전하게 앨범을 제작할 수 있는 장점이 있다. 유통사도 투자비에 대한 위험을 부담하긴 하지만 성공확률이 높은 앨범에 대해 마스터권을 가질 수 있어 큰 수익을 기대할 수 있을 경우 공동제작 형태로 계약을 체결한다.

이와는 달리 공동제작 계약은 여러 기획사의 가수·아티스트를 한꺼번에 프로젝트로 묶어서 진행할 때에도 사용된다. 유통사에서 자본을 투자하고 여러 기획사 소속 가수·아티스트가 함께 참여하되, 유통사와 여러 기획사가 마스터권을 나누는 방식의 형태이다. 마스터권을 나눠 갖지만 보통 유통사가 대표권을 행사하는데, 이는 음악에 대한 권리의 대표권이 아니라 음악의 정산과 사용에 있어 대표권을 갖는 것을 말한다. 즉, 마스터권의 대표권을 행사한다고 유통사가 마음대로 할 수 있는 것은 아니다. 유통사는 해당 앨범의 수익이 투자금을 넘기 전까지는 기존 투자금에서 공제하고, 수익이 투자금을 넘을 경우 기획사와 일정 비율로 분배한다.

공동제작에서는 기본적으로 기획사가 음악 제작을 책임지지만, 최종 타이틀곡 선정이라든지 음악의 방향에 대해 유통사의 의견을 반영하기도 한다. 물론 그럴 경우 해당 내용을 계약서에 표시해놓아야 추후 문제가 생기지 않는다. 이렇게 유통사가 마지막 결정권을 갖고자 하는 이유는 간단하다. 수익을 확실하게 거두기 위해서이다. 왜냐하면 공동제작의 경우 기획사나 참여 가수·아티스트의 입장에서는 제작비를 갚을 의무가 없기 때문에 그 동안 할 수 없었던 예술성이 높은(상대적으로 시장성은 떨어지는) 앨범을 제작하고 싶어할 수 있기 때문이다. 만일, 그렇게 내버려만 두면 기획사의 다양한 포트폴리오 구축을 위한 유통사의 기부형태로 전락할 수도 있다. 공동제작을 통해 그 동안 유통사에서 구축된 데이터베이스와 노하우를 접목하여 새롭고 신선한 형태의 음악이 나올 수 있기 때문에 기획사와 유통사 양측은 서로 협의하면서 음악을 제작할 수 있게 된다.

🎧 선급투자 계약

일반적인 앨범 투자의 경우 대부분 선급투자 계약을 의미한다. 선급투자의 경우 공동제작과 달리 마스터권이 기획사에게 있다. 즉, 유통사 입장에서는 선급투자를 통한 수익은 오직 유통수수료만 존재한다. 자체제작에서는 유통수수료뿐만 아니라 가수·아티스트를 통한 부가적인 수익과 함께 음악의 마스터권을 보유하여 추가적인 수익이 발생할 수 있었고, 공동제작에서도 유통수수료와 마스터권의 일부를 소유하여 수익을 다변화할 수 있었지만, 선급투자에서는 유통수수료 이외의 다른 수익은 없는 것이다.

선급투자에서는 음악은 전적으로 기획사에서 담당하여 제작하고 유통사는 제작에 전혀 관여하지 못한다. 왜냐하면 마스터권이 전혀 없기 때문이다. 그리고, 유통사는 기획사의 앨범에 대해 일정 기간 동안 제작비를 투자하고 매출이 발생하면 먼저 투자한 제작비를 상계한다. 투자금을 모두 상계한 후 이익이 발생하면 유통수수료를 제외하고 기획사에 모두 정산해 주게 된다.

선급투자에는 MG(Minimum Guarantee)방식과 상환방식이 있는데, MG는 기획사가 추후에 투자금을 갚을 의무가 없는 것을 말하고 상환방식은 기획사가 유통사에 투자금을 갚을 의무가 있는 것을 말한다. 기획사의 입장에서는 MG가 유리한 것이고 유통사의 입장에서는 상환 방식의 선급투자가 더 안전하다. 그래서 유통사는 A급 가수·아티스트의 앨범처럼 확실한 성공이 보장되는 앨범에만 제한적으로 MG를 적용한다. 상환 방식의 선급투자의 경우 앨범 발매 후 일정 기간을 정해서 매출로 인한 선급금을 갚지 못할 경우 추가적인 앨범을 발매하거나 현금을 상환하는 조건을 포함한다.

🎧 일반유통 계약

유통사가 기획사에 제작비를 투자하지 않고 단순히 유통만 하는 것을 뜻한다. 투자하지 않고 유통만 진행하기 때문에 유통사에서는 가장 부담 없이 유통수수료를 얻을 수 있지만, 시장성이 높은 앨범들의 경우 위의 공동제작이나 선급투자 유통계약을 체결하기 때문에 매출의 비중이 그리 크지는 않다. 대신 유통수수료가 가장 적은 편이어서, 기획사는 간혹 A급 앨범도 일반유통으로 계약하여 유통수수료를 줄이고 수익률을 높이는 경우도 있다.

🎧 360 계약(360 Deal)

유통사가 기획사의 가수·아티스트와 앨범 계약뿐만 아니라 저작권 사업권을 포함한 퍼블리싱계약, 광고나 행사를 포함한 매니지먼트계약, 기타 관련된 일체(every aspects of artist's careers)의 계약을 각각 묶어서 계약하는 것을 말한다. 예를 들어, 앨범과 퍼블리싱 계약을 묶는다든지, 앨범과 공연, 광고를 묶어서 계약하는 것이다.

과거에는 존재하지 않던 새로운 형태의 계약인데, 미국에서는 대형 가수·아티스트를 중심으로 360 계약이 성행하고 있으며, 한국에서도 관련 계약이 점점 늘어나는 추세이다. 이 360 계약의 핵심은 종래의 앨범 판매수입뿐만 아니라 가수의 활동과 관련된 일체의 수입을 유통사와 기획사(가수·아티스트)가 나누어 갖는다는 것인데, 이는 변화하는 뮤직비즈니스의 환경을 반영한 결과이다. 음악만으로 수익이 크게 나지 않아서 유통사는 기획사에 많은 금액을 투자하기 힘든 상황인 반면, 기획사는 대형 가수·아티스트와 전속 계약을 하고 수준 높은 음악을 제작하기 위해서 점점 더 많은 투자금이 필요하게 되었다. 따라서 유통사는 기획사 전속 가수·아티스트의 앨범 수익 뿐만 아니라 공연, 매니지먼트 수익을 확보하여 투자 리스크를 줄일 수 있는 장점이 있고 기획사는 더 많은 투자금을 유치하여 안정적인 음악 제작과 매니지먼트 활동이 가능하다는 장점이 있게 된다. 해외에서는 마돈나(Madonna)가 Live Nation과 1억2천만 달러의 360 계약을 체결한 것과 제이지(Jay-Z)가 Live Nation과 1억5천달러의 360 계약을 체결한 사례가 있다.[68] 앞으로도 다양한 형태(앨범+공연, 앨범+광고모델, 앨범+MD 등)의 360계약이 생길 것으로 예상된다.

---

68 JEFF LEEDS(2007.11.11). The New Deal: Band as Brand. New York Times. http://www.nytimes.com/2007/11/11/arts/music/11leed.html?pagewanted=1&_r=2&

5. 유통수수료

유통사는 서비스사로부터 판매대금을 정산 받은 후 유통수수료를 제외하고 기획사에게 지급한다. 일반유통 계약의 경우 유통수수료가 15~25% 사이이다. 선급투자와 공동제작의 유통수수료는 20~30% 사이이며, 자체제작의 경우 일반유통과 비슷한 규모의 수수료를 내부적으로 책정하는 편이다. 자체제작이라 하더라도 CD와 음원을 유통하는데 비용이 소요되는 것은 마찬가지이기 때문이다. 즉, 위험부담이 높을 수록 유통수수료를 많이 받는 방식인데, 위험부담이 큰 만큼 유통사에서는 프로모션과 홍보에 더 많은 비용을 소모하기 때문이다.

6. 계약별 기획사 분배 예시

 자체제작 계약(유통사=기획사)

서비스사로부터 1억원의 매출이 발생하였고 유통수수료를 20%, 제작비가 5,000만원 소요되었다고 가정할 경우 유통사는 매출의 20%인 2,000만원(=1억원×20%)을 유통수수료로 취득하게 되고, 나머지 8,000만원에서 제작비 5,000만원을 뺀 3,000만원의 수익도 발생하게 된다. 3,000만원은 가수·아티스트와 체결한 전속계약서에 의거하여 분배한다.

유통사(기획사) 수익 = 2,000(유통수수료) + 3,000(제작수익) = 5,000(만원)

 공동제작 계약

서비스사로부터 1억원의 매출이 발생하였고 유통수수료를 25%, 앨범 제작을 위해 투자한 비용이 5,000만원 소요되었다고 가정할 경우 유통사는 매출의 25%인 2,500만원(=1억원×25%)을 유통수수료로 취득하게 되고, 나머지 7,500만원에서 기존 투자비 5,000만원을 뺀 2,500만원의 수익이 발생하게 된다. 2,500만원을 기획사와 유통사가 5:5로 분배할 경우 기획사는 1,250만원을 수익으로 가져가고 유통사는 1,250만원을 가져간다. 기획사는 지급받은 1,250만원을 가수·아티스트와 체결한 전속계약서에 의거하여 분배한다.

  유통사 수익 = 2,500(유통수수료) + 1,250(제작수익) = 3,750(만원)

  기획사 수익 = 1,250(만원)

🎧 선급투자 계약

서비스사로부터 1억원의 매출이 발생하였고 유통수수료를 25%, 유통사가 기획사에 5,000만원을 투자하였다고 가정할 경우 유통사는 매출의 25%인 2,500만원을 유통수수료로 취득하게 되고, 나머지 7,500만원에서 투자비 5,000만원을 뺀 2,500만원의 수익이 발생하게 된다. 유통사는 2,500만원을 그대로 기획사에게 지급하며, 기획사는 지급받은 2,500만원을 가수·아티스트와 체결한 전속계약서에 의거하여 분배한다.

  유통사 수익 = 2,500(유통수수료, 만원)

  기획사 수익 = 2,500(앨범수익, 만원)

🎧 일반유통 계약

서비스사로부터 1억원의 매출이 발생[69]하였고 유통수수료를 20%로

---

69 일반유통 계약 앨범의 경우 1억원 이상의 매출이 나는 경우는 별로 없음. 왜냐하면, 그 정도 규모의 매출이 예상되는 앨범의 경우 이미 기획사에서 선급계약이나 공동제작의 형태로 자본을 투자받기 때문임.

가정할 경우 유통사는 매출의 20%인 2,000만원을 유통수수료로 취득하게 되고, 나머지 8,000만원을 그대로 기획사에게 지급하며, 기획사는 지급받은 8,000만원을 가수·아티스트와 체결한 전속계약서에 의거하여 분배한다.

유통사 수익 = 2,000(만원)

기획사 수익 = 8,000(만원)

위의 예시는 모든 계약의 앨범이 제작비와 투자금 이상의 수익을 거두었을 때를 가정한 것이다. 그렇기 때문에 모든 앨범이 같은 정도(위의 모든 예시는 1억원 매출을 가정)의 성공을 거두었다면 유통사 입장에서는 당연히 자체제작이 가장 유리하고 공동제작, 선급투자, 일반유통의 순서로 이득을 차지하게 된다. 하지만, 위험성은 자체제작이 가장 크고 일반유통이 가장 적다. 보통 전체 유통 앨범들 중 손익분기점을 넘기는 앨범이 20~30%를 넘지 않는 상황을 비춰볼 때, '고위험 고수익(high risk, high return)'의 투자원칙은 뮤직비즈니스에서도 여전히 유효하다.

7. 인세의 지급

유통사는 기획사가 가지고 있는 저작인접권을 대신하여 서비스사에게 집행한다. 즉, 유통사는 대리중개업체로서 저작인접권자인 기획사(음반제작자)를 대신하여 판매대금을 대신 수령하고 유통사의 유통수수료를 제외한 금액을 기획사에게 지급하는데 이것을 보통 인세라고 한다. 인세는 앨범이 유통된 지 3~4개월 후부터 정산된다. 왜냐하면 서비스사가 소비자로부터 대금을 정산받고 유통사에게 분배하는데 2~3개월이 걸리고 유통사도 기획사에게 분배하는데 1~2개월의 시간이 걸리기 때문이다.

8. 유통사 투자 담당자 업무

🎧 앨범 발매일 확정

투자 계약이 체결되고 투자금도 지급하면, 가장 중요한 것이 앨범 발매 시기를 결정하는 것이다. 음악의 대중성도 중요하고, 가수·아티스트가 음악 이외 연예 활동을 많이 하는지도 중요하지만 앨범 스케줄도 성공에 중요한 역할을 한다. 우선, 기획사가 생각할 때 가장 유리하다고 생각되는 일정을 정하는 것이 우선이다. 왜냐하면 마스터 음원과 뮤직비디오가 언제 완료되는지, 가수·아티스트의 홍보 및 연예활동이 언제부터 본격적으로 시작되고 집중되는지 내부적으로 가장 잘 알기 때문이다.

하지만, 기획사에서 예정한 앨범 제작은 여러 가지 이유로 많이 늦춰진다. 음악과 뮤직비디오 제작 지연과 같은 내부적 요인과 경쟁 가수·아티스트의 앨범이 너무 크게 성공하거나 사회적으로 큰 사고가 터져서 연기하게 되는 외부적 요인들이 존재한다. 투자 담당자는 내·외부적인 요인들을 잘 고려하고 기획사와 끊임없는 커뮤니케이션을 통해 상황을 파악하고 관련 내용을 유통 담당자와 공유해야 한다.

기획사에서 앨범 발매일이 정해졌다고 해도 최종적으로 그날 앨범이 발매되는 것은 아니다. 유통사에서는 수많은 앨범들이 발매되고 있고 다른 유통사에서도 많은 경쟁 앨범들이 출시되기 때문에 그러한 일정들을 고려해서 가장 유리한 일정을 정하게 된다. 물론 최종 발매일을 정하는 것이 유통사의 일방적인 통보로 이루어지는 것은 아니다. 투자 담당자는 유통 담당자와 함께 유통사에서 발매되는 다른 앨범들의 일정과 타사에서 발매되는 앨범의 일정들을 종합적으로 고려하여 기획사와 협의하여 결정하게 된다.

🎧 앨범 자료 전달

어렵게 앨범 스케줄이 확정되면 그에 맞춰서 투자 담당자는 마스터 음원과 관련 자료를 유통 담당자에게 미리 넘긴다. 그러한 자료를 유통 담당자는 기술적으로 다시 한번 체크하고 서비스사에 넘길 수 있도록 시스템에 준비한다. 예전에는 모바일 서비스인 컬러링과 벨소리를 제작하기 위해 미리 마스터 음원을 서비스사에 제공하였지만 음원 유출 사고가 발생하여 이제는 출시일 바로 전에 음원을 공급하고 있다.

전달해야 하는 앨범 자료는 다음과 같다.

1) 마스터 음원(mp3)
2) 뮤직비디오
3) 자켓 이미지
4) 보도자료

5) 홍보용 이미지

6) 트랙정보

7) 가사

8) 홍보 영상 또는 메이킹 필름

🎧 앨범 발매 상황 체크

앨범 발매는 보통 해당일 낮 12시에 일괄적으로 이루어지고 있다. 간혹 가수·아티스트나 기획사의 판단에 따라 낮 12시가 아닌 새벽 0시에 음원을 공개하기도 하는데 각각 장단점이 존재한다.

몇 년전만 해도 발매일 기준 새벽 0시에 모든 앨범을 공개하였다. 예를 들어 2월 1일 앨범을 공개한다는 것은 1월 31일 밤 11시 59분 59초까지는 공개하지 않다가 2월 1일 새벽 0시 0분 0초에 공개하는 것을 말한다. 하지만, 이렇게 운영하다 보니 여러 가지 문제점이 발생하였다. 예를 들어 음원에 오류가 있거나 잘못된 앨범 자켓이 음악사이트에 올라가 있을 경우, 그에 대한 대처가 힘들다는 것이다. 문제에 대처하기 위해서는 기획사 담당자뿐만 아니라 유통사, 서비스사 담당자가 모두 새벽 0시에 깨어있어야 하는데, 그것은 여러모로 많은 부작용을 발생시켜서 유통사와 기획사들이 협의를 하여 해당일 낮 12시에 앨범을 공개하기로 하였다. 그래서, 만일의 사태에 대해서도 즉각적인 수정이 가능하게 되어 그러한 문제는 많이 줄어들었다.

하지만, 아직도 음원 차트를 올킬(all kill)[70]하는 몇몇 가수·아티스트의

---

70 모든 온라인 음악사이트의 top 100 순위 1위를 차지하는 현상을 말함.

경우 새벽 0시 오픈을 진행하기도 하는데 그 이유는 새벽에 음악을 듣는 사람들이 많지 않은 상황에서 팬들이 집중해서 해당 앨범의 음악을 들을 경우 음원 순위를 그만큼 높일 수 있기 때문이다. 예를 들어 팬이 1만명있는 가수·아티스트가 낮 12시에 앨범을 공개한다고 가정해보자. 낮에는 상대적으로 밤보다 깨어있는 사람이 많기 때문에 음악사이트 이용자 수가 10만명이라고 가정할 경우 해당 앨범의 음악을 듣는 비율은 10% 정도이다. 지만, 새벽에는 음악사이트 이용자수가 그보다는 적기 때문에 5만명이 사용하고 있다면 그 비율이 20%로 크게 오르게 된다.

또한 새벽에 차트 상위권을 차지할 경우 아침 출근시간에 TOP100 차트를 자동재생하는 직장인, 학생들에게 보다 쉽게 음악을 알릴 수 있고 인터넷 뉴스를 통해 앨범 홍보 및 '차트 올킬'과 같은 이슈몰이도 할 수 있다. 하지만, 역시 문제가 발생할 경우 이에 대한 대처가 힘들고 생각보다 문제가 클 경우 씻을 수 없는 손해를 입기 때문에 가능한 새벽 0시에 서비스를 하는 것은 권장사항이 아니다.

새벽 0시이든, 낮 12시이든 앨범이 오픈되고 나서는 각 서비스사의 음악사이트에 접속하여 해당 앨범의 서비스 유무를 체크한다. 매시간마다 차트 순위가 업데이트 되기 때문에 차트의 변화와 다른 경쟁 앨범들의 상황을 유의 깊게 살펴보면서 혹시 추가적인 홍보거리가 있으면 상황에 맞춰서 터트릴 수 있도록 기획사와 긴밀하게 협의하여 진행한다. 만일 서비스에 문제가 발생하면 유통 담당자에게 빨리 알려서 해당 문제가 고쳐질 수 있도록 하고 그 내용을 기획사에 통보하여 추가적인 프로모션을 서비스사로부터 받을 수 있는지 확인해봐야 한다.

🎧 투자 담당자의 업무 범위

투자 담당자의 경우 업무 범위가 회사에 따라 다르다. 공동제작과 같은 프로젝트의 경우 투자 담당자이지만 제작분야에도 참여하여 곡 수급을 위해 A&R 담당자 역할을 수행하기도 하며, 뮤직비디오 감독과의 컨셉회의도 참여한다. 또한 유통 담당자의 업무까지 겸하는 경우도 있는데, 일부 영향력 있는 음악사이트나 포털사이트와 직접 협의하여 새로운 형태의 프로모션이나 앨범 홍보 활동을 하기도 한다. 특히 회사 규모가 작을 경우 어쩔 수 없이 여러 가지 업무를 병행할 수 밖에 없는데 그만큼 힘들지만 힘든 만큼, 투자 담당자 본인이 성장하는데 큰 도움이 된다. 대형 유통사의 경우는 이보다는 보다 전문적인 투자 업무를 주로 다루게 되며, 규모가 큰 곳은 금융 펀드회사와 '음악펀드'를 구성하여 운용하기도 하기 때문에 NPV(순현재가치법, Net Present Value), IRR(내부수익율, Internal Rate of Return)을 통한 투자가치평가를 통해 펀드매니저의 투자를 돕기도 한다.

9. 음악 유통

음악 유통사는 제작된 음악을 음반의 경우 도소매상, 음원의 경우 음악사이트와 같은 서비스사에게 전달하고 앨범 홍보와 프로모션의 기능을 수행한다. 또한, 음악이 판매되어 발생한 매출을 서비스사들로부터 징수하여 유통수수료를 제외하고 기획사에게 분배하는 역할을 한다. 유통 담당자는 자체 제작 앨범의 경우 제작 담당자로부터, 공동제작이나 선급투자 앨범의 경우 투자 담당자로부터, 일반 유통의 경우 일반 유통 담당자로부터(또는 기획사로부터 직접) 앨범 관련 자료를 전달받는다. 앨범 출시일에 맞춰 서비스가 될 수 있고 프로모션이 이루어질 수 있도록 서비스사에 자료를 전달한다. 대형 유통사의 경우는 자체적인 유통시스템을 갖추어 서비스사로 자동으로 관련 자료를 연동하여 보내거나, 서비스사가 직접 유통사의 유통 시스템에 접속하여 관련 자료를 받아갈 수 있도록 한다.

음악 유통은 음악의 매체에 따라 음반(CD, DVD)과 음원(스트리밍, 다운로드)으로 나누어진다. 보통 음반과 음원의 유통 경로와 성격이 크게 다르기 때문에 각각의 음반, 음원 담당자가 업무를 담당하는데 유통사의 규모에 따라 한두 명이 동시에 처리하는 경우도 있다.

🎧 음반 유통

유통사는 기획사로부터 앨범 완제품 CD를 수령하는데, 유통사로 직접 받는 것이 아니라 계약된 물류센터로 입고 받게 된다. 물류센터는 유통사에서 유통하는 모든 CD와 DVD들이 모이는 창고이고, 서비스사(도소매상)로부터 반품이 접수되면, 그 반품도 물류센터 한 곳으로 모이게 된다. 보통 앨범 출시일 최소 3일 전에 물류센터로 입고되어야 하며, 물류센터는 전국 대형 소매상과 온라인샵, 도매상에 출시일 전날 음반을 전달해서 출시일에 맞춰 소비자의 손에 들어갈 수 있도록 준비한다.

1) 신보안내서와 음반 주문

음반 유통 담당자는 입수된 앨범 자료를 활용하여 발매 1주일 전에 '신보안내서'를 각 도소매상에게 보낸다. 신보안내서를 받은 각 도소매상은 판매량을 예측하여 유통사에 주문량을 보낸다. 예전에는 팩스로 주문이 이루어졌지만, 지금은 이메일이나 유통사의 자체 시스템에 주문량을 입력하는 방식이 병행되고 있다. 만일 초도물량(공장에서 처음 생산하는 수량)보다 주문량이 더 많을 경우는 유통사에서 도소매상 별로 균등하게 물량을 나누는 경우가 대부분인데, 이 때, 기존 유통사는 도소매상과의 여러 요소들(안정적인 결제 처리, 프로모션 연계 현황 등)을 고려하게 된다.

특히, K-POP의 인기로 CD와 함께 팬서비스용으로 같이 나눠주는 앨범 포스터와 같은 경우는 국내에서는 무료로 배포되지만 해외에서는 유료로 판매되는 경우도 있어, 그 수량을 확보하기 위해 치열한 경쟁이 있는 편이다. 기획사에서는 무료로 배포하는 포스터의 경우 유통사가 도소매상이나 소비자로부터 돈을 받고 파는 것을 엄격하게 금하고 있고,

유통사도 자체적으로 도소매상이 돈을 받고 소비자에게 넘기지 않도록 관리하고 있다. 하지만, 해외에 판매되는 경우는 사실상 제재하기가 힘든 상황이다.

이와는 반대로 소비자에게 많이 팔리지 않는 앨범의 경우 도소매상은 주문량을 아주 적게 요청한다. 왜냐하면 도소매상 입장에서도 CD를 쌓아놓을 공간이 너무 많게 되면 보관하는데 비용이 많이 들어가기 때문이다. 하지만 반대로 유통사는 좀 더 많은 수량을 도소매 업체가 가져가서 매장에 진열해 놓기를 원한다. 한번이라도 더 소비자에게 노출이 되어 구매가 이루어질 수 있도록 앨범 노출을 확대하도록 노력하는 것이 유통사의 필수 업무이기 때문이다. 또한 자신의 앨범을 맡긴 기획사 입장에서는 소비자들이 앨범을 사지 않는 것은 어쩔 수 없지만 매장에 진열 자체가 되지 않으면 판매될 수 있는 기회를 박탈당했다고 생각하기 때문에 가급적 많은 매장에 진열되도록 요청한다. 하지만 최근에는 오프라인 매장에서 판매되는 CD보다 온라인 샵에서 팔리는 수량이 월등하게 많기 때문에 온라인 샵에 정확한 정보가 노출되고 좋은 영역에 프로모션이 진행될 수 있도록 챙기는 것이 필요하다. 동시에 음반 유통 담당자는 유통하고 있는 앨범들이 매장에 잘 진열되었는지를 수시로 체크하고 매장 담당자들과의 정보를 주고받으면서 소비자의 반응을 듣고 투자 담당자나 기획사에게 전달하는 역할을 담당한다.

2) 음반 홍보, 프로모션

음반 유통 담당자는 유통하고 있는 앨범을 잘 알려서 소비자들이 더 많은 음반을 살 수 있도록 해야 한다. 그렇게 하기 위해서는 앨범 일정에 맞춰 소비자에게 미리 예약 주문을 받을 수 있도록 정보를 도소매상에게 제공해야 하고, 기획사와 협의하여 적절한 초도물량을 제작할 수 있도록 조언을 해줘야 한다. 기획사에 따라 과도한 수량을 제작하여 추후 재고 문제가 생길 수 있다면 그 목표치를 조정하는 것이 필요하고, 너무 적은 수량을 제작하면 적기에 물량을 공급하지 못해 생길 수 있는 손해를 막는 것도 필요하다.

하지만 보통 과도하게 물량을 제작하는 것이 더 문제가 된다. 왜냐하면 초도물량이 부족한 경우 소비자들은 약간의 시간을 기다려줄 의향이 충분히 있기 때문이다. 그렇지만, 기획사의 욕심으로 너무 많은 수량을 제작하게 되면 그것은 나중에 기획사와 유통사에게 큰 손실로 다가온다. 그래서 음원시장과 달리 음반시장은 재고에 대한 관리가 무엇보다 중요하다. 도소매상으로부터 미리 접수받은 초도물량을 기준으로 다소 적게 제작하고, 추후 주문이 늘어나면 그에 맞춰 추가 제작하는 것이 필요한데 이에 대한 내용도 음반 유통 담당자가 프로모션을 추진하면서 시장 반응을 함께 체크하는 것이 좋다.

3) 팬 싸인회

음반 유통 담당자가 챙겨야 하는 주요 업무 중 하나는 팬 싸인회를 유치하고 관리하는 것이다. 가수·아티스트의 프로모션이나 연예활동 스케줄에 맞춰야 하고 팬싸인회를 통해 홍보와 함께 음반 판매량을 높이고자 하는 의지가 기획사에게 있어야 가능한 일이기 때문에 음반 유통 담당자는 기획사나 투자 담당자와 긴밀하게 의사소통을 해야 한다. 보통 음반 유통 담당자가 시장 상황이나 가수·아티스트의 팬 층을 고려하여 적당한 싸인회 시점과 횟수를 요청하고 기획사에서는 스케줄과 프로모션 컨셉에 맞춰 팬 싸인회 유무를 결정하게 된다.

보통 아이돌 그룹의 경우 팬 싸인회가 전체 CD 판매량에서 차지하는 비율이 매우 높기 때문에 여러 차례 지역별로 순회하면서 진행하는 편이다. 팬 입장에서는 이미 다른 곳에서 CD를 구매했어도, 팬 싸인회에서 직접 가수·아티스트와 가깝게 대면할 수 있기 때문에 여러 싸인회에 중복 참석하고 CD를 구매하는 경우도 많다. 사실 팬 싸인회만큼 팬과 가수·아티스트가 가깝게 만날 수 있는 기회가 없기 때문에 팬들은 선물이나 편지를 들고 와서 싸인회 시간을 축제처럼 즐기고 간다. 기획사나 가수·아티스트 입장에서도 팬들에게 줄 수 있는 서비스라고 생각하고, 팬과의 관계를 더 돈독하게 만들어 추후 활동에 대한 에너지를 얻을 수 있는 기회이기 때문에 열심히 참여하는 편이다. 다만, 두터운 팬층이 존재하지 않을 경우 아무리 팬싸인회를 열어도 많은 사람들이 모이지 않아 기획사와 가수·아티스트의 힘을 빼놓는 결과를 초래할 수도 있기 때문에 그럴 경우 조기에 팬싸인회를 종료하거나 미니 공연을 진행해서 주위 관심을 끌기도 한다.

또한 각종 안전사고가 생기지 않도록 싸인회가 열리는 매장 측과 동선 관리에 신경을 각별히 써야 한다. 가수·아티스트의 동선이 어떻게 되느냐에 따라 큰 사고가 생기기도 하는데, 팬들은 가수·아티스트가 나타나면 우르르 몰리게 되어 정말 컨트롤 하기 힘들기 때문이다. 특히, 가수·아티스트의 스케줄에 문제가 있어 수많은 팬들을 몇 시간 동안 기다리게 했다가 그냥 몇 명에게만 싸인 해주고 사라지게 되면 그 후폭풍을 감당하는 것이 만만치 않은 일이기 때문에 스케줄 확인과 확실한 싸인

인원을 미리 정하고 팬들에게 공개해야 한다. 보통 팬 싸인회에는 음반 유통 담당자 이외 투자 담당자나 기타 안전 인력이 더 필요할 경우 회사 내 추가 인력이 더 투입되기도 한다.

4) 재고와 물류센터 관리

유통사는 효율적으로 재고량과 물류센터를 관리하여 재고 비용을 줄이기 위해 노력한다. 유통사는 물류센터의 물류 시스템을 활용하여 현재 재고와 판매량, 반품 수량을 실시간으로 확인할 수 있다. 즉, 현재 팔리고 있는 판매량의 추이를 확인하고 물류센터에 보관된 재고를 확인하여 앨범의 추가 제작 수량과 시기를 기획사와 협의한다. 도소매상에서 추가 주문이 들어왔을 때, 재고 물량이 부족하여 팔지 못하는 상황을 막아야 한다. 또한 팔리지 않고 너무 많은 재고가 물류센터를 채우고 있을 때는 기획사와 협의하여 재고를 빼기도 하는데, 그렇게 물량을 넣었다 빼는 것이 현실적으로 쉽지 않기 때문에 애초에 약간 보수적으로 수량을 적게 창고로 받는 것이 일반적이다.

5) 도소매상 결제 및 채권 관리

음반 유통 담당자가 관리하는 도소매상은 크게 세 분류로 나뉜다. 교보문고나 영풍문고와 같은 대형 소매점이 있고, 인터파크와 yes24와 같이 온라인샵 그리고 신나라레코드나 북앤뮤직과 같은 오프라인 도매상이 있다. 요즘은 수가 많이 줄어서 찾아보기 힘든 각 지역의 소매상과는 직접 계약을 맺지 않는 편이다. 그러한 소매상들은 도매상으로부터 물건을 받아 판매하며, CD를 해외 팬들에게 파는 사이트도 도매상으로부터

CD를 구매하기 때문에 유통사와 직접 계약하지는 않는다.

대형 소매점의 경우 아직까지도 소비자들에게 상징적으로 중요한 의미를 가지는 장소이고 홍보 프로모션이 주로 이루어지는 곳이며, 특히 팬 싸인회가 열리는 곳이기 때문에 평소에도 매장 관리자와 밀접한 관계를 맺고 협력이 이루어져야 하는 곳이다. 온라인샵에서는 홈페이지 메인화면에 예약 주문을 받을 수 있도록 앨범 프로모션 공간을 확보하고 각종 이벤트를 통해 보다 많이 판매될 수 있도록 노력해야 한다. 예전에 음반 유통 담당자는 매장을 돌아다니면서 매장관리와 재고를 관리하는 것만 집중하였다면 이제는 온라인에서 노출되고 판매되는지도 상당히 중요해졌기 때문에 온라인의 특성도 잘 이해하는 것이 필요하다.

도매상은 예전보다 그 업체수가 줄어들었지만 매출면에서는 아직도 많은 부분을 차지하고 있는 상황이다. 특히 K-POP의 인기로 가수·아티스트에 따라 다르지만 판매량의 50% 이상이 해외에서 소진되는 앨범도 있기 때문에 기획사는 앨범 판매와 함께 포스터를 더 많이 생산하여 해외 팬들을 흡수하려고 노력한다.

과거에는 도소매상과 유통사는 어음을 주고 받기도 했지만, 음반시장의 축소로 여러 도소매상이 사업을 접게 된 이후로는 매달 현금으로 거래하는 것이 일반적이다. 유통 담당자 입장에서는 거래하고 있는 도소매상의 재무 상태나 업계 현황과 정보를 신속하게 파악하여 미수채권이 생기지 않도록 노력해야 한다.

6) 음반 정산

음반은 음원에 비해 상품의 종류가 적고 가격이 일정하기 때문에 매출이 매달 확정된다. 보통 월말에 해당월의 매출을 집계하는데, CD·DVD의 경우 '판매가격 × 수량 = 매출액'의 공식을 따른다. 물론 반품을 제외해야 정확한 매출액이 되겠지만 계약 시 '반품예치금'을 책정해 놓으면 반품은 나중에 한꺼번에 계산할 수 있어 비교적 쉽고 빠르게 해당월의 매출액을 계산할 수 있다. 유통사는 집계된 매출액에서 유통수수료를 제외한 금액을 기획사에게 지급하게 되는데, 유통수수료는 계약의 종류에 따라 계약서에 명시된 대로 집행되게 된다. 음반의 정산 주기는 판매된 다음 달에 이루어지게 된다.

7) 소장하기 위한 음반 구매

음반은 이제 귀가 아닌 눈을 위해 구매한다. 당연한 이야기이지만 예전에는 음악을 듣기 위해 CD를 샀고, 콘서트나 뮤직비디오 영상을 보기 위해 DVD를 샀다. 이제는 CD 구매 목적이 음악을 듣기 위해서가 아닌 소장하기 위해서이다. 좋아하는 가수·아티스트를 위해 CD를 사는 이유가 음악을 듣는 것이 아니라 진열되어 있는 것을 눈으로 보기 위해서이다. 또한 요즘은 앨범을 구매하면 CD만 들어 있는 것이 아니라 그 안에 다양한 상품들이 함께 들어 있다. CD를 사면 부록으로 주는 사진과 엽서가 아닌, 사진과 엽서를 사면 부록으로 주는 CD와 같은 느낌이다. 갈수록 팬의 만족도를 높이기 위해 앨범 제작비는 올라갈 수 밖에 없고, 앨범 판매는 수익을 남기기 위한 것보다는 팬서비스의 개념으로 변하였는데 특히 아이돌 그룹의 앨범은 더욱 그러한 추세가 지속되고 있는 실정이다.

기획사도 음반을 통한 수익을 그리 많이 기대할 수 없다. 가수·아티스트를 좋아하고 그 음악이 좋다면 음반 구매는 CD와 사진을 소장하는 것으로 그 목적을 다 했다고 볼 수 있다. 물론 음반을 구매하는 것이 아직도 음악 순위 프로그램에 중요한 요소로 작용하기 때문에 좋아하는 가수·아티스트의 음악 순위를 높이기 위해 구매한 경우도 무시할 수는 없다. 하지만 그러한 목적도 결국은 팬으로서 가수·아티스트를 위해 음반을 구매하는 것에 포함되기 때문에 음악 감상이 아닌 소장의 목적으로 함께 묶어도 무방하다.

8) K-POP 해외 팬 음반 구매

팬들이 좋아하는 가수·아티스트의 음악 순위 프로그램에서 상위권을 기록하기 위해 음반을 구매한다고 해도 예전 음악 감상을 위해 구매했을 때보다 많을 수는 없다. 갈수록 음악 이외에도 게임, 영화, 방송 등 즐길 거리들이 많아지고 있고 앞으로도 그러한 추세는 계속될 것이기 때문에 음반을 구매할 팬의 수가 증가하지 않는다면 음반시장의 축소는 자명한 사실이다. 하지만 여기에 추가적인 변수가 등장했다. 다름아닌 전세계적인 K-POP의 인기이다.

K-POP으로 인해 해외에서 음반판매가 꾸준히 늘고 있다. 국내 유통되는 음반의 30~40%가 해외로 판매된다. 음반이 수출입 되기 위해서는 각국마다 저작권과 관련법이 다르기 때문에 별도의 라이선스를 허락받고 음반을 다시 제작하는 것이 원칙이다. 하지만 70,80년대에 해외 직수입 음반들이 선호되었던 것처럼 한국에서 제작된 오리지널 K-POP 음반이 해외팬들에게 더 인기가 높다. 음반시장의 규모는 점점 줄어들다가 K-POP의 인기로 900~1,000억원의 규모로 매년 유지되고 있는 상황이다.

🎧 음원 유통

음원 유통이란 앨범이 출시일에 맞춰 서비스가 진행되고 더 많이 팔릴 수 있도록 프로모션을 진행하는 것을 말한다. 대형 유통사의 경우는 자체적인 유통시스템을 갖추어 서비스사로 자동으로 관련 자료를 연동하여 보내거나, 서비스가 직접 유통사의 유통 시스템에 접속하여 관련 자료를 받아간다. 음원 유통 담당자는 자체 유통 시스템에 관련 자료를 업로드하고 서비스사 담당자는 해당 자료를 활용하여 서비스 될 수 있도록 하는데 여기서 중요한 것은 출시일 이전에 미리 서비스 되지 않도록 관리를 철저히 해야 하는 것이다.

1) 서비스사 음원 사용 계약 체결

각 서비스사와 유통사에서 보유하고 있는 음원이 서비스 될 수 있도록 음원 사용 계약을 체결하는 것이 음원 유통 담당자의 주요 업무 중 하나이다. 비즈니스에서 가장 중요한 것이 계약서이듯이 음원 사용 계약에는 음원의 가격, 서비스의 종류, 계약 기간 등 중요한 내용을 다루고 있고, 어떠한 내용과 조건으로 작성되는지에 따라 추후 법적인 문제의 기준이 되기 때문에 꼼꼼한 내용 확인과 상호간의 협의가 이루어져야 한다.

2) 계약된 서비스의 구체적인 명시

애초에 협의한 서비스 이외에 별도 서비스를 추가하거나 변경할 때는 이에 대한 사실을 미리 알리고 협의해야 한다. 그렇지 않을 경우 애초의 목적과 다른 서비스가 이루어질 수 있기 때문에 이에 대해 구체적으로 명시하고 제한한다. 예를 들어 유통사는 음악서비스를 위해 유통하고 있는 음원을 서비스사에게 승인해주었지만, 서비스사는 쇼핑사이트로 바꾸어 쇼핑몰에서 음악서비스를 사용하는 등의 변경이 임의로 이루어질 경우 유통사와 기획사의 의도와는 다른 콘텐츠의 사용이 발생하기 때문이다. 기획사로부터 저작인접권을 대신하여 행사하는 유통사 입장에서는 해당 음원이 계약서에 약속한대로 서비스되고 있는지 꼼꼼하게 확인하고 체크해야 한다.

3) 신규 회원 및 프로모션

서비스사는 보통 신규 서비스를 개시할 때, 무료 이용 이벤트를 많이 하는 편이다. 신규 서비스 이외에도 회원 모집을 위해 각종 할인 행사를 진행하는데, 이 때에도 유통사는 음원이 무료로 사용되지 않도록 주의해야 한다. 소비자에게는 무료로 이용되는 것이라 해도 서비스사는 해당 권리 비용을 유통사에게 정산해주어야 하고, 유통사는 그것을 기획사에게 정산해야 하기 때문이다.

4) 앨범 자료 서비스사 전달

서비스사와 유통사에 따라 관련 앨범 자료를 전달하는 방식이 다른데, 현재 서비스사 중심의 시스템을 사용하는 방식과 유통사 중심의 시스템이 존재한다.

서비스사 중심의 시스템이란 멜론의 MLB(Music Lisence Bank, http://www.sktmlb.com)가 대표적인데, 멜론에서는 MLB라는 서비스사 중심의 시스템을 만들어 멜론에 서비스를 하고 싶은 유통사나 기획사가 직접 MLB 시스템에 음원과 관련 자료를 업로드할 수 있도록 하였다.

유통사 중심의 시스템은 CJ E&M의 CJMP(CJ Music Platform, http://cjmp.
playmlive.com)가 대표적이고, CJ E&M과 유통계약을 맺은 기획사가 관련
음원과 자료를 CJMP에 업로드하면 서비스사 담당자들이 해당 시스템에
접속하여 관련 자료를 다운받고 각자의 음악사이트에서 음악과 자료가
서비스될 수 있도록 한다.

대부분 포맷이 일정한 앨범 자료를 기획사, 유통사 그리고 서비스사에
서 여러 번 입력하는 것은 비효율적이다. 그렇기 때문에 초기에 한번 입
력된 자료를 사람이 일일이 입력하지 않고 자동으로 데이터가 전달될 수
있는 방법을 개발하게 되었는데, 그 방법은 DDEX(Digital Data EXchange)
를 이용하는 것이다. DDEX란, 대기업 레코드 회사, 디지털 음악서비스
제공업자, 음악 저작권 관리 대리업자 등의 각 사업자들이 디지털 음악
판매의 효율화를 목표로 하여 만든 메타 데이터 표준을 말한다.

앨범은 기본적인 여러 개의 정보를 가진다. 예를 들어 하나의 앨범에
는 고유한 ID와 앨범명, 가수·아티스트명, 트랙리스트, 음원, 뮤직비디오
등 일정한 규격의 정보를 가지고 있다. 이러한 규격을 표준화하여 기획
사에서 처음 음악을 제작할 때 만들어진 DDEX를 유통사, 서비스사가
동일하게 사용한다. 그럴 경우 관련 자료를 사람이 수동으로 입력하는
수고를 덜 수 있고 잘못 표기하는 경우도 애초에 차단할 수 있게 된다.

즉, 유통사의 시스템과 서비스사의 시스템은 각각의 양식과 구조가 달
라 연계하기 쉽지 않은데, DDEX 표준을 통하면 보다 효율적인 자료의
교환과 정산이 이루어질 수 있는 것이다. 물론 아직 많은 유통사와 서비
스사들이 이용하고 있지 않지만 글로벌 서비스와 누락없는 정산을 위해
서는 언젠가 대부분의 업체들이 도입할 수 밖에 없는 표준임이 분명하다.

여러 가지 시스템을 통해 앨범 자료를 서비스사에 제공하는 것이 음원 유통 담당자의 주요 업무이며, 반드시 유출 사고가 생기지 않도록 주의해야 한다. 예전에는 유통 담당자나 서비스사 담당자의 실수로 앨범 출시일보다 먼저 유출되는 사고가 빈번하게 발생했는데, 요즘은 각 시스템에 IP 추적 기능이 있어서 그러한 실수가 거의 없어진 상황이다.

5) 음원 공지

서비스사 시스템이나 유통사 시스템에 자료를 올렸다 하더라도 음원 유통 담당자는 각 음악서비스사 담당자들에게 음원에 대한 정보를 공지해야 한다. 음원 공지는 조금 과장해서 말하자면 음원 유통의 시작이자 끝이다. 아이를 낳으면 출생신고를 하는 것처럼 세상에 음악을 선보이는 기초적인 작업이지만 이에 따라 모든 일이 진행되기 때문에 신경을 많이 써야 한다.

예전에 유통 시스템이 구축되기 전에는 오로지 메일만으로 음원을 공지하고 앨범 관련 자료를 주고받았던 적이 있었다. 그래서 음원공지 메일을 보낼 때, 재미있는 이야기와 함께 앨범에 대한 주관적인 평가 등을 추가하여 보내면 서비스사 담당자들도 사람인지라 그 앨범에 대해 좀 더 신경 쓰게 되고 빠르게 서비스 해주었다. 하지만, 아무리 음원공지를 재미있게 보내도 잘못된 정보를 보내서 고치기 위해 '수정공지', '재수정공지'를 보내면 각 서비스사의 미움을 받게 마련이다. 예를 들어 해당 앨범의 타이틀 곡이 '너를 진짜 사랑해'라고 표기했다가 나중에 '사랑해, 너를 진짜'와 같이 바꾸거나 기획사명을 '꿈꾸는자동차 엔터테인먼트'라고 했다가 '꿈꾸는자동차 Ent.'라고 바꾸면 보내는 사람이나 받는 사람이나 모두 지치게 된다.

담당자의 단순 실수도 있지만 기획사와 투자·제작 담당자와의 커뮤니케이션 실수나 나중에 기획사의 변심으로 인한 경우도 있기 때문에 그럴 때마다 유통 담당자는 어쩔 수 없이 수정 공지를 해야 한다. 하지만, 최대한 헷갈릴 수 있는 부분을 미리 체크하고 확인해서 그러한 수정 공지가 없도록 해야 한다. 왜냐하면 단지 관련자들을 귀찮게 하는 것에 그치지 않고, 콘텐츠의 표기가 잘못되어 검색이 안 된다든지, 음원차트에 누락되는 것과 같이 큰 문제로 연결될 수 있기 때문이다.

음원 공지를 이해하고 관리할 수 있다면 음원 유통의 반은 다 완료한 것으로 봐도 될 정도로 중요한 업무라고 할 수 있다. 하지만, 현업에서는 그에 대한 이해가 높지 않고 허드렛일로 여기는 사람도 있는데, 기본적이면서도 중요한 업무이니만큼 음원 유통 담당자뿐만 아니라 관련 담당자들이 모두 신경 써야 하는 일이다.

6) 앨범 프로모션

음악시장은 음반에서 음원 중심으로 이미 변화하였다. 음반 판매비율이 높은 아이돌 그룹과 일부 가수·아티스트를 제외하고는 대부분 음원의 매출이 음반을 뛰어 넘는데, 앞의 2장에서 살펴본 바와 같이 음반시장이 약 1,000억원을 차지하는 반면 음원시장은 약 7,000억의 시장이기 때문에 음원의 프로모션은 그만큼 중요하다고 볼 수 있다.

주요 프로모션에는 추천곡과 최신앨범, 메인배너 및 사이트 배너 노출 등이 있다.

7) 추천곡

각 음악사이트마다 'top100'과 같은 음원차트가 존재한다. 차트도 모든 음원들을 대상으로 하는 '종합차트'와 장르별로 구분하는 '장르별차트'가 있고 시간대별로 구분하는 '실시간차트', '일간차트', '주간차트', '월간차트' 등이 존재한다. 각 차트에는 각 기준에 근거하여 1위부터 100위까지 곡리스트가 나오는데, 추천곡은 1위보다도 상단에 위치하여 가장 주목도가 높은 곳에 노출이 된다. 또한 음악사이트별로 각사의 기준에 맞춰 최소 12시간~24시간 강제적으로 노출 시킬 수 있고 사이트 이용자가 '전체듣기' 버튼을 누를 경우, 포함되어 듣게 되어 있기 때문에 노출뿐만 아니라 매출에도 상당히 큰 영향을 미칠 수 있다. 따라서 유통 담당자는 관리하고 있는 유통 음원이 추천곡에 노출 될 수 있도록 많은 신경을 쓰고 노력해야만 한다.

하지만, 워낙 경쟁이 치열하고 여러 가지 변수가 존재하기 때문에 추천곡에 선정되기가 쉽지 않다. 또한, 유통사가 음악서비스를 동시에 운영하는 경우 매출 확대 및 프로모션을 위해 자사 유통 음원 위주로 추천곡을 운영하는 경우도 생기게 된다. 따라서 음원의 공정 경쟁을 위해 추천곡을 폐지해야 한다는 주장도 있지만, 시장 경쟁 체제에서 수익의 극대화를 위한 기업의 자유로운 선택을 크게 제한하는 것도 쉽지 않은 상황이다. 즉, 뮤직비즈니스의 특성상 음악의 제작부터 유통, 서비스까지 수직 계열화가 앞으로도 더 가속화 될 것인데, 음악시장의 규모가 더 커지지 않는 한 수익성을 높이기 위해서는 그 외의 방법이 많지 않기 때문이다.

문화체육관광부에서는 2012년 12월 27일 '디지털 음원차트 공정성에 관한 공청회'를 통해 추천곡의 문제점을 해결하기 위해 지속적으로 노력하고 있고, 업계에서도 각 서비스사들이 추천곡의 개수를 하루 1개에서 최고 6개까지 늘려서 좀더 다양한 추천곡이 음악 소비자들에게 노출될 수 있도록 조치를 하였다.

앞에서 말한 대로 추천곡을 없애서 공정경쟁을 유도하자는 주장과 각 서비스사의 자율성과 자유 경쟁을 시장에 맡겨야 한다는 주장 모두 각자 일리가 있기 때문에 이에 대한 조치는 어느 한쪽으로 정리되기는 쉽지 않아 보인다. 다만, 추천곡으로 선정되었다고 무조건 상위권을 차지하는 것은 아니기 때문에 그 역할이 제한적이라는 것은 어느 정도 실증되었다. 그렇기 때문에 추천곡을 여러 프로모션 중 하나의 요소로 보는 것이 보다 현실적이다. 실제로 가수·아티스트의 노력이나 기획사의 훌륭한 홍보 기사로 실시간 검색어에 오르게 되면 추천곡보다 훨씬 높은 효과를 거두는 것을 많이 보았기 때문이다.

음원 유통 담당자는 기획사와 협의하여 이러한 이슈들을 서비스사 담당자에게 미리 알려주어 추천곡에 추가 될 수 있도록 노력하는 것도 필요하다. 서비스사의 목표는 사람들이 더 많이 가입하고 음악 사이트를 많이 활용하는 것이기 때문에 방문자를 늘리고 이슈가 되고 있는 가수·아티스트의 곡을 소비자에게 빠르고 편리하게 전달해주면 서로에게 좋은 결과를 끼치기 때문이다.

8) 최신앨범 및 메인 배너, 이벤트

유통 담당자에게는 최신앨범과 배너 노출도 중요한 프로모션 내용 중 하나이다. 특히 최신앨범의 경우 가장 명확하게 팬들에게 앨범 소식을 알릴 수 있다는 점에서 상징적인 의미를 가지고 있기도 한데, 가능하면 음악사이트에서는 최신앨범들을 많이 표시해주기 위해 노력한다. 문제는 첫번째 화면에 노출되는지의 여부인데 최신앨범들이 보통 스크롤 페이지로 존재하기 때문이다. 당연히 첫번째 화면 중에서도 첫번째 위치하고 싶은 것이 모든 기획사의 희망이지만 경쟁이 치열하다. 가수·아티스트의 인지도와 해당 앨범의 이슈성이 모두 고려 대상이 되는데, 가능하다면 해당 사이트에서 필요로 하는 홍보영상이라든지 새로운 서비스에 대해 홍보영상 등을 제시하고 그에 대한 최신앨범 영역을 확보 받는 것도 하나의 방법이다.

메인 배너의 경우 10여년 전만해도 네이버 광고 배너처럼 기획사나 유통사가 돈을 주고 사는 경우도 있었다. 하지만 지금은 메인 배너, 추천곡, 최신앨범 등의 프로모션 영역은 돈을 주고도 살 수 없다. 물론 서비스사마다 사이트 배너에 광고 배너를 노출하기도 하지만 위에 말한 주요 노출 영역들은 이미 음악사이트를 유료로 이용하고 있는 사용자들에게 큰 영향을 미치기 때문에 돈을 주고 살 수 없는 것이다.

음원 유통에서 돈과 가장 관련이 있는 영역이면서도 돈으로 살 수 없기 때문에 그만큼 경쟁이 치열하고 해당 영역을 확보하기 위해 유통 담당자는 신경을 써야 한다. 매주 어떤 앨범들이 노출되고 있고 특정 회사에 편중되어 노출이 되지 않는지 확인하면서 자사 유통 앨범들을 표시하기 위해 노력을 아끼지 않아야 한다.

9) 각 사이트별 특별 프로모션

음악사이트마다 특별하게 추구하는 메뉴들이 있다. 멜론의 경우 아티스트들이 직접 올리는 '아티스트+'라는 메뉴를 특화하였고, 엠넷은 '매거진'에 콘텐츠를 올리면 메인배너에 노출이 가능하다. 네이버뮤직의 경우 '음감회'나 '스페셜' 등의 메뉴를 통해 네이버 메인 페이지 '뮤직' 카테고리에 노출할 수 있기 때문에 앨범 출시 이전에 관련 담당자와 협의하여 공개할 독점 콘텐츠들을 따로 준비하는 것이 필요하다. 음원 유통 담당자가 그 동안의 프로모션이 진행된 내역들을 파악하고 색다른 특징을 제시하여 더 많은 이용자들의 클릭을 유도할 수 있다고 서비스사 담당자를 설득한다면 노출될 수 있는 확률을 더 높일 수 있을 것이다.

10) 일반유통 계약

앞에서 살펴 본 바와 같이 앨범 계약에는 네 가지 종류가 있다. 자체제작, 공동제작, 선급투자, 일반유통이 있는데, 자체제작의 경우 제작사와 유통사가 하나의 회사이기 때문에 유통 담당자는 제작 담당자와 협의하여 업무를 처리하면 된다. 공동제작이나 선급투자의 경우 기획사로부터의 앨범 자료나 업무 협의는 투자 담당자가 진행하기 때문에, 유통 담당자는 기획사와 만날 필요 없이 투자 담당자로부터 관련 자료를 전달받게 된다. 하지만, 일반 유통의 경우 투자 담당자가 업무를 진행하는 회사도 있고 유통 담당자가 병행하는 경우도 있다. 물론 회사 규모와 상황에 따라 다르기 때문에 인력의 배치나 업무 특성을 어떻게 구분하느냐에 따라 일반유통 계약 담당자를 정하는 것이 필요하다.

유통사에 따라 일반유통을 진행하지 않는 경우도 있는데, 일반적으로 매출에서 차지하는 비중은 적은 대신에 업무량은 자체제작, 공동제작, 선급투자와 비슷한 정도로 많기 때문이다. 매출이 적지만, 일반유통을 요청하는 기획사는 훨씬 많기 때문에 업무가 많으면서도 매출 효과는 적어 회사에서 인정받기 힘든 점이 있다. 하지만, 다르게 생각하면 그만큼 다양한 기획사와 접촉할 수 있고 현장의 소리를 직접 들을 수 있기 때문에 유통 담당자 본인 성장에 큰 도움이 된다. 일반유통을 진행하는 규모가 작은 기획사는 좀 더 신선한 음악과 가수·아티스트를 키우고 있기 때문에 담당자의 도움이나 역할이 크게 작용하고, 그것을 통해 앨범을 성공시키면 그만큼 성취감도 크기 때문에 재미도 있는 편이다. 힘든 만큼 얻을 수 있는 것이 많기 때문에 일반유통 담당자로 경험을 쌓는 것도 추후 뮤직비즈니스에서 자신을 발전시키는데 큰 역할을 한다.

11) B2B, 광고음악 판매

음원 유통 담당자는 기획사에서 가지고 있는 저작인접권(마스터권)을 대신하기 때문에 온라인 음악사이트와 다른 별도의 용도로 음원이 사용될 경우, 음원 사용을 허가해주고 그 사용 대가를 받게 된다. 물론 유통 담당자가 임의로 판단하지 않고 기획사(또는 제작·투자 담당자)와 협의를 한 후 결정하게 되는데, 유통 담당자는 관련 업체의 서비스에 대해 잘 알고 있고 해당 업계에서 판매되고 있는 시장 가격을 잘 알기 때문에 곡의 컨셉이나 기획사의 성향에 맞춰 업체와 기획사 사이에서 협상이 잘 이루어질 수 있도록 한다.

예를 들어 게임 중 음원을 사용하는 리듬 액션 게임들의 경우 게임 내에서 잘 활용되면 음악의 홍보에도 좋은 영향을 끼치면서 매출에도 도움이 된다. 또한 mp3 플레이어나 특정 전자제품 구매 시 음원을 함께 포함하여 설치할 경우 그에 대한 가격이나 서비스 기간을 협의하게 되는

데, 기획사를 대신하여 효과적으로 음원이 판매될 수 있도록 조정하는 역할을 하게 된다.

유통계약 체결 시 모든 미디어나 광고에 대한 유통을 유통사에 맡기는 것이 대부분인데, 이는 유통사에서는 광고음악의 시장 가격을 기획사보다 더 잘 알고 있기 때문이다. 그러므로 유통사의 조언을 받아 기획사는 곡의 컨셉이나 가수·아티스트에게 악영향을 미치지 않으면 광고음악을 허락해주게 된다. 저작권자에게 광고 음악에 대한 허락을 받는 것은 어렵지만, 저작인접권자에게는 허락을 받기 수월한 편이다.

광고기획사는 광고주에게 허락 받기 위해 촉박한 시간 안에 여러 가지 버전을 준비하는 것이 현실이다. 음원 유통 담당자는 광고 음악 이용에 대한 결정이 하루에도 몇 번이나 뒤집어지기 때문에 최종 결정의 순간까지 속단하지 않고, 최대한 빠르게 광고기획사의 요구사항을 맞추면서 대응하는 것이 필요하다. 저작권자가 반대하지 않는 이상 곡을 홍보하는 데 광고음악으로 사용되는 것은 엄청난 효과가 있기 때문이다. 단, 기존의 발표되었던 음원을 그대로 사용한다면 저작권자와 저작인접권자의 허락이 필요하지만, 만약 새롭게 녹음을 다시 하여 다른 버전을 만들 경우 저작권자의 허락만 받으면 되기 때문에 저작인접권자의 허락은 필요 없게 된다.

가능한 다양한 음악 감독이나 광고 기획사와 평소에 친분을 쌓아 두어 필요한 컨셉의 곡을 미리 제시하는 것도 괜찮은 방법이다. 물론 최종적으로 광고의 콘티나 음악을 정하는 것은 광고주의 마음이기 때문에 음악 감독이나 광고 기획사에서 선택할 수 있는 여지가 그리 크지 않다. 하지만, 이것도 사람일인지라 기존에 좋은 관계를 맺고 어려울 때 서로

돕게 되면 생각지도 못한 큰 매출을 광고 음악을 통해 얻을 수 있는 사례가 많은 것을 봐왔다. 또한 평소에 어떠한 곡들이 광고에 많이 쓰이고 어떤 형태로 활용되는지도 벤치마크하여 정리해 놓으면 유통하는 음원을 적극적으로 활용할 수도 있을 것이다.

12) 권리 침해 모니터링 및 소송

기획사의 저작인접권을 대행하여 여러 가지 형태로 불법서비스되고 있는 것을 파악하고 조치를 취하는 것도 음원 유통의 중요한 역할 중 하나이다. 아무리 판매를 위해 프로모션하고 노력한다고 해도 불법서비스로 줄줄 새나가고 있다면 밑 빠진 항아리에 물 붓는 것처럼 의미없는 일이 될 수 있기 때문이다. 음악을 싸고 편하게 접할 수 있는 방법이 많아지고 있고 음악 소비자들의 의식 변화로 점점 불법서비스가 줄어들고 있지만 아직도 갈길이 먼 상황이다.

일단 불법서비스가 확인되면 해당 내용을 캡처하여 증거를 확보해야 하고 관련 불법서비스사 또는 인터넷포털회사에 공식적으로 이메일을 보내 불법서비스를 가능한 빨리 중단시켜야 한다. 또한 불법서비스가 한 개 유통사에만 해당되지 않고 여러 유통사 모두에 해당하는 경우가 대부분이다 보니 여러 유통사들이 함께 공조하여 불법서비스에 대처하는 경우가 많다. 그래서 2008년 12월 9일 국내외 주요 유통사와 해외 직배사들이 모여 문화체육관광부의 정식허가를 받고 한국음악콘텐츠산업협회(http://www.kmcia.or.kr, 이하 '음콘협'으로 표시)를 만들어 불법시장에 대응하고 있다. 다만, 해외 불법서비스의 경우는 법률의 적용이 쉽지 않은 한계가 있지만 해당 사이트의 접속을 막는 등의 노력을 기울이고 있다.

참고로 음콘협은 불법서비스에 대한 공동대응과 함께 음악산업의 선진화를 위해 CD 판매 순위와 음원 판매순위를 각 서비스사로부터 공정하게 집계하여 발표하고 있다. 미국의 빌보드차트나 일본의 오리콘차트처럼 공신력있는 차트를 꿈꿔왔던 K-POP 뮤직비즈니스에서 여러 서비스사의 차트를 공정하게 집계한 가온차트(http://www.gaonchart.co.kr)는 앞으로의 음악산업발전에도 큰 영향을 미칠 것이다. 또한 매년 가온차트 기준 가온차트 K-POP 어워드를 열고 있는데 차트 결과를 기준으로 열리는 행사이다 보니, 보다 공정하고 의미있는 자리로 해외팬들에게도 큰 인기를 끌고 있는 행사가 되었다.

🎧 해외 유통(음반·음원)

음반의 경우 공식적으로 국내 CD를 해외로 유통하고 있지 않다. 다만, 국내 유통되는 CD가 도매상을 통해 해외로 유통되는 경우는 도매상의 자율에 맡기고 있는 상황이다. 대신 해외 개별 국가에 기획사를 대신하여 라이선스 앨범을 발매하는 것이 해외 음반 유통이다. 예를 들어 A라는 가수·아티스트가 4개의 앨범을 냈는데, 해당 국가에서는 4개 앨범 중 몇 곡들을 골라내서 그 국가만의 새로운 앨범 1장을 만들어서 판매하는 방식이다. 물론 그 앨범은 해당 국가의 언어로 제작되고 그 국가에서만 판매되는 앨범을 말한다.

이럴 때는 새로운 버전의 편집 앨범이 만들어지는 형태이므로 앨범 자켓부터 제작을 모두 다시 해야 한다. 보통 해외 유통 담당자가 해당 국가 유통사와 계약을 체결하고 음원과 이미지 등의 앨범 자료를 전달해준다. 그러면 해외 유통사가 제작을 하고 기획사의 승인을 통해 해당 국가 라이선스 앨범이 유통되게 된다. 앨범의 제작비와 유통을 해당 국가 유통사가 모두 담당하기 때문에 한국의 기획사와 유통사는 위험이 적고 해당 국가의 불법서비스를 그 해외 유통사가 대신해서 관리해주기 때문에 해외 진출 및 합법적인 서비스에도 도움이 된다. 특히, 해외 유통사의 경우 자기들의 비용을 투입하여 앨범을 제작하는 만큼 가수·아티스트를 초청하여 팬미팅 또는 앨범 쇼케이스 이벤트를 병행해서 진행하는데, 기획사에게는 앨범 진출과 함께 해당 국가로 시장을 넓히는 계기가 되어 의미있는 행사가 된다. 다만, 라이선스 수수료는 20~30% 내외로 그렇게 높지 않은 편이지만, 매출보다는 시장 확대와 해당 국가에서 공연 및 광고 모델로 활동할 수 있는 기회를 연다는 면에서 주목 받고 있는 유통 채널 중 하나이다.

음원의 경우 컬러링이나 벨소리와 같은 모바일 서비스 외에는 해외 시장이 크지 않은 편이다. 워낙 인터넷 불법서비스가 아직까지 만연하다 보니 음원에 대한 해외 매출은 대부분 모바일 서비스에서 발생한다. 해외 유통사에게 독점 또는 비독점으로 2~3년간 기간을 두고 음원을 선별적으로 라이선스 승인하여 해외 유통하고 있다. 음반과는 달리 음원은 라이선스 수수료를 해외 유통사로부터 30~60% 정도로 높게 받는다. 그 이유는 음반의 경우 제작비가 많이 소요되어 해외 유통사의 비용이 많이 투입되지만, 음원은 해외 유통사의 비용이 그렇게 많이 들어가지 않기 때문이다.

🎧 아이튠즈, 유튜브 유통

K-POP의 인기로 날이 갈수록 아이튠즈와 유튜브의 매출이 오르고 있기 때문에 유통사에서는 전담인력을 두어 더욱 많은 매출을 끌어내기 위해 노력하고 있다. 아이튠즈의 경우 mp3 다운로드 서비스이기 때문에 곡당 단가가 평균 $0.99로 매우 높다. 하지만, 전세계적으로 음악시장이 다운로드에서 스트리밍 시장으로 변화하고 있기 때문에 앞으로의 성장성은 그리 크지 않을 것으로 전망된다. 또한 애플이 스트리밍 전문 서비스인 비츠뮤직(http://www.beatsmusic.com)을 인수하였기 때문에 조만간 어떤 방식으로든지 아이튠즈와 연관된 서비스가 시작될 것으로 보이므로 음원 유통 담당자는 이에 관심을 두고 지켜봐야 한다.

유튜브는 점점 그 서비스의 양과 매출이 급격하게 오르고 있는 상황이며, 매출뿐만 아니라 전세계 팬들의 피드백이 가장 빨리 취합되는 서비스이기도 하다. 특정 국가에서 특별히 클릭수가 몰릴 경우 그에 대한 분석을 통해 해당 국가에 진출하는 것을 기획사와 협의하고 조언해 줄 수 있는 세밀한 모니터링이 필요하다. 또한 사용자들이 자유롭게 음악과 뮤직비디오를 업로드할 수 있는 특성을 이해하고, 유통사와 기획사에게 정산이 더 잘 될 수 있게끔 유튜브의 자동매칭 시스템만을 의지하지 말고 조회수가 많은 관련 영상들을 수동으로 체크해서 더 수익을 거둘 수 있게 관리해야 한다. 특히, 유튜브는 기존의 뮤직비디오 서비스와 별도로 광고 없이 들을 수 있는 유료 음악서비스 뮤직키(https://www.youtube.com/musickey)를 곧 실시할 예정이다. 유통사는 이에 대한 지속적인 모니터링과 함께 전세계를 상대로 하는 음악서비스 플랫폼에 대해 충분히 준비하여 수익극대화를 고민해야 한다.

🎧 음반, 음원 프로모션 디자인

음반 매장에 설치하는 P.O.P.와 온라인 CD 매장에 노출되는 앨범 이벤트 페이지 그리고 온라인 음악사이트에 노출되는 이벤트 페이지는 보통 유통사에서 제작하여 서비스사에 공급한다. 서비스사는 각 사이트별로 일정한 규격을 요구하고 있으므로, 그 기준에 맞춰 해당 앨범 관련 이미지와 자켓, 보도자료를 활용하여 디자이너가 효과적인 P.O.P. 제작물과 프로모션 페이지 디자인을 만들게 된다.

P.O.P.의 경우 인쇄소에 보내고, 인터넷 페이지 디자인의 경우 해당 서비스 담당자에게 넘긴다. 앨범 자료가 대부분 늦게 수급되는 반면에 제작 결과물은 서비스사에 빠르게 공급해야 하기 때문에 어느 정도의 퀄리티를 보장하면서도 일정을 제때 맞추는 것이 필요하다. 또한 기획사에서 제공받은 보도자료도 다시 한번 확인하면서 페이지를 제작해야 하는데, 왜냐하면 넘겨받는 보도자료에 생각보다 오탈자가 많기 때문이다. 문서로 오탈자를 보는 것과 디자인 페이지에서 오탈자를 보는 것은 약간 느낌이 다르다. 문서에서 맞춤법이나 잘못 선정된 글자를 보면 잘 찾지 못하고 그냥 넘기는 경우가 많은데, 디자인 페이지는 이상하게도 눈에 잘 띄고 발견될 경우 눈에 상당히 거슬리는 경우가 많다. 디자인 페이지의 경우 미적 요소를 보다 많이 가지고 있기 때문에 거기에서 어긋나면 아름다움의 완성도가 떨어지는 느낌을 주기 때문이다.

디자이너는 소비자에게 직접 전달되는 작업물을 다루기 때문에 기획사의 의도를 잘 반영하면서 해당 앨범을 효과적으로 프로모션하는데 기여하는 마음으로 마지막까지 챙기고 확인해야 한다. 단순히 이벤트 페이지를 찍어내는 듯이 작업을 하게 되면 결국 고정된 틀 안에 자신을 가

두고 '복사+붙여넣기'만을 반복하게 되어 매너리즘에 빠질 수 있게 된다. 작은 배너를 디자인할 때에도 어떻게 하면 자신에게 주어진 제약(사이트 기준)안에서 효과적으로 사용자들의 클릭을 유도할 수 있는지 그 방법을 궁리하고 여러 가지 시도를 할 때, 본인의 실력을 업그레이드 할 수 있고 어떤 디자인 작업을 하더라도 그 역할을 다 할 수 있는 디자이너가 될 수 있기 때문이다.

음반, 음원 앨범 정산

앨범을 유통하고 서비스하는 이유는 결국 돈을 벌기 위해서이다. 뮤직비즈니스에서 음악 유통의 역할은 음악으로 소비자에게 감동을 준 대신 여기에 기여한 사람들에게 책임지고 다시 돈을 분배하는 것이다. 보통 유통사에는 자체적인 분배 시스템이 존재한다. 음반의 경우 물류센터와 연동되어 언제 얼마만큼 어떤 CD가 팔렸는지에 대한 정보가 매달 실시간으로 쌓이게 되며, 판매시점으로부터 한 달 후에 관련 정산데이터가 기획사에 전달된다. 또한 음원의 경우 발매일 기준 3~4개월 뒤에 관련 판매 데이터가 기획사에 공개된다.

우선 소비자가 음악을 선택하고 듣게 되면 해당 자료를 월단위로 취합하여 개별곡이 얼마나 이용되었는지 그리고 소비자가 어떤 상품을 결제하였는지에 따라서 해당 매출을 계산하게 된다. 그렇게 계산된 매출은 각 유통사별로 통지되는데 이렇게 하는데 우선 2~3개월이 걸린다. 그렇게 유통사에 취합된 정산자료는 각 기획사별로 분배해주어야 하기 때문에 분류하는 데 시간이 많이 걸린다. 그렇게 각 기획사별로 분배하는데 최소 1개월이 걸리게 된다. 일반적으로 생각했을 때, 어차피 컴퓨터와 정산시스템을 통해서 진행되는 일이니 금방 끝날 것처럼 보일 수도 있으나, 워낙 데이터의 양이 방대하고 각 회사마다 정산 포맷이 약간씩 달라서 작업하는데 물리적인 시간이 상당히 걸릴 수 밖에 없다.

정산 자료는 가장 기본적으로 음원 관련 뮤직비즈니스를 이해할 수 있는 핵심이다. 결국 세부적인 정산 데이터 한줄, 한줄을 이해하고 파악하면 음악 소비 트렌드가 어떻게 이루어지는지 파악할 수 있기 때문이다. '이 곡은 어떤 서비스에서 강점을 가지고 있고, 다음에는 해당 서비스에 특화된 프로모션을 진행하면 좋겠다'라는 통찰력을 가질 수 있고, 현재 음원시장에서 어떤 음악이 인기가 있는지를 정확하게 매출 기준으로 파악할 수 있기 때문이다.

10. 음원 라이선싱(Licensing)

라이선싱라는 것은 소유주(Licensor)로부터 재산권(상표, 이름, 로고, 캐릭터, 디자인, 저작권)을 사용자(Licensee)가 허락 받고 사용하는 것을 말한다. 또는 그와 관련된 행위 및 일체 업무를 가리키는 말이 라이선싱이다.

큰 의미에서 보면 음악의 재산권(저작권, 저작인접권)을 가지고 있는 권리자로부터 허락을 받는 모든 행위가 라이선싱이기 때문에 우리가 지금까지 말한 모든 투자, 유통도 라이선싱의 범위에 들어간다고 볼 수 있다. 하지만, 뮤직비즈니스에서는 음악 유통과 음악 라이선싱을 확실하게 구분하여 사용하고 있다. 음악 유통은 각종 서비스에 대해 승인과 거절할 수 있는 권리를 가지고 있는 반면에 음악 라이선싱은 사용에 대한 권한만 가지고 있다는 점이 가장 큰 차이점이라고 할 수 있다.

따라서 각 음원서비스를 하고 있는 서비스사는 회사 내부에 음원 라이선싱을 담당하는 부서가 존재하는데, 왜냐하면 각 유통사로부터 '음원 사용 계약'을 통해 음원을 공급받아 사용해야 하기 때문이다. 자체 음악서비스를 위해 라이선싱을 담당하는 부서 이외에 다른 음악서비스를 위해 라이선싱을 담당하는 부서도 존재한다.

예를 들어 A업체는 라이선싱을 담당하고 있고, B업체는 음악서비스를 운영하고 있다고 가정해보자. 그렇다면 왜 B는 자체적으로 라이선싱 업무를 수행하지 않고 A에게 라이선싱 업무를 의뢰할까? 다름 아니라 업무의 효율성과 비용 감소를 위해서이다. A는 기존 라이선싱 업무를 하고 있어 여러 유통사들과 계약 관계를 유지하고 있고 새로운 서비스에 대해 승인을 받기 수월한 위치에 있다. 하지만, 신규 업체인 B는 음악서비스를 하고 싶지만 사용권을 얻기 위해 라이선싱까지 담당하면 시스템과 인력 비용이 부담스럽기 때문에 라이선싱을 외주로 맡기는 것이다. A 입장에서는 B뿐만 아니라 다른 업체들의 라이선싱 업무를 대행하여 자체 업무 효율성을 높일 수 있다.

대게 소비자들과의 접점이 많지만 음악 권리자들과는 관계가 별로 없는 업체들이 예시에서 B기업에 해당하며, 음원 사용에 대한 권리 문제를 해결해주는 라이선싱을 A기업에게 외주로 맡기고 서비스에 집중하는 모습을 보인다. 이렇게 자체 음악서비스를 위해 내부 라이선싱 업무와 외부 음악서비스를 위한 외부 라이선싱 업무로 나눠 질 수 있다.

🎧 음원 사용 계약(라이선싱 계약)

라이선싱 담당자는 우선 유통사 또는 개별 기획사로부터 사용승인을 위해 음원 사용 계약을 체결해야 한다. 앞의 유통사 부분에서 다룬 '서비스사 음원 사용 계약'과 같은 내용이다. 유통 담당자는 개별 기획사와의 '음원 대리 중개 계약'을 체결하고 서비스사와 '음원 사용 계약'을 체결하는 반면, 라이선싱 담당자는 개별 기획사 또는 유통사와 '음원 사용

계약'만을 체결한다.

라이선싱 담당자가 음원 사용 계약만을 체결하지만 그 수는 유통 담당자보다 훨씬 많을 수 밖에 없다. 왜냐하면 유통 담당자는 많아야 몇 만곡 단위의 유통곡 리스트를 가지고 있기 때문에 계약된 기획사가 비교적 적은 편이고, 서비스사의 숫자도 20~30개 업체에 불과하다. 하지만, 라이선싱 담당자는 음악서비스 전체 리스트(보통 수백만곡)에 대한 기획사 및 유통사와 전부 계약해야 하기 때문이다.

계약뿐만 아니라 음악서비스 및 정산도 수백만곡에 대해 매달 이루어지기 때문에 양이 상당히 많은 편이다. 그리고 불법서비스나 부정 사용에 대한 법적 분쟁에 대한 조치가 수시로 발생하기 때문에 계약 관리 및 사후 조치에 상당한 노하우가 필요하다. 하지만, 힘든 만큼 일단 시스템이 구축되면 안정적인 수수료를 거둘 수 있는 구조와 함께 진입장벽이 그만큼 높아서 독점적 지위를 가질 수 있기 때문에 뮤직비즈니스 영역에서 드물게 안정적인 분야이며, 대규모 자본이 투입되어 독점적 위치를 차지할 수 있는 영역이라고 볼 수 있다.

🎧 음원 서비스 모니터링 및 서비스 관리

라이선싱 담당자는 앨범 출시일에 맞춰 담당하고 있는 음악사이트에 서비스가 잘 되고 있는지 파악하는 것이 업무의 기본이다. 서비스가 잘 되는지에 대한 확인과 함께 권리 변동에 따른 자료의 업데이트가 지속적으로 이루어질 수 있도록 관리해야 한다.

보통 기획사나 유통사가 바뀐다 하더라도 음악을 듣는 소비자 입장에서는 별 차이가 없다. 하지만, 라이선싱 담당자 입장에서는 음악 사용에 대한 정산처가 바뀌기 때문에 해당 내용을 시스템에 업데이트하지 않게 되면 추후 큰 문제가 발생하기 때문에 확실하게 업데이트해야 한다. 그렇지만, 서비스하는 곡의 수가 수백만곡에서 많은 경우 수천만곡까지 있기 때문에 한두 개만 누락되거나 꼬여도 심각한 문제를 초래할 수 있다.

또한 권리자(저작권자, 저작인접권자)가 여러 가지 이유로 서비스를 중단하는 경우가 생기는데, 라이선싱 담당자 입장에서는 소비자가 원하는 곡을 듣지 못하는 상황이므로 최대한 서비스 중단을 막기 위해 권리자를 설득해야 하며, 만일 설득이 힘들어 서비스를 중지해야 할 경우에는 인터넷 페이지에 '권리자의 요청으로 서비스가 중단되었습니다'라는 표시를 반드시 해두어 서비스를 이용하는 고객들에게 오해가 없도록 해야 한다.

🎧 음원 정산

라이선싱에서 가장 시간이 많이 걸리고 신경도 많이 써야 하는 부분이다. 워낙 정산 데이터가 많고 연관된 기획사, 유통사 등 계약 주체가 많기 때문에 시스템의 규모도 큰 편이다. 과거에는 서버에서 정산을 진행하면 부하가 많이 걸려서 음악서비스에 지장을 줄 정도였다. 하지만, 지금은 대부분 정산서버와 서비스서버를 분리하였고, 발전된 정산 시스템의 구축으로 인해 예전보다는 음원 정산이 나아진 편이다.

🎧 앨범 프로모션 및 이벤트

각 회사마다 업무 범위가 모두 다르지만 어떤 회사는 라이선싱 업무 담당자가 해당 음악사이트의 프로모션과 이벤트를 담당하기도 하고 또 다른 회사는 서비스 담당자와 라이선싱 업무 담당자를 다른 파트로 구분하기도 한다.

🎧 해외 음원 라이선싱

국내 K-POP이 해외에서 서비스 될 수 있도록 해외 음악 사이트와 라이선싱 계약을 맺는 것도 중요한 업무 중에 하나이다. 해외 음악사이트 입장에서는 개별 유통사와 계약할 경우 그 비용과 시간이 많이 소요되기 때문에 국내 음원에 대한 라이선싱 역량을 갖춘 곳과 음원 사용 계약을 맺으면 보다 쉽고 빠르게 K-POP을 서비스할 수 있기 때문이다.

11. 머천다이즈(Merchandise), 굿즈(Goods) 유통

　머천다이즈는 가수·아티스트의 이름 또는 이미지를 활용한 관련 상품을 뜻한다. 업계에서 보통 MD 상품, 굿즈 또는 콘서트 장에서 많이 팔리기 때문에 콘서트 MD로 불리기도 한다. 모자, 티셔츠, 양말, 부채, 문구용품, 시계, 컵, 부채, 야광봉, 쇼핑백 그리고 카드지갑 등이 팔리는데, 넓은 의미에서 보면 가수·아티스트와 연관된 일반 제품을 말한다.

　머천다이즈의 제작과 유통은 별도의 외주 업체를 통하는 방식과 유통사 내부에서 기획, 제작, 유통하는 방식이 있다. 음악의 판매가 예전보다 많이 줄어들었기 때문에 팬들이 구입하는 머천다이즈의 매출이 상당히 중요한 비중을 차지하고 있으며, 특히 아이돌 그룹의 경우 훨씬 그 비중이 크다. 또한 K-POP의 인기로 MD 시장도 같이 커지고 있는데, 불법 음악 유통과 같이 기획사의 승인을 받지 않은 불법 MD까지 합치면 그 시장 규모는 훨씬 크다고 볼 수 있다. 불법 머천다이즈와 구분하여 정식 MD는 Official MD 또는 Official Goods라는 표현을 쓴다.

🎧 머천다이즈 계약

머천다이즈 담당자는 기획사, 제품 디자인 업체, 제작 업체 그리고 판매업체와 머천다이즈 품목, 제작수량, 대금 지급 방식 및 금액, 판매 기간과 같은 내용을 포함하여 계약을 체결한다. 물론 계약의 조건에 따라 제작 업체에서 디자인을 담당할 수도 있고, 판매업체로부터 선급금을 받은 후 일괄 사업 자체를 넘기기도 한다. 또는 제품별로 계약 조건을 다르게 해서 계약을 할 수도 있는데, 머천다이즈의 디자인이나 제품에 따라 지속적으로 판매할 수 있는 제품과 일정 시점이 지나면 판매할 수 없는 제품(달력이나 다이어리 등)으로 구분되기 때문이다.

🎧 머천다이즈 기획, 제작

전문 머천다이즈 업체로부터 머천다이즈 기획안을 제안받거나, 담당자가 가수·아티스트의 컨셉이나 시장상황을 고려하여 기획한다. 유명 가수·아티스트의 경우는 많은 제안 중에 하나를 고르고 진행하지만, 그렇지 않은 경우는 기획사나 유통사에서 기획하고 추진하는 방식이다.

머천다이즈를 기획할 때는 단순히 매출을 올리기 위한 수단으로 접근하는 것이 아닌 가수·아티스트의 이미지와 컨셉을 얼마나 잘 드러낼 수 있는지가 우선적으로 고려되어야 하며, 제품 퀄리티 또한 고려해야 하기 때문에 무조건 싸게 만들어 비싸게 파는 식의 구조가 되어서는 안된다.

기획자는 참신한 기획과 적정한 가격대를 설정하고 앨범 발매, 콘서트, 연예 활동의 스케줄에 맞춰 머천다이즈의 시점을 고려해야 한다. 핵심 팬들에게는 좋아하는 가수·아티스트와 동질감을 느낄 수 있도록 하고, 특히 해외 팬들에게는 머천다이즈의 문화가 한국보다 더 활성화 되어 있기 때문에 글로벌 기준의 기획도 함께 고려하는 것이 좋다. 특히, 머천다이즈 제작 업체는 영세한 곳이 많기 때문에 관련 계약 체결 시 업체 규모 파악과 함께 홀로그램을 부착하여 불법으로 유통되지 않기 위한 주의도 기울여야 한다.

🎧 머천다이즈 유통

보통 CD의 유통 경로와 유사하여 음반과 같은 물류센터를 이용하여 유통하기도 한다. 이제는 뮤직비즈니스가 음원 중심으로 정착되었기 때문에 CD를 또 하나의 머천다이즈로 보는 경향이 생기고 있다. CD가 점차 고급화되어 화보집인지 CD 앨범인지 구분이 힘들 정도가 된 것이다.

🎧 브랜드 머천다이즈

미국의 유명 프로듀서 닥터드레는 본인의 이름을 활용한 헤드폰을 출시해서, 5년만에 약 1조 매출 규모의 헤드폰 회사를 만들었고, 헤드폰에서만 그치는 것이 아니라 컴퓨터 스피커, 자동차 스피커 그리고 Beats Music이라는 스트리밍 사이트까지 그 영역을 확대하였는데 이것도 넓은 의미의 머천다이즈라고 할 수 있다.

또한 한국의 박진영은 미국 몬스터사와 제휴하여 '다이아몬드 티어스'

라는 헤드셋을 출시하여 자신만의 머천다이즈를 만들기도 하였다. 가수·아티스트로 시작하여 구축된 브랜드를 활용하여 앞으로도 여러가지 다양한 브랜드 머천다이즈가 만들어질 것이다.

 12. 요약 정리

1. 기획사가 유통사로부터 투자를 받는 이유는 부족한 음악 제작
비를 충당하기 위한 것과 유통사의 강력한 홍보 및 프로모션을
지원받기 위해서임.

2. 유통사가 기획사에 투자를 하는 이유는 안정적인 유통수수료
를 통한 수익 확보를 위해서이며, 이를 위해 기획사에 자본금을
투자하는 지분 투자를 진행하기도 함.

3. 유통사는 앨범 투자시 투자 대상 앨범에 대한 심사를 진행하며,
일정한 투자수익률을 낼 수 있도록 여러가지 측면에서 투자 검
토를 진행.

4. 앨범 계약 종류

각 계약 종류별로 유통사는 유통수수료를 달리하며, 마스터권을 기획
사와 유통사 중에 누가 갖게 되는지 계약에 따라 결정됨.

1) 자체제작 계약

2) 공동제작 계약

3) 선급투자 계약

4) 일반유통 계약

5) 360 계약

5. 음악 유통

1) 음반 유통

K-POP 해외 팬들의 음반 구매로 음반시장 규모가 약 1,000억원대를 유지하고 있음.

신보안내서를 통해 앨범 주문을 받고, 각 오프라인 매장 및 온라인 샵을 통해 앨범 프로모션을 진행. 재고와 물류센터를 전산 시스템을 통해 관리하며, 도소매상의 결제 및 채권 관리에 신경써야 함.

2) 음원 유통

음원을 온라인 서비스하는 서비스사와 판매계약을 맺으며, 계약된 서비스에 대한 구체적인 검증과 관리가 필요함. 앨범이 온라인으로 잘 서비스될 수 있도록 자료를 전달하고, 각종 프로모션 활동을 진행함.

3) 해외 유통

해외에서 팔리는 라이선스 앨범을 관리하며, 음원시장은 모바일 서비스 위주로 유통.

4) 아이튠즈, 유튜브

전 세계를 상대로 음악을 판매할 수 있는 플랫폼이 애플의 아이튠즈와 구글의 유튜브이며, 이러한 서비스들은 음원의 판매뿐만 아니라 홍보의 수단으로도 활용됨.

5) 음반, 음원 프로모션 디자인 및 정산

음악 유통에 있어 디자인과 정산은 외부에는 잘 드러나지 않지만, 중요한 역할을 담당. 소비자인 팬들에게 직접적으로 연결되는 디자인에 대해 신경을 더 많이 써야하고, 비즈니스에서 중요한 역할을 담당하는 정산은 단순히 어느 곡이 얼마나 팔렸는지를 나타내는지에 대한 숫자 그 이상의 의미를 내포하고 있음.

이번 장에서는 유통사가 하는 역할에 대해 업무 프로세스를 중심으로 살펴보았다. 유통사는 기획사가 앨범을 제작할 수 있도록 앨범 투자 활동을 진행하고 있다. 그리고, 기획사를 대신하여 음악을 유통하면서 앨범을 홍보하고 서비스사와 계약을 맺고 있다. 그리고, 유통사는 음악이 좀 더 많은 곳에서 편리하게 사용될 수 있도록 라이선싱 업무를 진행하고 있으며, 팬들에게 판매되는 MD 상품에 대한 기획 및 유통 업무도 담당하고 있는 것을 알게 되었다. 다음 장에서는 마지막으로 음악이 소비자인 팬들에게 직접적으로 전달될 수 있도록 그 역할을 하는 서비스사에 대해 알아보겠다.

08
음악서비스

팬이 음악을 만나고 소비하는 곳

Without music, life would be a mistake.
- Friedrich Nietzsche

음악 없는 인생은 실수에 불과하다.
- 프리드리히 니체

1. 수익분배 문제

  종종 언론이나 인터뷰에서 '유통사가 폭리를 취하여서 음악 권리자들에게 적은 몫이 분배된다'고 주장하는 것을 볼 수 있다. 또는 '서비스사가 폭리를 취한다'고 말하는 사람도 있다. 정말 그럴까?

  우선 '유통사가 폭리를 취한다'는 표현에는 모순이 있다. 왜냐하면 유통사도 음악 권리자 중 하나이기 때문이다. 우리는 앞에서 음반제작자인 기획사가 저작인접권자 중 하나임을 알았다. 기획사는 자신의 저작인접권 중 복제, 배포, 전송권을 대리중개업체에게 맡긴다. 즉, 그 대리중개업체(유통사)가 기획사를 대신하여 음악을 유통하고 마스터권료를 징수하여 수수료를 공제한 후에 기획사에 분배한다. 그래서 유통사가 폭리를 취한다면 기획사가 폭리를 취한다는 말과 같은 의미인 것이다. 왜 이런 말이 나오게 되었는지 원인을 생각해보면 약간의 오해와 확대해석으로 인한 것을 알 수 있다.

  2000년 초부터 유료 음원시장이 활성화된 결정적인 요인은 휴대폰 컬러링과 벨소리 서비스 때문이었다. 그 전에는 온갖 불법 다운로드로 인해 돈을 주고 음원을 구입하는 경우가 적었고, 스트리밍 서비스가 시작되기에는 기술적으로 너무 이른 시기였다. 그래서 당시에는 컬러링과 벨소리의 경우 이통사(이동통신사)를 통한 결제시스템을 거치지 않고는 해당 서비스 자체를 이용하기가 거의 불가능했다. 컬러링, 벨소리가 새로운 서비스였고, 기존 음악 유통시장에는 없던 CP(Contents Provider, 음악을 컬러링, 벨소리에 맞게 조정하여 제공하는 업체)가 등장하면서 대략적으로 권리자에게는 약 35%가 분배[71]되었다. 권리자 입장에서는 권리자 분배율이 너무 적은 반면에 이통사는 콘텐츠 분배율도 매우 높으면서도 데이터 요금과 서비스이용료로 추가 수익을 함께 올릴 수 있기 때문에[72] '이통사가 컬러링, 벨소리 서비스에서 폭리를 취한다'는 주장이 나오게 되었다. 그 후, 이통사의 자발적인 요율조정과 CP의 역할 축소 그리고 결정적으로 스마트폰의 등장으로 컬러링, 벨소리 서비스 자체 이용률이 떨어지면서 이러한 문제점은 사라지게 되었다.

하지만, 컬러링, 벨소리를 기반으로 이통사에서 주도하는 온라인 음악 사이트의 점유율이 높아지게 되었고, '이통사 폭리'라는 표현이 '유통사 폭리'와 혼용되어 사용되었는데, 좀 더 정확히 말하자면 '서비스사 폭리'라는 표현이 더 맞는 것으로 보인다. 하지만, 2013년 3월 18일 음악저작권 징수규정이 개정되면서 권리자 중심의 분배구조가 만들어졌기 때문에 예전의 '서비스사 폭리'는 많이 없어진 상황이다. 특히, 권리자들이 비교 대상으로 이야기하는 아이튠즈의 분배율(권리자:서비스사=7:3)이 다운로드 시장에서는 한국에서도 동일하게 적용되고 있으며, 스트리밍 시장에서도 과거보다 높은 분배율(권리자:서비스사=6:4)을 적용하기 때문이다.

---

71 저작권자 9%, 실연권자 4.5%, 기획사(음반제작자) 20%

72 스마트폰이 등장하기 이전에는 데이터 통신시 통신량에 따라 비싼 데이터요금을 지불해야 했는데, 컬러링이나 벨소리 콘텐츠 가격보다 데이터요금이 더 비싼 경우도 많았음. 또한 해당 서비스를 이용하기 위해서는 콘텐츠 비용 이외에 서비스 이용 월정액 900~1,000원을 추가로 지불해야했음.

이제는 과거 이통사, 유통사 또는 서비스사 어느 일방이 큰 이득을 취하는 구조에서 많이 개선되었다. 물론 현재의 상황이 최적이라는 것은 아니다. 앞으로도 지속적으로 음원의 가격을 정상화하고, 권리자에 대한 분배율을 높이고, 음악 상품의 과다 할인을 막는 등의 개선 작업이 필요하다. 그러한 지속적인 개선을 통해서 더 많은 뮤직비즈니스의 주체들이 음악을 통해 충분히 먹고 살 수 있으면서, 더 좋은 음악을 만들 수 있는 환경이 만들어지도록 노력해야 할 것이다.

2. 음악 유료화의 일등 공신

과거 음반시장이 중심이던 시절에는 음악이 지금보다 훨씬 비싸게 팔렸고, 앨범을 구매하지 않고서는 음악을 듣기 쉽지 않은 환경이었다. 그래서, 뮤직비즈니스에 참여하는 많은 주체들이 충분한 보상을 받았던 시기였다. 하지만, 인터넷의 발달과 mp3의 등장으로 돈을 지불하지 않아도 음악을 즐길 수 있는 환경이 만들어졌다. 저작권자들이나 가수·아티스트가 아무리 불법 다운로드를 하지 말라고 외쳐도 지켜지지 않았다. 그러한 상황에서 꿋꿋하게 유료 음악을 판매하던 서비스사들이 존재했기에 지금 편리하게 온라인을 통해 음악을 구매하여 이용할 수 있게 된 것이다.

2013년 징수규정이 개정되기 전까지는 월 3,000원의 요금으로 무제한 스트리밍 서비스를 제공했기 때문에 대부분의 업체들이 적자 상태였다. 물론 '누가 그렇게 싼 가격을 책정해서 적자를 보라고 시켰냐?'라고 반문할 수도 있겠다. 하지만, 한 달에 3,000원도 쓰기 싫어서 불법 다운로드하는 사람들이 많았던 시기에는 가격을 비싸게 받을 수가 없었다. 하루에 100원씩 계산하여 한 달에 3,000원이 최소한의 음악 사용료였던 것이다.

이제는 돈을 내고 음악을 듣는 것에 대해 사회적인 공감대가 형성되었다. 물론 아직도 더 많은 사람들이 '음악 유료화'에 참여해야 하고, 그렇게 될 수 있도록 법과 제도적인 규제도 동시에 이루어져야 할 것이다. 좀 더 싼 가격으로 편리하게 음악을 들을 수 있도록 노력했던 서비스사들이 없었다면 지금처럼 이렇게 편리하게 음악을 이용할 수는 없었을 것이다.

3. 더 발전된 서비스와 가치 공유

한국뿐만 아니라 전 세계가 '음반에서 음원으로,' '다운로드에서 스트리밍으로' 패러다임이 빠르게 변화하고 있는 상황이다. 하지만, 그 변화에는 두 가지 확실한 흐름이 있다. 첫째는 '이용자의 편의'이고 둘째는 '권리자의 보호'이다. 첫번째 방향성인 '이용자의 편의'는 누가 강요하지 않아도 이용자들이 알아서 실행한다. CD를 통해 음악을 들을 때보다 mp3 플레이어나 스마트폰을 통해 음악을 듣는 것이 편하기 때문에 이용자들이 음악 감상 패턴을 스스로 바꾸었다. 하지만, 두번째 흐름인 '권리자의 보호'는 자발적인 참여로는 부족하다. 관련된 법규나 규정을 좀더 세밀하고 지혜롭게 만들고 집행해야 하며, 이용자들의 '저작권 보호' 인식도 넓혀야 하는 것이다.

'이용자의 편의'와 '권리자의 보호'라는 두 가지 흐름이 예전에는 정반대를 가리켰다. mp3를 불법 다운로드 받아서 듣는 것은 이용자가 가장 편리하게 음악을 이용하는 방법이었지만, 권리자는 아무런 보호를 받을 수가 없었다. 또는 음악파일에 DRM(Digital Right Management, 특정 플레이어에서만 서비스되는 보호장치)을 설정하면 권리자는 보호받을 수 있지만, 이용자들은 사용하는데 불편을 겪게 된다.

이러한 문제를 서비스사는 정보통신 기술과 서비스의 발전으로 해결하게 되었는데, 스마트폰과 스트리밍 서비스를 통해 '이용자의 편의'와 '권리자의 보호'라는 흐름이 한 방향으로 향하도록 만들었다. '이용자의 편의'를 기준으로 했을 때는 현재의 기술 상태에서 스트리밍 서비스를 대체할 수 있는 것은 찾기 힘들다. '권리자의 보호'라는 기준으로 봤을 때, 음악의 유료 사용에 대해서는 긍정적이지만, 음악의 가격이 너무 저렴한 점과 분배율에 대해서는 조금 더 발전될 여지가 있다. 향후 음악 유료화를 위해 앞장섰던 서비스사들이 뮤직비즈니스를 확대시키면서 좀 더 미래지향적인 가격과 분배율을 만들어내리라 의심치 않는다. 이번 장에서는 음악이 소비자인 팬에게 전달되는 마지막 과정으로서 서비스사 역할과 음악 상품의 종류와 분배 비율, 그리고 각 서비스의 특징들에 대해 살펴보겠다.

4. 오프라인 매장과 음반 서비스

음반의 급격한 판매저조 현상이 나타나고 있으며, 기존 음반산업의 도매와 소매시장은 급격히 쇠퇴하는 현상이 나타나고 있다. 음반을 구매할 수 있는 곳은 오프라인 대형 소매상과 인터넷 샵, 대형할인마트로 국한되고 있다. 이제 더 이상 오프라인 매장에서 음악을 구매하는 장점이 거의 사라졌다고 할 수 있다. 예전에는 직접 매장에 비치된 청음기를 통해 들어보고 살 수 있는 점과 여러 앨범을 동시에 비교할 수 있다는 점이 장점이었다. 하지만, 이제는 온라인 음악사이트에서도 미리 음악을 들어볼 수 있게 되었고 인터넷 샵을 통해 CD를 구입할 경우 좀 더 할인된 금액으로 배송비 없이 편하게 집에서 받을 수 있는 점 때문에 오프라인 매장은 지속적으로 축소되었다.

5. 음원 서비스

음원서비스는 역사적으로 볼 때, 모바일 휴대폰의 등장으로 그 시장이 확대되었다고 볼 수 있다. 2000년대 초 mp3의 등장과 불법 다운로드가 가능한 p2p 공유 서비스로 인해 음반시장이 처참할 정도로 축소되었다. 그 후, 휴대폰의 보급과 컬러링, 벨소리 서비스가 인기를 끌면서 합법적인 모바일 음원시장이 성장하게 되었다. 컬러링이나 벨소리의 경우 통신사를 거쳐야 했기 때문에 반드시 결제를 해야 서비스 이용이 가능했기 때문이다. 음악시장도 컬러링과 벨소리에 적합한 음악이 인기를 끄는 등 휴대폰이라는 기술의 발전이 뮤직비즈니스에 큰 영향을 미치게 되었는데, 그 이후 스마트폰의 보급으로 또 한번 음악 이용의 주류가 스트리밍 서비스로 바뀌게 되었다.

🎧 주요 음원 서비스사

현재 음원 서비스를 하고 있는 주요 서비스사와 서비스명은 다음과 같다.

로엔엔터테인먼트 : 멜론(www.melon.com)

CJ E&M : 엠넷닷컴(www.mnet.com)

KT music : 올레뮤직(www.ollehmusic.com), 지니(www.genie.co.kr)

네오위즈 : 벅스(www.bugs.co.kr)

소리바다 : 소리바다(www.soribada.com)

네이버 : 네이버뮤직(music.naver.com)

음원서비스별 권리비용 분석

음원서비스는 크게 보면 스트리밍과 다운로드 서비스로 나누어지는데, 스트리밍과 다운로드도 여러 종류를 가지고 있다. 2013년 3월 18일 징수규정이 개정된 이후로 음악 사용에 대한 정산은 소비자가 사용한 만큼 정산되는 종량제로 바뀌었다. 비록 소비자들은 매달 일정한 금액을 지불하더라도 서비스사들은 권리자들에게 음악이 사용된 만큼 권리비용을 지급해야 한다. 예를 들자면, 소비자는 매달 일정한 금액을 내면 물건을 무제한 소비할 수 있지만, 판매회사는 물건을 가져다 준 공장에 물건이 팔린 만큼 비용을 지불하는 구조인 것이다. 뮤직비즈니스에서는 물건이 음악에 해당하며, 판매회사는 서비스사, 공장은 기획사(또는 대리 중개업체인 유통사)에 해당한다.

1) 종량제 스트리밍

1회 스트리밍당 음원사이트는 2015년 3월 1일 기준 12원의 매출이 발생한다. 음원사이트들 중 종량제 스트리밍을 지원하는 곳들은 한 달에 100회 스트리밍이 가능한 상품을 1,000~1,200원에 제공하고 있는데, 해당 서비스를 지원하지 않는 곳도 있다.

1회 스트리밍당 저작권료는 1.2원(=12원×10%), 실연권료는 0.72원(=12원×6%), 마스터권료는 5.28~6.0원(=12원×44%~50%)으로 저작권자들에게 지급해야 하는 총 권리비용은 1회당 7.2~7.92원(=1.2원+0.72원+5.28~6.0원)이다. 즉, 서비스사는 4.08~4.8원(=12원-7.2~7.92원) 안에서 각종 비용과 함께 수익을 해결해야 한다. 하지만, 해당 종량제 스트리밍 서비스를 쓰는 사람들이 많지 않기 때문에 전체 음원 매출에서 차지하는 비율이 매우 작다. 권리자들에게는 스트리밍 서비스 중 가장 유리한 정산조건이고, 서비스사에게는 가장 불리한 조건이다.

2) 정액제 무제한 스트리밍

한 달에 일정 금액을 내고 이용하는 무제한 스트리밍 서비스의 경우 종량제 스트리밍에 비해 50% 할인율을 적용받는다. 그래서, 저작권료는 0.6원(=1.2원×50%), 실연권료는 0.36원(=0.72원×50%), 마스터권료는 2.64~3.0원(=5.28~6.0원×50%)으로 저작권자들에게 지급해야 하는 총 권리비용은 1회당 3.6~3.96원(=0.6원+0.36원+2.64~3.0원)이 소요된다. 또는 각 권리별로 음악사용료율과 관리비율 또는 사용비율을 곱한 값과 비교하여 둘 중 큰 값을 권리비용으로 지급해야한다.

3) 종량제 다운로드

1개의 mp3 음악파일을 다운로드 받을 때, 소비자 가격은 600원이며, 저작권료는 소비자 가격의 10%인 60원(=600원×10%), 실연권료는 소비자

가격의 6%인 36원(=600원×6%), 마스터권료는 264~360원(=600원×44%~60%)으로 저작권자들에게 지급해야 하는 총 권리비용은 1곡당 360~456원(=60원+36원+264~360원)이 발생한다.

4) 묶음 다운로드

30곡 이상 다운로드 받을 때는 종량제 다운로드 곡당 단가의 50%를 할인 적용 받는다.[73] 30곡을 다운받는다고 가정하면, 저작권료는 30원(=60원×50%), 실연권료는 18원(=36원×50%), 마스터권료는 132~180원(=264~360원×50%)으로 저작권자들에게 지급해야 하는 총 권리비용은 1곡당 180~228원(=30원+18원+132~180원)이 발생한다.

30곡과 100곡 사이는 1곡 추가할 때마다 이전 단가보다 1% 더 할인해주기 때문에 100곡 이상을 다운받는다고 가정하면 여기에 추가로 50%가 할인된다. 그래서, 저작권료는 15원(=30원×50%), 실연권료는 9원(=18원×50%), 마스터권료는 66~90원(=132~180원×50%)으로 저작권자들에게 지급해야 하는 총 권리비용은 1곡당 90~114원(=15원+9원+66~90원)이 발생한다.

예를 들어 'mp3 30 묶음 다운로드' 상품의 경우 한 달에 30곡을 다운로드 할 수 있는 상품(월 6,000원)이다. 만약 이용자가 10곡(권리비용 1,800~2,280원)만 받았다면 나머지 20곡(3,600~4,560원)에 대해서는 다음 달에 다운로드 할 수 없기 때문에(다음 달로 이월되지 않기 때문에), 서비스사 입장에서는 20곡만큼의 낙전 이득을 취할 수 있게 된다. 그래서 묶음 다운로드 상품을 실제 모두 다운로드 받았을 때의 가격(권리비용 5,400~6,840

---

73 저작권 부분에서 말한 것처럼, 묶음 다운로드의 경우 계산의 편의를 위해 연도별 차등이 없는 2016년을 기준으로 곡당 단가를 계산함.

원)보다 싸게 팔아도 밑지지 않는 것이다. 이와 같은 낙전 현상은 묶음 다운로드와 기간제 다운로드, 결합상품에서 모두 발생할 수 있다.

5) 기간제 다운로드

매달 연장해야만 들을 수 있는 음악 파일을 무제한 다운로드 하는 서비스를 사용할 경우, 묶음 다운로드 곡당 단가의 38%만 적용하며, 30곡을 다운받았을 때 저작권료는 11.4원(=30원×38%), 실연권료는 6.84원(=18원×38%), 마스터권료는 50.16~68.4원(=132~180원×38%)으로 저작권자들에게 지급해야 하는 총 권리비용은 1곡당 68.4~86.64원(=11.4원+6.84원+50.16~68.4원)이 발생한다.

30곡과 100곡 사이는 1곡 추가할 때마다 이전 단가보다 1% 더 할인해주기 때문에 100곡 이상을 다운받는다고 가정하면 여기에 추가로 50%가 할인된다.

그래서, 저작권료는 5.7원(=11.4원×50%), 실연권료는 3.42원(=6.84원×50%), 마스터권료는 25.08~34.2원(=50.16~68.4원×50%)으로 저작권자들에게 지급해야 하는 총 권리비용은 1곡당 34.2~43.32원(=5.7원+3.42원+25.08~34.2원)이 발생한다.

6) 결합상품(스트리밍+다운로드)

무제한 스트리밍 서비스와 묶음 다운로드 또는 기간제 다운로드를 함께 이용하며, 무제한 스트리밍 사용료를 추가로 50% 할인해주게 된다. 소비자 입장에서 가장 싼 가격에 스트리밍과 다운로드를 동시에 사용할 수 있어 효용 가치가 극대화된다. 서비스사 입장에서도 스트리밍의 곡당 단가가 가장 싸게 적용되고, 다운로드의 낙전까지 생각하면 가장 유리한 상품이다. 다만, 권리자 입장에서는 할인이 너무 많이 적용되었기 때문에 곡당 단가가 너무 낮아진다는 단점이 있다.

예시 1) 무제한 스트리밍 + '묶음 다운로드 mp3 30'의 경우
원래 무제한 스트리밍 사용료에서 추가로 50% 더 할인하기 때문에 저작권료는 0.3원(=0.6원×50%), 실연권료는 0.18원(=0.36원×50%), 마스터권료는 1.32~1.5원(=2.64~3.0원×50%)으로 저작권자들에게 지급해야 하는 총 권리비용은 1곡당 1.8~1.98원(=0.3원+0.18원+1.32~1.5원)이 발생한다.

그리고, '묶음 다운로드 mp3 30'의 경우, 저작권료는 30원(=60원×50%), 실연권료는 18원(=36원×50%), 마스터권료는 132~180원(=264~360원×50%)으로 저작권자들에게 지급해야 하는 총 권리비용은 1곡당 180~228원(=30원+18원+132~180원)이 발생한다.

예시 2) 무제한 스트리밍 + 기간제 다운로드 서비스 100곡 이상 경우
원래 무제한 스트리밍 사용료에서 추가로 50% 더 할인하기 때문에 저작권료는 0.3원(=0.6원×50%), 실연권료는 0.18원(=0.36원×50%), 마스터권료는 1.32~1.5원(=2.64~3.0원×50%)으로 저작권자들에게 지급해야 하는 총 권리비용은 1곡당 1.8~1.98원(=0.3원+0.18원+1.32~1.5원)이 소요된다.

그리고, 기간제 다운로드 서비스 100곡 이상의 경우, 저작권료는 5.7원(=11.4원×50%), 실연권료는 3.42원(=6.84원×50%), 마스터권료는 25.08~34.2원(=50.16~68.4원×50%)으로 저작권자들에게 지급해야 하는 총 권리비용은 1곡당 34.2~43.32원(=5.7원+3.42원+25.08~34.2원)이 소요된다.

7) 서비스별 권리비용 요약

할인에 추가 할인을 적용하다보니 가격이 어디까지 내려가는지 쉽게 감이 잡히지 않는다.

다음의 〈표 8-1〉을 보고 비교해보면 서비스별로 권리비용이 얼마나 낮아지는지를 보다 쉽게 알 수 있다.

(VAT제외)

주체	저작권료	실연권자	마스터권료	총 권리비용	소비자 가격	소비자 가격 ~ 권리비용
개별곡 다운로드 mp3 320k	곡당60원(10%)	곡당 36원(6%)	곡당 264~360원 (44%~60%)	곡당 360~456원	600원/곡	144~240원
묶음 다운로드 mp3 30	곡당 30원(=60원×50%) 30곡에 900원	곡당18원 (=36원×50%) 30곡에 540원	곡당132~180원 (=264~360원× 50%) 30곡에 3,960~5,400원	곡당180~228원 (=30원+18원 +132~180원) 30곡에 5,400~6,840원	6,000원/월	-840~600원
묶음 다운로드 mp3 100	곡당15원(=30원×50%) 100곡에 1,500원	곡당9원 (=18원×50%) 100곡에 900원	곡당66~90원 (=132~180원× 50%) 100곡에 6,600~9,000원	곡당90~114원 (=15원+9원 +66~90원) 100곡에 9,000 ~11,400원	10,000원/월	-1,400~1,000원
스트리밍 100회 제한	회당1.2원 (=12원×10%) 100회 120원	회당0.72원 (=12원×6%) 100회 72원	회당5.28~6.0원(=12원×44% ~50%) 100회 528~600원	회당7.2~7.92원 (=1.2원+0.72원 +5.28~6.0원) 100회 720~792원	1,200원/월	408~480원
무제한 스트리밍 (모바일+PC)	회당0.6원 (=1.2원×50%) 1,000회 600원	회당0.36원 (=0.72원×50%) 1,000회 360원	회당2.64~3.0원 (=5.28~6.0원 × 50%) 1,000회 2,640원 ~3,000원	회당 3.6~3.96원(=0.6원+0.36원+2.64~3.0원) 1,000회 3,600~3,960원	6,000원/월	2,040~2,400원

결합상품 (묶음 mp3 30 + 무제한 스트 리밍)	곡당 30원 (=60원×50%) 30곡에 900원 회당0.3원 (=0.6원×50%) 1,000회 300원	곡당18원 (=36원×50%) 30곡에 540원 회당0.18원 (=0.36원×50%) 1,000회 180원	곡당132~180원 (=264~360원× 50%) 30곡에 3,960~5,400원 회당1.32~1.5원 (=2.64~3.0원× 50%) 1,000회 2,640 원~3,000원	곡당180~228원 (=30원+18원 +132~180원) 30곡에 5,400~6,840원 회당 1.8~1.98 원 1,000회 1,800~1,980원	9,000원/월	180~1,800원
결합상품 (기간제 다운로드 100 곡+ 무제한 스트리밍)	곡당5.7원 (=11.4원×50%), 100곡에 570원 회당0.3원 (=0.6원×50%) 1,000회 300원	곡당3.42원 (=6.84원×50%) 100곡에 342원 회당0.18원 (=0.36원×50%) 1,000회 180원	곡당 25.08~34.2원 (=50.16~68.4원 ×50%) 100곡에 2,508~3,420원 회당1.32~1.5원 (=2.64~3.0원× 50%) 1,000회 2,640원 ~3,000원	곡당 34.2~43.32원 100곡에 3,420~4,332원 회당 1.8~1.98 원 1,000회 1,800~1,980원	8,000원/월	1,688~2,780원

비고) 무제한 스트리밍의 경우 한 달 평균 1,000회 스트리밍을 가정함

<표 8-1. 서비스별 권리비용 비교>

8) 서비스사 상품별 소비자 가격 비교

<표 8-2>와 <표 8-3>은 각 서비스사별 음악 상품을 정리한 내용이다. (2015.2.20 기준)

(VAT 제외금액)

서비스	멜론 melon.com	엠넷 mnet.com	올레뮤직 ollehmusic.com	지니 genie.co.kr
개별곡 다운로드 mp3 320k	600원/곡	600원/곡	600원/곡	600원/곡
개별곡 다운로드 고음질 (FLAC, MAQ, CDQ 등)	900~1,000원/ 곡	900~1,800원/ 곡	-	-
묶음 다운로드 mp3 30	6,000원/월	6,000원/월	6,000원/월	6,000원/월
묶음 다운로드 mp3 100	10,000원/월	10,000원/월	10,000원/월	9,000원/월

스트리밍 100회 제한	1,200원/월	1,000원/월	-	1,200원/월
무제한 스트리밍 (모바일+PC)	6,000원/월	6,000원/월	6,000원/월	6,000원/월
결합상품 (묶음 mp3 30 + 무제한 스트리밍)	9,000원/월	9,000원/월	9,000원/월	9,000원/월
결합상품 (기간제 다운로드 + 무제한 스트리밍)	8,000원/월	8,000원/월	8,000원/월	7,000원/월

〈표 8-2. 서비스사 상품별 소비자 가격 비교(1)〉

(VAT 제외금액)

서비스	벅스뮤직 Bugs.co.kr	소리바다 Soribada.com	네이버뮤직 Music.naver.com	다음뮤직 Music.daum.net
개별곡 다운로드 mp3 320k	600원/곡	600원/곡	600원/곡	600원/곡
개별곡 다운로드 고음질 (FLAC, MAQ, CDQ 등)	900원/곡	-	1,800원	-
묶음 다운로드 mp3 30	5,900원/월	6,000원/월	6,000원/월	5,400원/월
묶음 다운로드 mp3 100	9,400원/월	10,000원/월	9,500원/월	9,000원/월
스트리밍 100회 제한	-	-	-	-
무제한 스트리밍 (모바일+PC)	5,900원/월	6,000원/월	5,500원/월	5,400원/월
결합상품 (묶음 mp3 30 + 무제한 스트리밍)	8,400원/월	9,000원/월	9,000원/월	8,100원/월
결합상품 (기간제 다운로드 + 무제한 스트리밍)	7,900원/월	-	8,000원/월	7,200원/월

〈표 8-3. 서비스사 상품별 소비자 가격 비교(2)〉

🎧 음원 서비스사별 특징

각 서비스사별로 제공하는 음악서비스는 소비자 입장에서 큰 차이를 느끼기가 쉽지 않다. 어느 음악 사이트를 방문하여도 감상할 수 있는 음악의 종류와 수량 그리고 음질이 크게 차이 나지 않고 상향 평준화 되었기 때문이다. 유료 음악서비스가 막 시작되던 2000년대 중반에는 각 음악 사이트별로 독점 음원을 공급하여 이용자의 서비스 충성도를 높이려고 했었다. 예를 들어, A 가수·아티스트의 새로 나온 앨범을 '가' 음악 서비스사만 일주일간 독점적으로 공급하는 것이다. 그럴 경우 소비자 입장에서는 '가' 음악 서비스사를 이용하지 않는 한 일주일간 A 가수·아티스트의 새로운 음악을 들을 수 없게 된다. 즉, '가' 음악 서비스사는 A 앨범에 대한 일정 기간 독점적 권리를 행사하여 소비자가 다른 음악 서비스사로 이동하는 것을 막는 효과를 노리는 것[74]이다. 마찬가지로 다른 '나', '다', '라' 음악 서비스사도 같은 방식의 독점 음악을 공급하게 되었는데, 결과적으로 소비자 입장에서는 최신 음악을 제한없이 듣기 위해서는 모든 서비스사를 다 이용해야만 하는 상황이 발생하게 되었다. 그래서, 이후 이러한 문제점을 해결하기 위해 특정 서비스사에서 독점적으로 음악을 발매하는 일은 사라지게 되었고, 현재는 각 서비스사별로 차별화하는 것이 쉽지 않게 되었다. 지금은 소비자를 끌어오기 위해 각 서비스사별로 통신사별 제휴 할인 서비스나, 추가적인 콘텐츠를 제공하고 가격

---

74 락인(Lock-in) 효과라고도 하며, 한 번 물건을 구매하면, 그 물건이 좋든 싫든 계속 사용하게끔 기존 제품에 고객의 선택을 가두는 현상을 말함.

을 할인[75]하는 등의 자체적인 서비스를 제공하고 있는데, 특징적인 서비스를 살펴보면 다음과 같다.

1) 멜론(melon.com)

통신사 SKT와 제휴하여, 약 30%의 가격을 T멤버십 포인트로 할인(연 최대 3회)해준다. 소비자 입장에서는 T멤버십 포인트로 30%를 결제하여 현금 결제 비용을 줄일 수 있으며, 멜론은 해당 비용을 SKT로부터 보전받은 후, 권리자에게는 100% 정산해준다. 즉, 권리자 입장에서는 할인 행사를 하는지 하지 않는지 여부와 상관없이 정산 금액을 그대로 받게 된다.

또한, 멜론은 음악서비스 이용자들의 특성을 분석하여 어학서비스를 추가로 제공하고 있다. 다락원, 에듀박스, EBS, 파고다, 윈글리쉬와 같은 어학회사와 제휴하여 어학서비스를 제공하고 있는데, 이는 멜론이 음악서비스에서 어학서비스로 그 사업영역을 넓히겠다는 의도가 아니라 음악에 부가적인 어학서비스를 추가하여 사이트 사용자의 충성도를 높이겠다는 전략이다. 200개가 넘는 강좌수와 함께 영어뿐만 아니라 제2외국어도 제공하고 있으며, 매달 업데이트되는 자료도 있기 때문에 어학 콘텐츠의 양과 수준이 상당한 것을 볼 수 있다.

---

75 소비자에게는 가격을 할인해 주지만, 권리자에게는 할인 정산하지 않고, 원래 가격 그대로 정산함. 예를 들어, 원래 10,000원짜리 상품을 소비자에게는 6,000원으로 40% 할인해주는 경우에도 권리자에게는 10,000원에 대한 정산금을 지급함. 나머지 할인해준 4,000원은 서비스사에서 자체적으로 부담하여 권리자에게 지급하며, 마케팅 비용으로 처리함.

2) 엠넷닷컴(mnet.com)

가장 큰 특징은 유료 회원이 될 경우, 음악방송채널 엠넷의 콘텐츠 뿐만 아니라 다른 방송 콘텐츠를 이용할 수 있다는 점이다. 엠넷닷컴은 '무제한 음악감상' 속성이 포함된 상품의 정기 결제 고객에게 티빙(tving) 서비스의 '케이블 채널 무제한 이용권' 1개월 쿠폰을 매달 지급한다. 즉, 소비자 입장에서 음악 감상뿐만 아니라 지상파와 케이블 방송의 다시보기 서비스를 별도 비용없이 이용할 수 있다는 뜻이다. 하지만, 음악 상품에 대한 정산은 권리자에게 정상적으로 이루어지며, 해당 방송 콘텐츠의 사용에 따른 정산도 별도로 진행된다. 또한, 통신사 LG U+와 제휴하여, HD 스트리밍 프리 이용권을 구매할 경우 데이터 요금이 0원인 상품도 제공하고 있다.

3) 올레뮤직(ollehmusic.com), 지니(genie.co.kr)

KT music에서는 올레뮤직과 지니를 운영하고 있다. 올레뮤직의 경우 GS&POINT와 제휴하여 포인트를 활용하여 50%를 할인받을 수 있으며, 지니의 경우 통신사 KT와 제휴하여, 약 50%의 가격을 올레포인트로 할인(연 최대 3회)해준다.

그리고, 지니는 국내 음원 사이트 중 최초로 '지니 EDM(Electronic Dance Music)' 서비스를 제공해 일렉트로닉 댄스 장르에서 가장 인기 있는 곡들을 모아 차트100위까지 보여주고, 국내 스타 DJ들과 제휴하여 EDM 콘텐츠생산 및 유통사업을 진행하고 있어 좀 더 특화된 서비스를 제공하고 있다.

4) 벅스(bugs.co.kr)

벅스는 SKT와 제휴하여 스트리밍으로 음악 감상시 데이터 요금이 발생하지 않는 데이터 요금 Free 상품을 제공하고 있다. 또한 자체적으로 통신사나 포인트에 관계없이 약 50% 이상 3개월간 할인해주는 이벤트도 상시 진행하고 있다. 음악서비스의 역사가 오래된 만큼 다양한 장르와 많은 서비스곡을 제공한다는 장점이 있다.

5) 소리바다(soribada.com)

벅스와 함께 음악서비스의 역사가 긴 음악서비스이며, 자체적으로 통신사나 포인트에 관계없이 약 50% 이상 6개월간 할인해주는 이벤트를 상시 진행하고 있다.

6) 네이버뮤직(music.naver.com)

네이버뮤직은 포탈사이트의 장점을 살려 꾸준히 성장세를 보이고 있다. 음악감상회와 같은 오프라인과 연계된 활동도 지속적으로 하고 있으며, 원음 서비스와 라디오 서비스 등 다양한 이용자 계층을 끌어안을 수 있는 서비스도 제공하고 있다.

7) 유튜브(youtube.com)

유튜브는 전세계 최대 동영상 서비스이다. 언어에 상관없이 전세계 누구나 동영상을 무료로 올리고 사용할 수 있는 서비스인데, 유튜브에서 음악이 차지하는 비율은 의외로 상당히 높다. 과거에는 기획사나 유통사 입장에서 유튜브가 홍보 채널로만 활용되었다면 이제는 또 다른 수입원으로 자리를 잡았다.

유튜브가 이렇게 성공하게 된 요인은 크게 네 가지이다.

① 이용자들이 자발적으로 참여하게 만들었다
② 일반적으로 사용되는 동영상포맷인 avi, mov, mpg를 모두 소화할
수 있다. 업로드 된 파일은 플래시 포맷으로 자동 변환되기 때문에
별도의 재생 프로그램 없이도 누구든지 동영상을 볼 수 있다. 영상
의 권리를 가진 권리자들이 영상을 쉽게 올릴 수 있게 하였다.
③ 동영상의 주소와 HTML은 복사가 가능하도록 공개되기 때문에 사
용자들은 특별한 지식이나 기술 없이도 동영상을 빠른 속도로 확
산시킬 수 있다.
④ 광고주 입장에서는 동영상 파일을 업로드 하는 것만으로 호스팅 비
용이나 추가 요금 없이 구글 네트워크를 통해 광고 내용을 전세계
로 노출시킨다는 장점이 있다. 동영상 다시보기 비율(Play-Back Rate),
클릭을 통한 대상 사이트로의 이동비율(Click-through Rates to Desti-
nation Site), 해당 광고에 대한 체류 시간 등 광고 효과에 대한 상세
한 분석을 통해 광고의 효율성을 비교적 정확하게 검증할 수 있다.

8) 아이튠즈(iTunes)

애플에서 운영하는 음악 관리 프로그램으로 음악을 구매할 수 있는
아이튠즈 스토어(iTunes Store)를 줄여서 부른다. 애플의 모바일 기기인
iPod, iPhone, iPad 들을 위한 동기화 기능도 가지고 있는데 여기서는

온라인 음악 스토어를 말한다.

기존에는 K-POP을 해외로 알리고 판매할 수 있는 플랫폼이 많지 않았다. 앞에서 살펴본 유튜브가 등장하기 전까지는 아이튠즈가 유일하게 K-POP을 합법적으로 판매할 수 있는 공간이었다. 미국, 일본, 영국 등 각 국가별로 아이튠즈 스토어가 존재하는데, 각국의 통화체계에 맞게 사고 팔 수 있었기 때문이다.

유통사 또는 기획사가 직접 아이튠즈 관리사이트 아이튠즈 커넥트 (https://itunesconnect.apple.com)에 접속하여 콘텐츠를 등록할 수 있고, 판매되는 현황도 확인할 수 있다. 하지만, 아직까지는 한국에 아이튠즈 스토어가 만들어지지 않은 상황이다.

〈그림 8-1. 아이튠즈 한국 스토어〉

그렇기 때문에 현재는 다른 국가 시장을 통해 K-POP을 판매할 수 있다. 〈그림 8-2〉는 '강남스타일'로 미국 아이튠즈 시장에서 검색한 화면이다. 미국 시장에서는 1곡에 $1.29(약 1,400원, $1=1,100기준)에 팔리고 있다.

Showing results for "강남스타일"

Songs
See All >

	NAME	ARTIST	ALBUM	TIME	POPULARITY	PRICE
1	Gangnam Style (강남스타일)	PSY	Gangnam Style (강남스타일) - Single	3:39	▮▮▮▮▮▮▮▮▮	$1.29 ⌄
2	Gangnam Style (강남스타일) [feat. 2 Chainz & ...	PSY	Gangnam Style (강남스타일) [Remix Styl...	3:25	▮	$1.29 ⌄
3	Gangnam Style (강남스타일 - The Horse Riding Dance)	Gamgam Dance Dj	Dance Now! 20 Hits	3:38	▮	$0.99 ⌄
4	Gangnam Style (강남스타일) [Afrojack Remix]	PSY	Gangnam Style (강남스타일) [Remix Styl...	6:05	▮	$1.29 ⌄
5	Gangnam Style (강남스타일) [Diplo Remix]...	PSY	Gangnam Style (강남스타일) [Remix Styl...	3:27	▮	$1.29 ⌄
6	Gangnam Style (강남스타일) [Instrumental]	PSY	Gangnam Style (강남스타일) [Remix Styl...	3:40	▮	$1.29 ⌄
7	Xn4 (147. 4 Radio Edit)	Gangnamstyle	Xn4a - Single	3:54		$0.99 ⌄
8	Gangnam Style (강남스타일) [feat. 2 Chainz & Tyga]...	PSY	Gangnam Style (강남스타일) [Remix Styl...	3:25	▮	$1.29 ⌄
9	Xcv (dx Long Version)	Gangnamstyle	Yesterday	7:33		$0.99 ⌄
▷	Xn4 (147. 4 Long Version)	Gangnamstyle	Xn4a - Single	7:48		$0.99 ⌄

〈그림 8-2. 아이튠즈 미국 스토어 강남스타일 검색 결과〉

아직 한국에 아이튠즈 스토어가 열리지 않은 이유는 여러 가지가 있으나 한국의 유통환경과 가격정책이 맞지 않는 이유가 가장 크다. 한국은 다운로드 시장이 매우 적고 1곡당 가격이 600원으로 미국 시장에 비하면 절반 가격이다. 개별곡 다운로드가 아니고, 묶음곡 다운로드나 결합상품을 이용할 경우 1곡당 100원까지 떨어지기 때문에 다른 나라의 스토어에 비해 가격이 너무 낮게 책정되어 아이튠즈 가격 정책과 크게 대치되는 상황이다. 〈그림 8-3〉의 일본의 아이튠즈 스토어를 보면 그 차이는 더 커진다.

강남스타일 の検索結果を表示します。

ソング   全て見る ＞

		タイトル	アーティスト	アルバム	時間	人気	価格
1		Gangnam Style (강남스타일)	PSY	Gangnam Style (강남스타일) - Single	3:39	‖‖‖‖‖‖‖‖	¥250 ⌄
2		Gangnam Style (강남스타일)	PSY	Gangnam Style (강남스타일) - Single	3:39	‖‖‖‖‖‖‖‖	¥250 ⌄
3		Yesterday	강남스타일	Yesterday	3:59		¥200 ⌄
4		Play 2 (Long Version)	강남스타일	Yesterday	7:31		¥200 ⌄
5		Yesterday (-2 Slow Long…	강남스타일	Yesterday	8:15		¥200 ⌄
6		Play	강남스타일	Yesterday	3:45		¥200 ⌄
7		Yesterday (Long Version)	강남스타일	Yesterday	7:58		¥200 ⌄
8		Play 2	강남스타일	Yesterday	3:45		¥200 ⌄
9		Xcv. (ds Long Version)	강남스타일	Yesterday	7:33		¥200 ⌄
10		Yesterday (XN Version)	강남스타일	Yesterday	4:08		¥200 ⌄

アルバム   全て見る ＞

<그림 8-3. 아이튠즈 일본 스토어 강남스타일 검색 결과>

'강남스타일' 1곡이 250엔(약2,300원, 100엔=931원 기준)으로 팔리고 있다. 일본 음악시장에서 권리자들과 서비스사들 사이에 음원 다운로드에 대한 확고한 인식과 시장 규범으로 이 정도의 가격이 표준으로 형성되어 있기 때문이다.

한국의 기획사와 유통사들도 전세계를 상대로 합법적인 음악 다운로드 시장을 통해 K-POP을 팔기 위해서는 한국 앨범 출시에 맞춰 아이튠즈 서비스를 진행하는 것이 기본이 되었다. 아이튠즈 홍콩이나 대만의 경우 별도로 'K-POP' 섹션이 존재하여 차트가 존재하는데, 차트의 상위권에 올라가면 해당 내용을 토대로 '아이튠즈 K-POP 차트 1위 달성'과 같은 기사를 홍보하는데 사용하기도 한다. 다음은 아이튠즈 홍콩 시장의 화면이다.

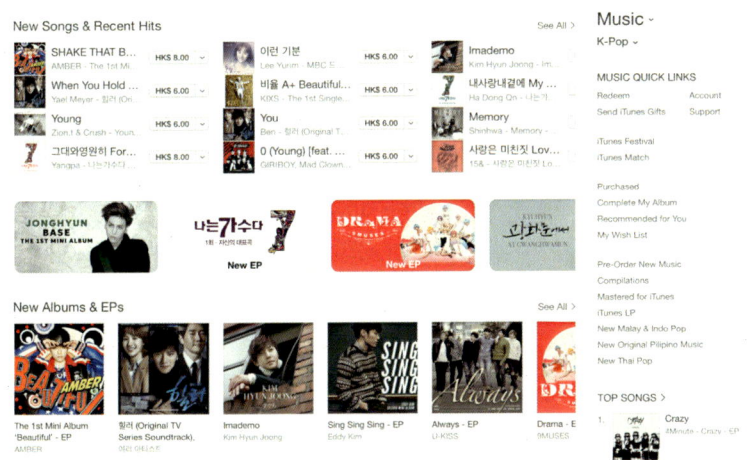

<그림 8-4. 아이튠즈 홍콩 스토어 메인화면>

아이튠즈는 전세계 음악시장을 대표하는 다운로드 시장이고 현재까지 유료 음악시장을 주도해왔다. 하지만, 기술의 발달로 데이터 통신이 모바일 기기를 통해 아주 저렴한 가격으로 음악감상이 가능해짐에 따라 스트리밍에게 그 주도권을 내어주게 되었다. 음악 다운로드 시장은 현재 정체 중이고 앞으로도 성장성이 점점 더 둔화될 것으로 예상되고 있다. 이러한 상황에서 애플이 전세계 스트리밍 서비스인 비츠뮤직(http://www.beatsmusic.com)을 인수하면서 앞으로의 아이튠즈 변화가 예상된다.

9) 아이튠즈 라디오(iTunes Radio)

아이튠즈는 변화하는 환경에 대처하기 위해 2013년 9월 아이튠즈 라디오 서비스를 시작했다. 요즘 추세는 다운로드 시장이 감소하고 인터넷 라디오 서비스가 소비자에게 무료라는 장점으로 사용자를 늘리고 있다. 이러한 변화에 애플은 이미 보유하고 있는 아이튠즈 스토어와의 시너지를 낼 수 있는 아이튠즈 라디오 서비스를 개시한 것이다. 평균적으로 5곡마다 1번씩 음성 또는 영상 광고가 나오는데, 일반적인 라디오 서비스와 비슷한 방식이며, 아이튠즈에는 수없이 많은 라디오 채널이 존재하여 원하는 채널을 선택하여 음악을 들을 수 있다.

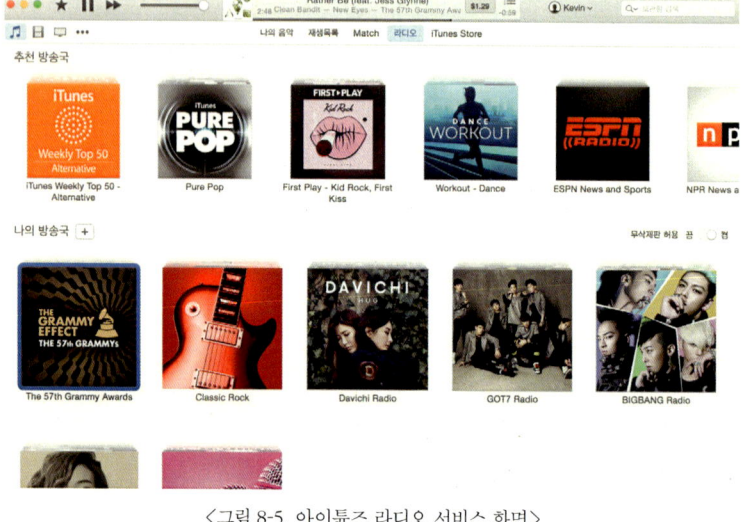

〈그림 8-5. 아이튠즈 라디오 서비스 화면〉

또한 개인이 소유하고 있는 음악과 성향을 분석하여 개인에게 맞춰진 음악들을 계속 들을 수 있는 장점이 있고, 애플의 iTuneMatch 서비스를 사용한다면, 사용자는 광고 없이도 들을 수 있기 때문에 애플 iOS를 사용하고 있는 사용자들은 더 편리하게 음악을 사용할 수 있는 장점이 있다. 또한 아이튠즈 라디오를 통해 음악을 듣다가 마음에 드는 음악은 아이튠즈를 통해 곧바로 구매할 수 있기 때문에 다운로드를 많이 받는 사용자에게는 본인의 취향에 맞는 다양한 곡을 듣고 살 수 있는 장점이 있다.

물론 원하는 곡만을 선택해서 스트리밍 서비스를 받을 수는 없지만, 가수별로 채널을 검색하여 그 가수 위주의 음악을 들을 수 있다. 다만, 해당 가수 채널이라 하더라도 다른 가수의 노래가 나오기도 한다. 아이튠즈 라디오는 선택한 곡과 비슷한 곡을 계속해서 추천하여 들려주는 방식이기 때문이다. 권리자 입장에서는 광고매출을 애플로부터 분배받을 수 있고 자신들의 곡을 알릴 수 있기 때문에 유리하다.

수익 배분은 애플이 권리자에게 노래가 한번 재생될 때마다 0.13센트(약 1.44원)를 지급하고, 광고 수익의 15%를 지불해 주며, 2년차부터는 0.14센트와 19%로 권리 비용과 분배율이 상향 조정된다[76].

권리자들에게는 값이 싸지만 유료로 정산해주고, 이용자들에게는 무료로 들을 수 있게 해주어 사용자들이 좀 더 많은 음악을 구매할 수 있도록 유도해주는 서비스라고 볼 수 있다는 점에서 권리자들에게 좋은 호응을 받고 있다.

---

76 Hannah Karp and Jessica E. Lessin. Apple Spells Out iTunes Radio Terms. The Wall Street Journal, http://blogs.wsj.com/digits/2013/06/26/apple-spells-out-itunes-radio-terms-for-record-labels

10) 스포티파이(spotify.com)

전세계 최대 음악 스트리밍 서비스로 회원수가 4,000만명(2014년 5월 기준)을 넘을 정도이다. 서비스는 크게 광고를 들으면서 음악을 공짜로 이용할 수 있는 Freemium 서비스와 광고 없이 한 달에 $9.9을 지불하고 무제한 스트리밍 서비스를 이용할 수 있는 Premium 서비스로 나뉜다.

광고를 듣는 서비스의 경우 광고주로부터 벌어들이는 광고 수입을 권리자들과 나눠 가지는 방식이고 유료서비스 또한 권리자와 3:7(스포티파이:권리자) 정도로 분배한다. 아이튠즈 1곡당 다운로드가 미국의 경우 $1.29(약 1,400원, $1=1,100원 기준)인 것을 감안하면 한 달에 $9.9(약 10,890원, 1$=1,100원 기준)의 가격은 상당히 저렴하다고 할 수 있다.

만약 한국과 비슷하게 한 달에 1,000회 스트리밍을 이용한다고 가정하면, 1회 스트리밍당 약 10.89원(=10,890/1,000회)이다. 한국에서는 각종 할인율을 적용 받았을 때 1회 스트리밍당 약 3원이기 때문에 스포티파이의 스트리밍 가격은 한국에 비해 세배나 높은 가격이라고 할 수 있다. 즉, 다운로드에 비해서는 저렴하지만 한국 스트리밍 서비스보다는 가격이 높기 때문에 권리자들에게는 좀 더 나은 스트리밍 서비스 가격 체계라고 볼 수 있다.

그러나, 한국에서는 스포티파이의 가격 체계가 비싸기 때문에 소비자들이 선택하지 않을 확률이 높다. 그렇다고 한국 기준으로 가격을 낮추면 다른 나라의 스포티파이 이용자들이 한국 계정으로 옮겨와 결제할 수도 있어 가격 체계가 무너질 수 있다. 하지만, 한국 권리자 입장에서는 음악의 가격을 높게 받을 수 있기 때문에 스포티파이에 서비스 하지 않을 이유가 없다.

외국 가수들 중에는 다운로드에 비해 스트리밍의 가격이 너무 저렴하여 스포티파이에 음악서비스를 하지 않는 경우도 있다. 대표적인 가수·아티스트가 미국의 'Talyor Swift'이다. 스포티파이는 불법 복제와 다운로드를 줄이고 더 많은 사람들이 유료로 음악을 듣게 되면 그 수익을 권리자들과 나누겠다는 주장으로 지속적으로 그 서비스 영역을 넓혀가고 있다.

11) 인터넷 라디오 서비스

2014년 기준으로 한국에서 유료서비스를 이용하는 사람은 600만명으로 추정된다. 매달 월정액을 지불하지 않지만 라디오에 나오는 음악만 듣고자 하는 잠재적인 라이트유저(light user)는 훨씬 많을 것으로 예측된다. 위성채널에서 의외로 인기를 끌고 있는 채널은 바로 DJ없이 음악만 나오는 '스카이채널'이다. DJ가 이야기를 하게 되면 상대적으로 집중이 흐트러지기 때문에 사람들의 '대화'없이 음악만 들려주는 채널에 대한 수요가 충분히 있다는 것을 반증하는 사례로 꼽힌다. 또한 상대적으로 저렴한 저작권료(방송과 전송의 저작권료 차이)를 이용하여 인터넷 라디오 음악서비스가 발전하게 되었다.

판도라(www.pandora.com)는 미국을 중심으로 2013년 기준으로 사용자가 2억명을 넘은 세계 최대의 인터넷 라디오 음악서비스이다. 현재 한국에서는 서비스되고 있지 않지만, 해외에서는 스마트폰의 필수 어플리케이션이 될 만큼 많은 사용자를 확보하고 있다.

삼성전자에서 2014년에 내 놓은 '밀크뮤직'도 단기간에 엄청난 사용자를 확보하였다. 특히, 삼성전자의 스마트폰을 사용하는 사람들은 무료로 음악을 들을 수 있도록 하여, 애플의 아이폰에 대항할 만큼의 서비스를 내놓았다는 평가를 받고 있다. 비트패킹컴퍼니에서 내놓은 'BEAT'도 비슷한 방식의 인터넷 라디오 음악서비스로 사용자를 점점 늘려가고 있는 상황이다.

🎧 음악서비스 주요 업무

뮤직비즈니스에서 서비스사는 기획사와 유통사에 비해 적은 수만 존재한다. 반면에 회사당 근무하고 있는 평균 인력은 서비스사가 가장 많다. 수백만명이 이용하는 서비스를 안정적으로 운영하기 위해서는 서비스를 기획하는 기획자, 사이트를 구축하는 개발자와 디자이너가 상당히 많이 필요하기 때문이다.

1) 음악사이트 기획, 개발, 디자인

음악사이트는 음악 소비자가 접속하여 최종적으로 음악을 접하고 소비하는 곳이다. 즉, 사용자가 편리하게 음악을 결제하고 감상할 수 있도록 사이트 기획자는 편리한 UI(User Interface)를 만들기 위해 노력해야 한다. 개발자는 사용자가 원하는 음악을 빠르고 접속이 끊김 없이 들을 수 있도록 서비스를 만들어야 하며, 디자이너는 사용자가 사용하기 좋을 뿐만 아니라 미적 감각을 갖춘 사이트를 구축해야 한다. 특히, 다른 서비스보다도 개발자의 중요성이 강조되는데, 그 이유는 다양한 상품과 연계된 정산의 복잡성 때문에 경험 있는 개발자를 찾는 것이 쉽지 않기 때문이다.

2) 음원 메타 데이터 입력 및 정산

유통사 부분에서 살펴본 바와 같이 온라인 음악서비스를 위해 음원 자료와 메타 데이터를 입력하는 방법은 서비스사 시스템에 직접 업로드하는 방법과 유통사 시스템을 연동하는 방법이 있다. 둘 중 어느 방법을 사용하든지 간에 음악서비스를 위해 음원 메타 데이터가 제대로 입력되었는지 확인해야 한다.

그리고 해당 곡의 유통사, 기획사 정보를 정해진 계약 요율과 함께 입력하여 권리자 정산 작업을 해야 한다. 왜냐하면 입력한 내용을 기준으로 모든 서비스와 정산이 이루어지기 때문이다. 또한, 서비스사의 관련 담당자는 유통사 및 기획사의 해당 담당자와 협력하여 제대로 서비스되고 정산되는지에 대한 모니터링을 지속적으로 해야 한다.

3) 타 음악서비스 벤치마킹[77] 및 신규 서비스 기획

각 음악서비스사는 지속적인 벤치마킹과 내부 기획을 통해 새로운 서비스를 진행하기 위해 노력하고 있다. 급변하는 환경 변화에 맞춰 음악서비스를 개선하지 않으면 경쟁에서 밀리기 때문이다. 멜론은 2014년 아티스트가 콘텐츠를 직접 올릴 수 있는 '아티스트+'를 통해 팬과 가수·아티스트를 보다 가깝게 연결하려는 'D to F(Direct to Fan)' 추세를 반영하려고 노력하고 있고, 엠넷닷컴은 음악채널 엠넷과 연계하여 가수·아티스트의 공연을 다양한 뷰로 보여주는 '멀티캠' 서비스로 팬들의 호응을 얻고 있다. 이러한 신규 서비스는 앞으로도 소비자들의 지갑을 열고 음악

---

77 다른 기업의 제품이나 조직의 특징을 비교 분석하여 그 장점을 보고 배우는 것을 말함.

서비스를 이용할 때 돈을 지불하는 것이 아깝지 않도록 하는 중요한 요소가 되고 있다.

🎧 기타 이슈

1) 고음질 원음 서비스

일반적으로 제공되는 mp3 음악파일의 최대 비트 전송률은 320kbps이다. 하지만, 이보다 더 좋은 음질을 요구하는 하이엔드(High End) 사용자들이 늘어나고 고음질 음악 파일 전용 재생기가 많이 보급됨에 따라 서비스사들은 FLAC(Free Lossless Audio Codec)이나 마스터링 HD 음원 서비스를 제공하기 시작했다. 다운로드 가격도 일반 mp3파일의 600원보다 더 비싼 900원~2,000원 사이에서 팔리고 있는데, 음악서비스의 다양화 측면에서 바람직한 현상이라고 볼 수 있다. 앞으로도 서비스사는 소비자들이 돈을 더 많이 내고서라도 그만큼 더 좋은 서비스를 이용할 수 있도록 다양한 서비스를 제공해야 한다.

2) 매장음악서비스

업주는 매장음악서비스를 제공하는 업체와 계약을 맺고 매장 규모별로 음악사용료를 내고 사용해야 한다. 다만 매장음악서비스 업체별로 과장 광고를 통해 서비스할 수 없는 음원들도 서비스리스트에 포함하거나 전송과 디지털음성송신을 확실하게 구분하지 않고 사용하는 부분도 있기 때문에 이에 대한 사업주들의 확인이 필요한 상황이다.

전송과 디지털음성송신의 가장 큰 차이는 '다음 곡'을 선택할 수 있는 지의 여부이다. 전송의 경우 얼마든지 곡을 선택하여 들을 수 있지만, 디지털음성송신은 이미 만들어진 곡 리스트를 라디오처럼 그냥 듣기만 할 수 있는 서비스이기 때문이다. 또한 전송은 저작권협회와 음실련 그리고 각 저작인접권자에게 사전에 승인을 받아야 하지만, 디지털음성송신의 경우 저작권협회와 음실련의 승인만 있으면 저작인접권자들에게는 사후 보상금만 제공하면 되는 것이 차이점이다.

따라서 권리자들에게는 디지털음성송신으로 승인을 받고 서비스 자체는 전송으로 진행하게 되면 저작권법을 위반하게 되는 것이다. 결국 이러한 매장음악을 이용하는 상점 입장에서는 합법적 사용인 줄 알고 비용을 지불했지만, 불법서비스 이용으로 벌금을 낼 수도 있기 때문에 주의해야 한다. 한 매장음악서비스 업체는 한국음악저작권협회, 한국음반산업협회, 한국음악실연자연합회와 해외 직배사로부터 '저작권법 위반'으로 약식기소(처분일자:2015.01.09)를 받았다. 이는 해당 홈페이지에 저작권단체로부터 승인을 받아 아무런 문제가 없다고 공지하였지만 실제와 다른 서비스를 하고 있는 것으로 밝혀졌기 때문이다[78].

3) 음악사이트 분배 비율

서비스사는 소비자가 지불한 금액의 60~70%를 권리자에게 분배하고, 나머지 30~40%를 분배받는다. 유통사와 서비스사의 사용 계약과 기획사와 유통사간의 유통 계약에 따라 구체적인 요율이 정해지는데, 여기

---

78 음악실연자연합회(2015.01.23). 음악저작권 3단체, 매장음악서비스 업체 저작권법 위반 약식기소 처분. 음실련 블로그, http://blog.naver.com/fkmp88/220249525330

에서는 평균적인 요율을 적용해 보기로 한다. 즉, 스트리밍의 경우 권리자와 서비스사간의 요율을 6:4(권리자:서비스사)로, 다운로드의 경우 7:3(권리자:서비스사)으로 가정하였다. 그리고, 기획사와 유통사와의 유통수수료를 20%로 가정하면 다음과 같은 분배율을 얻을 수 있다.

주체	저작권자	실연권자	기획사	유통사	서비스사	소비자
구분	작곡·작사·편곡	가창·연주	제작	투자, 유통	스트리밍, 다운로드	음악감상
스트리밍 분배율	10%	6%	35.2%	8.8%	40%	100%
다운로드 분배율	10%	6%	43.2%	10.8%	30%	100%

〈표 8-4. 소비자 가격 대비 스트리밍, 다운로드 분배율〉

스트리밍과 다운로드에 따라 서비스사의 분배율이 차이가 나는 이유는 스트리밍 서비스를 할 때, 서버와 네트워크 유지비 등의 비용이 더 많이 들어가기 때문이다. 즉, 서비스사는 서비스 플랫폼 구축, 플랫폼 유지보수, 관리시스템 운영, 음악 사이트 구축, 서비스 기획 및 운영, DB 설계 및 운영, 음악 파일 코덱 및 DRM 시스템 구축, 네트워크 구축 및 유지보수 등의 비용을 지불해야 한다.

6. 요약 정리

1. 과거 수익분배에 문제가 있었으나, 점점 K-POP 뮤직비즈니스 주체들간 적정한 분배율로 개선되고 있음. 또한 불법 다운로드 서비스가 만연한 상황에서 서비스사들은 음악 유료화의 일등 공신의 역할을 수행.

2. 오프라인 매장에서의 매장음악서비스는 여러 가지 법적 문제점을 안고 있으며, 이러한 문제를 해결하기 위한 노력이 필요함.

3. 각 주요 음원 서비스사

로엔엔터테인먼트 : 멜론(www.melon.com)

CJ E&M : 엠넷닷컴(www.mnet.com)

KT music : 올레뮤직(www.ollehmusic.com), 지니(www.genie.co.kr)

네오위즈 : 벅스(www.bugs.co.kr)

소리바다 : 소리바다(www.soribada.com)

네이버 : 네이버뮤직(music.naver.com)

각 서비스사들은 여러 가지 특성을 가지고 있으며, 각 서비스사별로

기획자, 개발자, 디자이너 등 많은 인력이 근무함. 음악서비스사의 수는
가장 적지만, 회사당 일하는 인원이 가장 많이 있음.

이번 장에서는 음악서비스사에 대한 내용을 다루었다. 다음 장은 이
책의 마지막 장 'K-POP 뮤직비즈니스의 미래'로 K-POP의 성공요인과 앞
으로 정부에게 바라는 정책에 대해 살펴보겠다.

09
EPILOGUE
K-POP 뮤직비즈니스의 미래

Luck is what happens when preparation meets opportunity.
- Seneca

행운은 준비와 기회가 만나는 것이다.
- 세네카

　지금까지 K-POP 뮤직비즈니스의 밸류체인(value chain)에 대해서 하나
씩 살펴보았다. 밸류체인이란 산업을 이해하는 수단의 하나로 제품이나
서비스가 아이디어 단계에서부터 연구개발, 생산, 판매되어 최종 소비자
에게 도달하기까지 소요되는 모든 행위를 단계별로 구분한 것을 말한
다. 이 책에서는 K-POP 뮤직비즈니스 시장에 대해 전체적인 관점에서
바라보는 것으로 시작하여 각 단계별로 어떻게 일이 진행되고 구성 요
소들은 무엇인지 살펴보고 성공을 위해 어느 부분을 전략적으로 더 중
요하게 바라봐야 하는지에 대해 실무적 관점에서 살펴보았다. 마지막으
로 K-POP의 성공요인을 함께 이야기하고 앞으로 K-POP 뮤직비즈니스
가 더욱 커지기 위해서 필요한 것이 무엇인지 고민하는 것으로 이 책을
마무리 하고자 한다.

1. K-POP의 과거 성공요인[79]

K-POP이 지금처럼 성공하게 된 요인은 여러 가지가 있겠지만, 크게 세 가지로 요약된다.

다양한 문화를 녹여내는 융합력

K-POP은 일본, 중국 등 아시아의 경우 문화적 유사성으로 비교적 쉽게 진출할 수 있었다. 하지만 서구권 국가로 진출하는 데는 문화적 장벽이 존재할 수 밖에 없었는데, K-POP은 한국의 음악적 특성에 영국과 미국에서 인기를 모으고 있던 음악 스타일을 가미하여 이러한 문화적 차이를 극복하였다.

전문적인 아이돌 스타 육성 시스템

대형 기획사들은 아이돌 스타를 발굴해서 키워내는 체계적인 양성 프

---

79 정태수(2010). 아이돌 그룹이 이끄는 신한류시대. SERI 경영노트76호

로그램을 가동하고 있다. 아이돌 그룹은 전문적인 음악 실력과 더불어 스타가 될 수 있는 자질(외모, 패션 감각 등)을 갖추도록 교육을 받는다. 아이돌 스타들은 연습생으로 시작하여 치열한 내부 경쟁에서 살아남고 데뷔 뒤에 예능 프로그램, 드라마 출연 등 다양한 활동을 하였다. 이런 아이돌 스타 육성 시스템을 통해 성장한 실력있고 매력적인 아이돌 스타들이 K-POP의 인기를 주도적으로 이끌었다.

🎧 소셜미디어와 글로벌 네트워크 활용

해외에서 K-POP을 접하게 되는 통로는 유튜브나 유쿠(www.youku.com)와 같은 동영상 사이트가 대부분을 차지하고 있다. 만일 이러한 서비스와 인터넷의 전세계적인 보급이 없었다면 K-POP이 단시간에 이만큼 세계 무대에서 성공할 수는 없었을 것이다.

🎧 Korea 국가 이미지 향상

1988년 서울올림픽 이후 한국이 급속도로 발전하였고, 삼성이나 현대와 같은 대기업의 반도체, 전자제품, 자동차의 수출로 'made in Korea'의 이미지가 세계적으로 상당히 높아진 것도 K-POP의 성공요인 중 하나이다. 반드시 경제적으로 발전된 나라의 음악이 그렇지 않는 나라의 음악보다 뛰어나다고 볼 수는 없지만, 문화에 있어 '세련되다'는 뜻은 소비자의 선택에 있어 중요한 기준이기 때문에 국가 발전으로 인한 K-POP에 대한 호의적인 측면을 무시할 수 없기 때문이다.

2. 정부 지원 정책 제안 및 효율적 환경 조성

역사적으로 K-POP이 이렇게 세계적으로 인기를 얻었던 적이 없었다. 앞으로 K-POP을 좋아하는 사람들이 더 많아져서 그 인기가 더 높아지기를 바라지만, 그러기 위해서는 몇 가지 해외 진출 전략 지원과 함께 뮤직비즈니스 시장에 대한 정부의 효율적인 정책적 지원이 필요하다.

K-POP 해외 진출 지원

1) 통번역 지원

가수·아티스트가 한글로 된 K-POP노래를 반드시 현지어로 바꿔 부를 필요는 없다. 오히려 해외 팬들은 한글 그대로 K-POP을 부르는 것을 더 선호하기 때문이다. 하지만, 가사의 의미를 자막으로 제공하거나 가수·아티스트에 대한 관련 소식들을 현지어로 제공하게 되면 홍보에 큰 도움을 얻을 수 있다. 현재 대형 기획사를 제외하고는 전문 번역사가 없는 상황이고, 대형 기획사라 하더라도 시장성의 문제로 영어, 중국어, 일본어 이외 다른 수많은 나라의 언어로 번역하기는 힘든 상황이다. 간혹 기획사마다 열혈 현지 팬 중 번역 능력이 뛰어난 사람을 선정하여 통번역을 맡기기도 하는데 운영만 잘된다면 현실적으로는 괜찮은 대안이지만 꾸준히 서비스를 하기에는 쉽지 않은 면이 있다. 통번역을 지원해주는 것을 정책적으로 추진하면 투자 이상의 효과를 얻을 수 있을 것이다. 단순히 K-POP의 인기가 높아지고 저변이 확대되는 단편적인 효과뿐만 아니라, 한국의 문화와 제품 그리고 서비스까지 좋은 이미지를 풍길 수 있는 복합적인 효과를 거두게 되어 경제적, 사회적으로 긍정적 영향을 미칠 수 있기 때문이다.

2) 현지 정보 제공

음악을 제작하고 수출하는 노력의 주체는 기획사와 유통사이지만 그것을 정부가 적극적으로 지원하는 것은 반드시 필요하다. 한국의 상품을 수출하는데 있어 그것을 돕는 역할을 각 국의 KOTRA(대한무역투자진흥공사, Korea Trade-Investment Promotion Agency) 지부가 하고 있다. 물론 현재 KOTRA에서도 간혹 K-POP 관련 지원을 해주고 있지만 무역 상품에 치중되어 있고 콘텐츠를 잘 모르는 담당자들이 대부분이기 때문에 그 지원에는 한계가 있다고 할 수 있다.

콘텐츠를 해외에서 지원하는 한국콘텐츠진흥원에도 미국, 중국, 일본, 유럽 지사가 있지만 상주 인력이 매우 적다. 또한 음악만 다루지 않고 다른 콘텐츠들을 모두 다루기 때문에 일손이 부족한 이들에게 적극적인 지원을 바라는 것은 힘들다. 충분한 인력으로부터 현지 정보를 잘 제공받을 수 있다면 기획사와 유통사는 그러한 정보를 활용하여 더 안전하고 수월하게 K-POP을 전파할 수 있을 것이다.

3) 현지·한국 기업체 제휴

각국의 기업체들이 K-POP을 연계하여 마케팅하고 싶을 때, 한국 현지 기획사에 직접 연락하여 일을 추진하는 것은 쉽지 않다. 기획사도 외국 현지 업체로부터 연락을 받을 경우, 그 기업에 대한 정보가 부족하여 제휴하기 어렵다. 보통 에이전시를 통해 그러한 제휴가 이루어지지만 대부분의 에이전시들이 규모가 작기 때문에 항상 사고의 위험성이 존재하게 된다. 그렇기 때문에 정책적으로 이러한 현지기업과의 제휴 활동을 지원한다면 기획사는 시장을 넓히고 추가적인 수입도 올릴 수 있어 좋고, 해외 현지 기업들도 안전하게 한국의 가수·아티스트와 K-POP의 효과를 누릴 수 있을 것이다. 또한 단순한 상품 광고모델부터 공연을 연계한 제품 홍보활동 및 브랜드 홍보 효과까지 다양한 제휴가 가능하여, 한국 기업체들이 K-POP 가수·아티스트와 손을 잡고 현지에 진출하는 것을 지원하는 것도 경제적인 측면과 사회적인 측면 모두에서 매우 효과적이다.

🎧 효율적인 뮤직비즈니스 환경 구축

1) 불법 다운로드 근절

편리하게 음악을 감상할 수 있게끔 기술이 발전하였지만 역설적으로 음악시장에는 수익성 하락이라는 큰 난제가 생겼다. 커피나 자동차를 구매할 때, 그에 대한 대가를 지불하는 것과 마찬가지로 음악을 들을 때 대가를 지불하는 것은 원칙적으로 같다. 하지만 아직까지 웹하드나 P2P

를 통한 음악 불법 다운로드가 이뤄지고 있다. 이를 막기 위해서는 저작권에 대한 사회적인 인식을 높이도록 교육과 홍보활동을 지속해야 한다. 동시에 정부는 적극적으로 법이 지켜질 수 있도록 엄정한 규제와 적용이 필요하다.

2) 음원 가격 정상화

유료로 음악을 듣는 사람들이 많아졌지만, 아직도 음악의 가치가 매우 낮게 인정받고 있는 것이 현실이다. 음원 스트리밍 시장이 초기에 시작될 때인 2000년 초기부터 무제한 스트리밍 이용 가격이 3,000원(1개월)이었는데, 6,000원으로 가격이 오르기까지 10년 이상이 걸렸다. 예전에 비하면 가격이 2배나 올랐다고 주장할 수도 있지만, CD를 구매하던 시절과 비교하면 아직까지도 그 가격이 싸다. 해외 음악 스트리밍 서비스의 경우 한 달 평균 10,000원에 서비스되는 것과도 비교가 되는 것이 사실이다.

물론 눈에 보이지 않는 콘텐츠에 대해 가격을 지불하고 구매하는 것에 대한 사회적인 인식이 높아지고 있고 다운로드에서 스트리밍으로 패러다임이 변하는 시기에 어쩔 수 없는 통과의례로 여겨질 수도 있다. 하지만 시간이 지나면 점점 가격이 오를 것이라고 안이하게 생각한다면 우리에게 온 큰 기회를 스스로 차버리는 '어리석은 선택'일 가능성이 높다.

3. K-POP 뮤직비즈니스의 미래

한국이 지금 전세계 반도체시장을 석권하고 철강산업, 선박산업에서 세계를 선도하게 된 이유는 무엇일까? 바로 20~30년 전에 미래를 내다보고 정부에서 적극적으로 기업을 지원해주고, 기업은 제공된 지원과 혜택을 토대로 세계 시장을 상대로 열심히 노력했기 때문이다. '한국전쟁이 끝나고 시간이 지나면 나라가 점점 발전하겠지' 라고 기다린 것이 아니라 '경제개발계획'이라는 전략을 세우고, 기업을 지원했던 정부의 노력과 '지원과 혜택'을 기반으로 전세계를 상대로 경쟁해서 이긴 기업의 노력이 만들어낸 '의도적 노력'의 결과인 것이다.

마찬가지로 '정부의 의도된 계획과 지원'이 '전세계를 상대로 활약할 뮤직비즈니스 주체들'에게 주어지고, 음악이 가치를 제대로 인정받을 수 있도록 제도와 환경이 조성되어야 한다. 그래야 K-POP이 10~20년 뒤 전세계 음악시장을 선도할 수 있게 된다.

음악산업은 일반적인 제품과 서비스보다 해외시장에 진출하고 시장을 차지하기 더 어렵다. 하지만, 여러 가지 요인들로 인해 K-POP이 전세계적인 관심을 받게 되었다. 이러한 천금과 같은 기회를 놓치면 안된다. K-POP의 인기를 활용하여 다른 산업과 연계시킨다면 그 열매는 뮤직비즈니스뿐만 아니라 다른 분야에까지 확대될 수 있다. 한국생산성본부에 의하면 2012년 기준 제조업의 평균 부가가치율은 약 14%이다. 반면에 2012년 기준 음악산업의 평균 부가가치율은 약 42%[80]이다. 이것이 앞으로 우리의 먹거리를 음악과 같은 문화콘텐츠산업에서 찾는 것이 훨씬 유리한 이유이다. 현재의 뮤직비즈니스를 잘 이해하고 발전시키는 것은 미래의 뮤직비즈니스뿐만 아니라 국가 전체의 부를 늘리는데 반드시 필요하다.

음악평론가 서정민갑은 "내가 날마다 듣는 음악은 내 몸을 흘러 흘러 어디로 가는 것일까. 달팽이관을 빙빙 돌아 핏속으로, 뼛속으로, 살 속으로 스며 내 몸과 하나가 되는 것일까. 그러다 어느 순간 내 몸 속에 나이테처럼 흔적을 남기고, 내 몸의 지문을 만들고 있는 것은 아닐까"라고 말했다. 많은 사람들이 사랑하는 음악을 우리 삶과 분리해서 생각하는 것은 불가능하다. 우리가 울고 웃을 때, 기쁘고 슬플 때, 외롭고 힘들 때 언제나 음악은 우리를 치료해주고 즐겁게 해주는 안식처와 같다. 그런 음악은 많은 사람들의 땀과 노력으로 만들어지고 투자, 유통, 서비스를 통해 우리에게 전달된다.

뮤직비즈니스는 다양한 주체들이 음악으로 연결될 수 있게 만들어 준다. 더 좋은 음악들이 만들어지고 더 많은 사람들에게 전달되며, 그로 인해 뮤직비즈니스의 주체들이 합당하고 더 큰 대가를 나눌 수 있기를 소망한다. 이 책이 그러한 일에 조금이나마 보탬이 되기를 희망한다.

---

80 콘텐츠 산업통계(2013). 한국콘텐츠진흥원